中职知识要点背记口袋书系列

中职
知识要点必备手册

数学

《中职知识要点必备手册》编写组/编

图书在版编目(CIP)数据

中职知识要点必备手册. 数学 /《中职知识要点必备手册》编写组编. —苏州 ：苏州大学出版社，2024.6
(中职知识要点背记口袋书系列)
ISBN 978-7-5672-4592-1

Ⅰ. ①中… Ⅱ. ①中… Ⅲ. ①数学课－中等专业学校－教学参考资料 Ⅳ. ①G634

中国国家版本馆 CIP 数据核字(2023)第 232516 号

书　　名：中职知识要点必备手册 · 数学

编　　者：《中职知识要点必备手册》编写组
责任编辑：征　慧

出版发行：苏州大学出版社（Soochow University Press）
社　　址：苏州市十梓街 1 号　邮编：215006
网　　址：www. sudapress. com
邮　　箱：sdcbs@suda. edu. cn
印　　装：镇江文苑制版印刷有限责任公司
邮购热线：0512-67480030　销售热线：0512-67481020
网店地址：https://szdxcbs. tmall. com/（天猫旗舰店）

开　　本：890 mm×1 240 mm　1/32　印张：7.375　字数：199 千
版　　次：2024 年 6 月第 1 版
印　　次：2024 年 6 月第 1 次印刷
书　　号：ISBN 978-7-5672-4592-1
定　　价：32.00 元

目录 Contents

第1章　集合与常用逻辑用语

1.1　集合的概念与表示

知识梳理

1. 元素与集合的定义　☆☆

	定　义	表　示
元素	一般地,我们把研究对象称为元素	小写拉丁字母 a,b,c
集合	元素组成的总体叫作集合	大写拉丁字母 A,B,C

2. 集合中元素的性质　☆☆

确定性: 给定的集合,它的元素必须是确定的.

确定性的主要作用是判断一组对象能否构成集合,只有这组对象具有确定性时才能构成集合.界定模糊的元素不能构成集合,如“小河流”“难题”等.

互异性: 给定的集合,它的元素必须是互不相同的.

互异性的主要作用是警示我们做题后要检验.特别是题目中含有参数(字母)时,一定要检验求出的参数是否满足集合中元素的互异性.

无序性: 给定的集合,它的元素必须是没有先后顺序的.

无序性的主要作用是方便定义集合相等.当两个集合相等时,它们的元素不一定依次对应相等.例如,$\{1,2,3\}$与$\{3,2,1\}$表示同一集合.

✲ **小贴士:** 理解集合并不难,三个特性是关键,元素确定和互异,还有无序要牢记!

3. 元素与集合的关系 ☆☆☆

记法	读作	记法	读作
$a\in A$	a 属于 A	$a\notin A$	a 不属于 A

4. 集合的分类 ☆

(1) 按元素属性分为点集、数集等.

(2) 按元素个数 $\begin{cases}\text{含有限个元素 有限集,不含有任何元素 空集,}\\ \text{含无限个元素 无限集.}\end{cases}$

常用数集及表示:

数集	自然数集	正整数集	整数集	有理数集	实数集	复数集
符号	$\mathbf{N}$	$\mathbf{Z}^{+}$	$\mathbf{Z}$	$\mathbf{Q}$	$\mathbf{R}$	$\mathbf{C}$

5. 集合的表示方法 ☆☆

(1) 列举法:把集合中的元素一一列举出来,并用大括号括起来.

例如,$\{x_1,x_2,\cdots,x_n\}$.

(2) 描述法:把具有共同特征的元素组成的集合表示为 $\{x\mid P(x),x\in A\}$,其中:x 代表元素,$P(x)$代表某种属性,A 代表元素取值范围.

(3) 图示法(Venn 图):用封闭曲线的内部表示集合,如下图所示即为用 Venn 图表示集合 A 和集合 B.

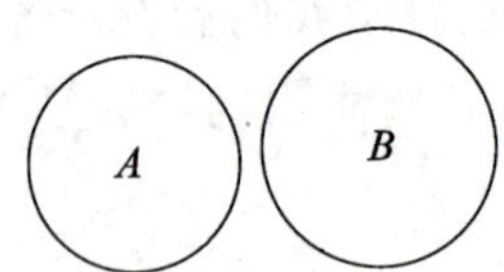

典型例题

例 用适当的方法表示下列集合:

(1) 两边长分别为 3,5 的三角形中,第三边可取的整数组成的集合;

(2) 平面直角坐标系中,第一象限内的点组成的集合;

(3) 小于 9 的正偶数组成的集合.

解: (1) $\{3,4,5,6,7\}$;(2) $\{(x,y)|x>0$ 且 $y>0\}$;(3) $\{2,4,6,8\}$.

反思提炼: 表示集合依据对象的特点或个数多少采用不同的方法,有时不止一种方法.在应用描述法时,要注意合理应用数学语言和符号语言.

1.2 集合间的基本关系

1. 子集 ☆☆☆

定 义	条 件	记 法	读 法
A 是 B 的子集	集合 A 中的任何一个元素都是集合 B 中的元素,即若 $a\in A$,则 $a\in B$	$A\subseteq B$ 或 $B\supseteq A$	A 包含于 B 或 B 包含 A

✻ 小贴士: 符号"$\in$"与"$\subseteq$"的区别:

(1) "$\in$"是表示元素与集合之间的关系,比如:$1\in \mathbf{N}$,$-1\notin \mathbf{N}$.

(2) "$\subseteq$"是表示集合与集合之间的关系,比如:$\mathbf{N}\subseteq \mathbf{R}$,$\{1,2,3\}\subseteq\{3,2,1\}$.

(3) "$\in$"的左边是元素,右边是集合,而"$\subseteq$"的两边均为集合.

2. 集合相等 ☆☆

定 义	条 件	记 法	读 法
A 与 B 相等	集合 A 中的任何一个元素都是集合 B 中的元素,同时集合 B 中的任何一个元素都是集合 A 中的元素	$A=B$	A 等于 B

想一想：下列说法不正确的是（ ）.

A. $\{0,1,2\}=\{2,1,0\}$

B. $\varnothing=\{x\in\mathbf{R}\mid x^2+1=0\}$

C. $\{(1,2)\}=\{1,2\}$

D. 若 M,N,Q 表示集合，且 $M=Q,N=Q$，则 $M=N$

解析：根据集合相等的定义可知 A,B,D 正确，C 错误，故选 C.

答案：C.

3. 真子集 ☆☆☆

定 义	条 件	记 法	读 法
A 是 B 的真子集	$A\subseteq B$ 且 $A\neq B$	$A\subsetneqq B$ 或 $B\supsetneqq A$	A 真包含于 B 或 B 真包含 A

想一想：用适当的符号填空（$\subsetneqq$，$=$，$\not\subseteq$）.

(1) $\{0,1\}$________ $\mathbf{N}$；

(2) $\{2\}$________ $\{x\mid x^2=x\}$；

(3) $\{2,1\}$________ $\{x\mid x^2-3x+2=0\}$.

答案：(1) $\subsetneqq$；(2) $\not\subseteq$；(3) $=$.

避坑指南

(1) 空集是任何集合的子集，即 $\varnothing\subseteq A$；

(2) 空集是任何非空集合的真子集，即 $\varnothing\subsetneqq A(A\neq\varnothing)$.

4. 常用结论 ☆☆☆

与子集、真子集个数有关的四个结论，假设集合 A 中含有 n 个元素，则有：

(1) A 的子集的个数为 2^n；

(2) A 的真子集的个数为 2^n-1；

(3) A 的非空子集的个数为 2^n-1；

(4) A 的非空真子集的个数为 2^n-2.

典型例题

例1 判断以下给出的各对集合之间的关系：

(1) $A=\{x\mid x\text{ 是矩形}\}$，$B=\{x\mid x\text{ 是平面四边形}\}$；

(2) $A=\{x\mid x^2-x=0\}$，$B=\{x\mid x^2-x+1=0\}$；

(3) $A=\{x\mid 0<x<1\}$，$B=\{x\mid 0<x<3\}$；

(4) $A=\{x\mid x=2k-1,k\in\mathbf{Z}\}$，$B=\{x\mid x=2k+1,k\in\mathbf{Z}\}$.

分析： 对于(1)(4)，可分析集合中元素的特征性质，判断两集合的关系；对于(2)，要注意空集的特殊性；对于(3)，可借助数轴进行判断.

解： (1) 由于矩形一定是平面四边形，但平面四边形不一定是矩形，由真子集定义知，集合 A 是集合 B 的真子集，即 $A\subsetneqq B$.

(2) 由于 $A=\{x\mid x^2-x=0\}=\{0,1\}$，而集合 B 中的方程 $x^2-x+1=0$ 没有实数解，即 $B=\varnothing$，所以 $B\subsetneqq A$.

(3) 如图，由数轴可知，$A\subsetneqq B$.

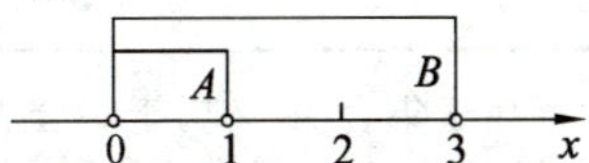

(4) 当 $k\in\mathbf{Z}$ 时，$2k-1$ 是奇数，且能取到所有的奇数；当 $k\in\mathbf{Z}$ 时，$2k+1$ 也是奇数，也能取到所有的奇数.因此，集合 A 和集合 B 都表示所有奇数的集合，即 $A=B$.

反思提炼： 判断两个集合之间的关系的方法.

(1) 对于有限集合，特别是元素个数较少时，可将元素一一列举出来进行判断；

(2) 对于无限集合，特别是用描述法表示的集合，应从特征性质入手进行分析判断，看其元素之间具备什么关系，从而得到集合间的关系；

(3) 当集合是不等式的解集时，可借助数轴分析判断集合间的关系.

例 2 若$\{1,2,3\}\subsetneqq A\subseteq\{1,2,3,4,5\}$，则集合 A 的个数为(　　).

A. 2　　B. 3　　C. 4　　D. 5

解： 集合$\{1,2,3\}$是集合 A 的真子集，同时集合 A 又是集合$\{1,2,3,4,5\}$的子集，所以集合 A 只能取集合$\{1,2,3,4\}$，$\{1,2,3,5\}$和$\{1,2,3,4,5\}$，故选 B.

反思提炼： 求一个有限集合的子集(真子集)时，首先要确定该集合的全部元素，然后按照子集中所含元素的个数分类，分别写出符合要求的子集(真子集).在写子集时，注意不能忘记空集和集合本身.

1.3　交集与并集

1. 交集　☆☆☆

文字语言	一般地，由既属于集合 A 又属于集合 B 的所有元素组成的集合，叫作 A 与 B 的交集，记作 $A\cap B$，读作"A 交 B"
符号语言	$A\cap B=\{x\mid x\in A$ 且 $x\in B\}$
Venn 图 ($A\cap B$)	A　B　　A(B)
运算性质	$A\cap B=B\cap A$，$A\cap A=A$， $A\cap\varnothing=\varnothing$，$A\cap B\subseteq A$，$A\cap B\subseteq B$

想一想： 设集合 $P=\{-1,0,1\}$，$Q=\{-2,4\}$，则 $P\cap Q$ 等于(　　).

A. $\varnothing$　　B. $\{-2,-1,0,1,4\}$

C. $\{4\}$　　D. $\{0,1\}$

答案： A.

✻ 小贴士：

已知集合 A，B，若 $A\cap B=\varnothing$，则集合 A，B 可能的情况为：

(1) 集合 A，B 均为空集；

(2) 集合 A，B 中有一个是空集；

(3) 集合 A，B 均为非空集，但无相同元素.

2. 并集 ☆☆☆

文字语言	由属于集合 A 或属于集合 B 的所有元素组成的集合，叫作 A 与 B 的并集，记作 $A\cup B$，读作“A 并 B”
符号语言	$A\cup B=\{x\mid x\in A$ 或 $x\in B\}$
Venn 图 ($A\cup B$)	A B　A(B)　A B
运算性质	$A\cup B=B\cup A$，$A\cup\varnothing=A$，$A\cup A=A$， $A\subseteq A\cup B$，$B\subseteq A\cup B$

想一想： 设集合 $A=\{1,2\}$，$B=\{2,3\}$，则 $A\cup B$ 等于(　　).

A. $\{1,2,2,3\}$　B. $\{2\}$　C. $\{1,2,3\}$　D. $\varnothing$

答案： C

✻ 小贴士：

集合 $\{x\mid x\in A$ 或 $x\in B\}$ 与集合 $\{x\mid x\in A$ 且 $x\in B\}$ 不一定相等.

在数学中，“或”表示至少有一个成立，而“且”表示都成立.“$x\in A$ 或 $x\in B$”表示元素 x 可能在集合 A 中，可能在集合 B 中，也可能同时在集合 A 和 B 中，因此集合 $\{x\mid x\in A$ 或 $x\in B\}$ 是集合 A 和 B 的并集.而“$x\in A$ 且 $x\in B$”仅表示元素 x 同时在集合 A 和 B 中，即集合 A 和 B 的公共元素.因此，集合 $\{x\mid x\in A$ 且 $x\in B\}$ 表示集合 A 和 B 的交集.

典型例题

例 求下列各对集合的交集：

(1) $C=\{x\mid x$ 是直角三角形$\}$，$D=\{x\mid x$ 是等腰三角形$\}$；

(2) $E=\{x\mid 1\leqslant x\leqslant 3\}$，$F=\{x\mid x>2\}$；

(3) $M=\{(x,y)\mid x+y=2\}$，$N=\{(x,y)\mid x-y=-2\}$.

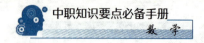

分析：(1) 可通过分析元素的特征性质得到交集；(2) 要借助数轴求解；(3) 应通过解方程组得到交集.

解：(1) 由已知得 $C\cap D=\{x\mid x$ 是等腰直角三角形$\}$.

(2) 结合数轴分析，可得 $E\cap F=\{x\mid 2<x\leqslant 3\}$.

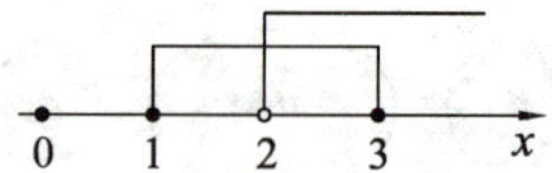

(3) 由已知得 $M\cap N=\{(x,y)\mid x+y=2\}\cap\{(x,y)\mid x-y=-2\}=\left\{(x,y)\left|\begin{cases}x+y=2,\\x-y=-2\end{cases}\right.\right\}=\left\{(x,y)\left|\begin{cases}x=0,\\y=2\end{cases}\right.\right\}=\{(0,2)\}$.

反思提炼：求两个集合的交集的注意事项.

(1) 弄清所给集合的含义，明确集合的元素或对集合进行化简.

(2) 如果集合是用列举法表示的有限集合，那么可直接由定义观察出结果，也可借助 Venn 图求得结果；如果集合是用描述法表示的无限数集，那么一般要借助数轴分析写出结果.

1.4 全集与补集

知识梳理

1. 全集 ☆☆

(1) 定义：在研究某些集合的时候，这些集合往往是某个给定集合的子集，这个给定的集合叫作全集.

(2) 符号表示：全集通常记作 U.

(3) 图示：用 Venn 图表示全集 U，如图所示.

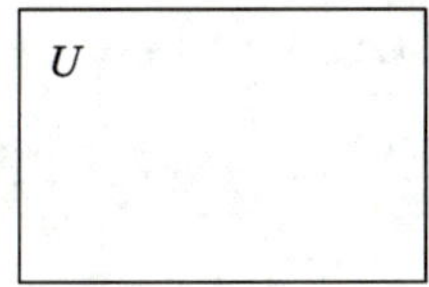

✻ 小贴士：

全集是相对于所研究问题而言的一个相对概念，它含有与所研究问题有关的各个集合的全部元素.因此，全集因问题而异.例如，在研究数集时，常常把实数集看作全集.

2. 补集　☆☆

文字语言	设 U 是全集，A 是 U 的一个子集（$A\subseteq U$），则由 U 中所有不属于 A 的元素组成的集合，叫作 U 中子集 A 的补集（或余集）
符号语言	U 中子集 A 的补集记作 $\complement_U A$，即 $\complement_U A=\{x\mid x\in U$ 且 $x\notin A\}$
图形语言	
运算性质	$A\cap(\complement_U A)=\varnothing$，$A\cup(\complement_U A)=U$，$\complement_U(\complement_U A)=A$，$\complement_U U=\varnothing$，$\complement_U\varnothing=U$

想一想： 设全集 $U=\{1,2,3,4,5,6,7\}$，$M=\{1,3,5,7\}$，则 $\complement_U M$ 等于（　　）.

A. $\{1,2,7\}$　　B. $\{4,6\}$　　C. $\{2,4,6\}$　　D. $\{2,4\}$

答案： C.

3. 集合中常用的结论　☆☆☆

交集：① $A\cap B\subseteq A$；　② $A\cap B\subseteq B$；

③ $A\cap A=A$；　④ $A\cap\varnothing=\varnothing$；

⑤ $A\cap B=B\cap A$.

并集：① $A\cup B\supseteq A$；　② $A\cup B\supseteq B$；

③ $A\cup A=A$；　④ $A\cup\varnothing=A$；

⑤ $A\cup B=B\cup A$.

补集：① $\complement_U(\complement_U A)=A$；　② $\complement_U U=\varnothing$；

③ $\complement_U\varnothing=U$；　④ $A\cap(\complement_U A)=\varnothing$；

⑤ $A\cup(\complement_U A)=A$.

子集：① $A\cap B=A\Leftrightarrow A\subseteq B\Leftrightarrow A\cup B=B$.

典型例题

例　求解下列各题：

(1) 设全集 $U=\mathbf{R}$，集合 $A=\{x\mid 0\leqslant x<3\}$，则 $\complement_U A=$________；

(2) 设全集 $U=\{$三角形$\}$，集合 $A=\{$直角三角形$\}$，则 $\complement_U A=$________.

分析：(1) 集合为不等式的解集，应借助数轴分析求解；(2) 可从元素的特征性质入手求解.

解：(1) 由于全集 $U=\mathbf{R}$，画出如图所示的数轴，由补集的定义可得 $\complement_U A=\{x\mid x<0$ 或 $x\geqslant 3\}$.

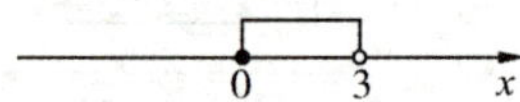

(2) $\because$ $U=\{$三角形$\}$，$A=\{$直角三角形$\}$，$\therefore$ $\complement_U A=\{$锐角三角形或钝角三角形$\}$.

反思提炼：若所给集合是有限集，则先把集合中的元素一一列举出来，再结合补集的定义来求解；若所给集合是无限集，则常借助数轴，先把已知集合及全集分别表示在数轴上，再根据补集的定义求解，这样处理比较形象直观，解答过程中注意端点值能否取到.

1.5　充要条件

知识梳理

1. 命题的表示　☆☆

命题真假	"若 p 则 q"为真	"若 p 则 q"为假
表示方法	$p\Rightarrow q$	$p\nRightarrow q$
读法	p 推出 q	p 不能推出 q

想一想： 用"$\Rightarrow$"或"$\nRightarrow$"填空.

(1) $x>2$ ________ $x\geqslant 1$；

(2) $a>b$ ________ $ac>bc$；

(3) $ac^2>bc^2$ ________ $a>b$.

答案： (1) $\Rightarrow$；(2) $\nRightarrow$；(3) $\Rightarrow$.

2. 充分条件与必要条件　☆☆☆

如果 $p\Rightarrow q$ 且 $q\nRightarrow p$，那么称 p 是 q 的充分不必要条件；

如果 $p\nRightarrow q$ 且 $q\Rightarrow p$，那么称 p 是 q 的必要不充分条件.

3. 充要条件　☆☆☆

如果 $p\Rightarrow q$ 且 $q\Rightarrow p$，那么 p 既是 q 的充分条件，也是 q 的必要条件，简称充要条件.显然，q 既是 p 的充分条件，也是 p 的必要条件.

想一想： 用"充分不必要"、"必要不充分"、"充要"和"既不充分也不必要"填空.

(1) "$a^2+b^2=0$"是"$a=b=0$"的____________条件.

(2) 两个三角形全等是这两个三角形相似的____________条件.

答案： (1) 充要；(2) 充分不必要.

✲ 小贴士：

关系式	结　论
$p \Rightarrow q$ 且 $q \nRightarrow p$	p 是 q 的充分不必要条件
$p \nRightarrow q$ 且 $q \Rightarrow p$	p 是 q 的必要不充分条件
$p \Rightarrow q$ 且 $q \Rightarrow p$	p 是 q 的充要条件
$p \nRightarrow q$ 且 $q \nRightarrow p$	p 是 q 的既不充分也不必要条件

第 2 章　不等式与线性规划

2.1　不等式的基本性质

知识梳理

1. 不等式的概念　☆

用数学符号>,<,≥,≤连接两个数或代数式,形成不等关系的式子叫作不等式.

常见的文字语言与数学符号之间的转化见下表:

文字语言	数学符号	文字语言	数学符号
大于	$>$	至多	$\leqslant$
小于	$<$	至少	$\geqslant$
大于等于	$\geqslant$	不少于	$\geqslant$
小于等于	$\leqslant$	不多于	$\leqslant$

2. 两个实数比较大小的依据　☆☆

任意两个实数 a,b 都能比较大小:

如果 $a-b>0$,那么 $a>b$;

如果 $a-b<0$,那么 $a<b$;

如果 $a-b=0$,那么 $a=b$.

✼ 小贴士: 要确定任意两个实数 a,b 的大小关系,只需确定它们的差 $a-b$ 与 0 的大小关系即可.

3. 不等式的性质　☆☆☆

(1) 如果 $a>b$,那么 $b<a$.(对称性)

(2) 如果 $a>b$,$b>c$,那么 $a>c$.(传递性)

(3) 如果 $a>b$,那么 $a+c>b+c$.(不等式移项的根据)

(4) 如果 $a>b$,$c>0$,那么 $ac>bc$.如果 $a>b$,$c<0$,那么 $ac<bc$.(可乘性)

(5) 如果 $a>b$,$c>d$,那么 $a+c>b+d$.(加法)

(6) 如果 $a>b>0$,$c>d>0$,那么 $ac>bd$.(乘法)

(7) 如果 $a>b>0$,那么 $a^n>b^n(n\in\mathbf{N}_+)$.(乘方)

(8) 如果 $a>b>0$,那么$\sqrt[n]{a}>\sqrt[n]{b}(n\in\mathbf{N}_+)$.(开方)

想一想: 判断题(正确的打"√",错误的打"×").

(1) 实数 a 不大于 -2,用不等式表示为 $a\geqslant-2$.(　　)

(2) 不等式 $x\geqslant2$ 的含义是指 x 不小于 2.(　　)

(3) 若 $a<b$ 或 $a=b$ 之中有一个正确,则 $a\leqslant b$ 正确.(　　)

(4) 若 $a>b$,则 $ac>bc$ 一定成立.(　　)

(5) 若 $a+c>b+d$,则 $a>b$,$c>d$.(　　)

答案: (1) ×;(2) √;(3) √;(4) ×;(5) ×.

不等式有一个倒数性质:$a>b\nRightarrow\frac{1}{a}<\frac{1}{b}$.

只有 a,b 同号时,上述倒数性质才成立.

典型例题

例　比较下列两式的大小:

当 $x\leqslant1$ 时,比较 $3x^3$ 与 $3x^2-x+1$ 的大小.

若本题是简单判断题或填空题,则可用特殊值法

解： $3x^3-(3x^2-x+1)=(3x^3-3x^2)+(x-1)$

$=3x^2(x-1)+(x-1)=(3x^2+1)(x-1)$.

因为 $x\leqslant 1$，所以 $x-1\leqslant 0$，而 $3x^2+1>0$，所以 $(3x^2+1)(x-1)\leqslant 0$，故 $3x^3\leqslant 3x^2-x+1$.

反思提炼： 作差法的一般步骤.

(1) 作差；

(2) 变形：常采用配方、因式分解等变形手段，将“差”化成积；

(3) 定号：就是确定作差的结果是大于 0，等于 0，还是小于 0；

(4) 得出结论，其中“定号”是目的，“变形”是关键.

✲ 小贴士： 比较实数(或代数式)大小的两种基本方法见下表.

	作差比较法	作商比较法
依据	$a-b>0\Leftrightarrow a>b$ $a-b<0\Leftrightarrow a<b$ $a-b=0\Leftrightarrow a=b$	$a>0,b>0$，且 $\frac{a}{b}>1\Rightarrow a>b$； $a>0,b>0$，且 $\frac{a}{b}<1\Rightarrow a<b$
应用范围	数(式)的符号不明显，作差后可化为积或商的形式	同号两数比较大小或指数式之间比较大小
步骤	① 作差； ② 变形； ③ 定号； ④ 得出结论	① 作商； ② 变形； ③ 判断商值与 1 的大小； ④ 得出结论

2.2　均值不等式

知识梳理

1. 算术平均数与几何平均数　☆

(1) 定义：$\frac{a+b}{2}$叫作非负数 a,b 的算术平均数.

$\sqrt{ab}$叫作非负数a,b的几何平均数.

(2) 结论：两个非负数的算术平均数大于等于它们的几何平均数.

想一想： 若两个正数a,b的算术平均数为2,几何平均数为2,则$a=$________,$b=$________.

解析： 由题意可知$\begin{cases}\dfrac{a+b}{2}=2,\\ \sqrt{ab}=2,\end{cases}$ $\therefore\begin{cases}a+b=4,\\ ab=4,\end{cases}$ 解得$\begin{cases}a=2,\\ b=2.\end{cases}$

答案： 2,2.

2. 基本不等式(又称为均值不等式) ☆☆☆

如果a,b是正数,那么$\sqrt{ab}\leqslant\dfrac{a+b}{2}$(当且仅当$a=b$时取“=”),

我们把不等式$\sqrt{ab}\leqslant\dfrac{a+b}{2}$称为基本不等式.

想一想： 判断题(正确的打“√”,错误的打“×”).

(1) 对任意$a,b\in\mathbf{R}$,都有$a+b\geqslant2\sqrt{ab}$成立.(　　)

(2) 不等式$a^2+4\geqslant4a$中,等号成立的条件是$a=2$.(　　)

答案： (1) ×；(2) √.

✻ 小贴士： 在应用的过程中要把握下列三个条件：①“一正”——各项为正数；②“二定”——“和”或“积”为定值；③“三相等”——等号一定能取到,这三个条件缺一不可.

[构建·体系]

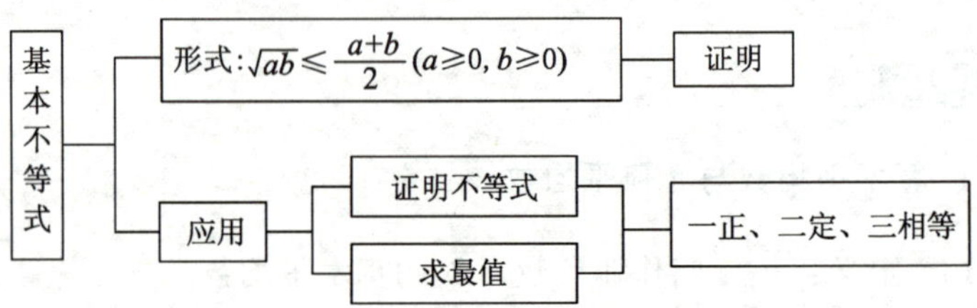

3. 基本不等式运用类型 ☆☆☆

方法1：配凑法求最值

首先将相关代数式进行适当的变形，通过拆项、添项的方法凑成和或者积为定值的形式，然后利用基本不等式求解.

第一步：根据代数式的结构巧妙变形；

第二步：利用基本不等式求解.

想一想： 当 $x\geqslant 0$ 时，如何求"$x+\frac{1}{x+1}$"的最小值？

解析： $x+\frac{1}{x+1}=(x+1)+\frac{1}{x+1}-1\geqslant 2\sqrt{(x+1)\cdot\frac{1}{x+1}}-1=2-1=1$，当且仅当 $x+1=\frac{1}{x+1}$，即 $x=0$ 时等号成立.

方法2：常数代换法求最值

首先利用已知等式的变形，得到"1"的形式，代入所求的代数式，得到和或者积的形式为定值，然后利用基本不等式求解.

第一步：换常数，把已知条件中的等式变为"1"的形式；

第二步：把"1"的表达式代入所求最值的表达式，通过变形得到所构造的和或积为定值.

第三步：利用基本不等式求解.

想一想： 已知 $x>0,y>0$，且 $\frac{1}{x}+\frac{9}{y}=1$，求 $x+y$ 的最小值.

解析： 因为 $x>0,y>0$，

所以 $x+y=(x+y)\cdot 1=(x+y)\left(\frac{1}{x}+\frac{9}{y}\right)$

$$=\frac{y}{x}+\frac{9x}{y}+10\geqslant 2\sqrt{\frac{y}{x}\cdot\frac{9x}{y}}+10=6+10=16.$$

当且仅当$\frac{y}{x}=\frac{9x}{y}$且$\frac{1}{x}+\frac{9}{y}=1$，即$x=4,y=12$时，$x+y$有最小值16.

典型例题

例 在下列函数中，当x取正数时，最小值为2的是(　　).

A. $y=x+\frac{4}{x}$　　B. $y=\lg x+\frac{1}{\lg x}$

C. $y=\sqrt{x^2+1}+\frac{1}{\sqrt{x^2+1}}$　　D. $y=x^2-2x+3$

解： 当x取正数时，A选项中$y\geqslant 4$，B选项中y可为负值，C选项中$\sqrt{x^2+1}>1$，则$y>2$，只有D选项通过配方易得$y\geqslant 2$.

答案： D.

反思提炼： 用基本不等式求最值时要把握“一正、二定、三相等”这三个条件，在具体的解题过程中，最难的是“定值”，获得“定值”往往需要一定的技巧.

避坑指南

若$x<1$，则函数$f(x)=x+\frac{4}{x-1}$的最大值为多少？

因为$x<1$，所以$x-1<0$，所以$f(x)=x-1+\frac{4}{x-1}+1$不能直接用均值不等式，但可以用$1-x+\frac{4}{1-x}\geqslant 2\sqrt{(1-x)\cdot\frac{4}{1-x}}=4$，所以$x-1+\frac{4}{x-1}\leqslant -4$.

所以$f(x)\leqslant -3$，当且仅当$1-x=\frac{4}{1-x}$，即$x=-1$时，等号成立，此时$f(x)$取得最大值-3.

2.3　一元二次不等式

知识梳理

1. 一元二次不等式的有关概念　☆

(1) 一元二次不等式.

形如 $ax^2+bx+c>0(\geqslant 0)$或 $ax^2+bx+c<0(\leqslant 0)$(其中 $a\neq 0$)的不等式叫作一元二次不等式.

(2) 一元二次不等式的解.

一般地,使某个一元二次不等式成立的 x 的值叫作这个一元二次不等式的解.

✲ 小贴士:关于一元二次不等式概念的理解.

(1) 可以这样理解:形如 $ax^2+bx+c>(\geqslant,<,\leqslant)0(a\neq 0)$的不等式叫作一元二次不等式,其中 a,b,c 为常数.

(2)"只含有一个未知数",并不是说在代数式中不能含有其他字母,只要明确指出这些字母中哪一个是变量"未知数",哪一个是"参数"即可.

(3)"次数最高是2"仅限于"未知数",若还含有其他参数,则次数不受此条件限制.

2. 一元二次不等式与相应函数、方程的关系　☆☆☆

设函数 $f(x)=ax^2+bx+c(a>0)$,判别式 $\Delta=b^2-4ac$			
判别式	$\Delta>0$	$\Delta=0$	$\Delta<0$
方程 $f(x)=0$ 的根	有两个不相等的实数根 $x_1,x_2(x_1<x_2)$	有两个相等的实数根 $x_1=x_2$,且 $x_1=x_2=-\dfrac{b}{2a}$	无实数根

续表

判别式	$\Delta>0$	$\Delta=0$	$\Delta<0$
函数 $y=f(x)$ 的图象			
$f(x)>0$	$\{x\mid x>x_2$ 或 $x<x_1\}$	$\left\{x\mid x\neq-\frac{b}{2a}\right\}$	$\mathbf{R}$
$f(x)<0$	$\{x\mid x_1<x<x_2\}$	$\varnothing$	$\varnothing$

想一想： 判断题(正确的打“√”，错误的打“×”)．

(1) $mx^2-5x<0$ 是一元二次不等式．(　　)

(2) 若 $a>0$，则一元二次不等式 $ax^2+1>0$ 无解．(　　)

(3) 不等式 $x^2-2x+3>0$ 的解集为 $\mathbf{R}$．(　　)

答案： (1) ×；(2) ×；(3) √．

3. 解一元二次不等式的一般步骤　☆☆☆

(1) 通过对不等式变形，使二次项系数大于零；

(2) 计算对应方程的判别式；

(3) 求出相应的一元二次方程的根，或根据判别式说明方程有没有实根；

(4) 根据函数图象与 x 轴的相关位置写出不等式的解集．

典型例题

例　解下列不等式：

(1) $2x^2+5x-3<0$；

(2) $-3x^2+6x\leqslant2$；

(3) $4x^2-4x+1>0$；

(4) $-x^2+6x-10>0$．

解:(1) $\Delta=49>0$,方程 $2x^2+5x-3=0$ 的两根为 $x_1=-3$,$x_2=\frac{1}{2}$,作出函数 $y=2x^2+5x-3$ 的图象,得原不等式的解集为$\left\{x\middle|-3<x<\frac{1}{2}\right\}$.

(2) 原不等式等价于 $3x^2-6x+2\geqslant0$.$\Delta=12>0$,解方程 $3x^2-6x+2=0$,得 $x_1=\frac{3-\sqrt{3}}{3}$,$x_2=\frac{3+\sqrt{3}}{3}$,作出函数 $y=3x^2-6x+2$ 的图象,得原不等式的解集为$\left\{x\middle|x\leqslant\frac{3-\sqrt{3}}{3}\text{或 }x\geqslant\frac{3+\sqrt{3}}{3}\right\}$.

(3) 因为 $\Delta=0$,所以方程 $4x^2-4x+1=0$ 有两个相等的实根 $x_1=x_2=\frac{1}{2}$.可得原不等式的解集为$\left\{x\middle|x\neq\frac{1}{2}\right\}$.

(4) 原不等式可化为 $x^2-6x+10<0$,因为 $\Delta=-4<0$,所以方程 $x^2-6x+10=0$ 无实根,故原不等式的解集为空集.

反思提炼:将一元二次不等式化成 $ax^2+bx+c>0(\geqslant0)$ 或 $ax^2+bx+c<0(\leqslant0)(a>0)$ 的标准形式,求相应的一元二次方程 $ax^2+bx+c=0$ 的解,再根据二次函数 $f(x)=ax^2+bx+c$ 的图象写出该不等式的解集.对于 $a<0$ 的一元二次不等式,可以直接采取类似 $a>0$ 时的解题步骤求解,也可将二次项系数 a 化为正数再求解.

一元二次不等式拓展

1. 解分式不等式的同解变形　☆

(1) $\frac{f(x)}{g(x)}>0\Leftrightarrow f(x)\cdot g(x)>0$;

(2) $\frac{f(x)}{g(x)}<0\Leftrightarrow f(x)\cdot g(x)<0$;

(3) $\frac{f(x)}{g(x)}\geqslant0\Leftrightarrow f(x)\cdot g(x)>0$ 或 $f(x)=0$;

(4) $\frac{f(x)}{g(x)}\leqslant 0\Leftrightarrow f(x)\cdot g(x)<0$ 或 $f(x)=0$.

想一想: 不等式$\frac{4x+2}{3x-1}>0$ 的解集是(　　).

A. $\left\{x \middle| x>\frac{1}{3}\text{或 }x<-\frac{1}{2}\right\}$　　B. $\left\{x \middle| -\frac{1}{2}<x<\frac{1}{3}\right\}$

C. $\left\{x \middle| x>\frac{1}{3}\right\}$　　D. $\left\{x \middle| x<-\frac{1}{2}\right\}$

解析: $\frac{4x+2}{3x-1}>0\Leftrightarrow(4x+2)(3x-1)>0\Leftrightarrow x>\frac{1}{3}$ 或 $x<-\frac{1}{2}$,故此不等式的解集为$\left\{x \middle| x>\frac{1}{3}\text{或 }x<-\frac{1}{2}\right\}$.

答案: A.

2. 一元二次不等式恒成立问题　☆☆

一元二次不等式恒成立问题可转化为一元二次不等式解集为 **R** 的情况,即 $ax^2+bx+c>0(a\neq 0)$ 恒成立$\Leftrightarrow\begin{cases}a>0,\\ \Delta<0,\end{cases}$ $ax^2+bx+c<0$ $(a\neq 0)$恒成立$\Leftrightarrow\begin{cases}a<0,\\ \Delta<0.\end{cases}$

想一想: 当 $x\in\mathbf{R}$ 时,不等式 $x^2+mx+\frac{m}{2}>0$ 恒成立,则 m 的取值范围是________.

解析: 依题意,得 $\Delta<0$,即 $m^2-2m<0$,解得 $0<m<2$.

答案: (0,2).

避坑指南

若不等式 $mx^2-mx-1<0$ 对于一切实数 x 恒成立,求 m 的取值范围.在解这种含有参数的问题时,要注意分类讨论思想的应用,如本题解析式中二次项系数含有参数 m,故应考虑是否需要分类讨论.

2.4　绝对值不等式

知识梳理

1. 含绝对值的不等式　☆☆

$|x|<a(a>0)\Rightarrow\{x|-a<x<a\}$.

用数轴表示为

$|x|>a(a>0)\Rightarrow\{x|x>a$ 或 $x<-a\}$.

用数轴表示为

2. 绝对值不等式性质　☆

$$|a|-|b|\leqslant|a\pm b|\leqslant|a|+|b|.$$

当且仅当 $a=b$ 时等号成立.

典型例题

例　解下列不等式：

(1) $|2x+5|<7$；

(2) $|x+3|<|2x-1|$.

解：(1) 由 $-7<2x+5<7$ 得不等式的解集为 $(-6,1)$.

(2) $|x+3|<|2x-1|$，即 $|x+3|^2<|2x-1|^2$，所以 $3x^2-10x-8>0$，解得 $x<-\frac{2}{3}$ 或 $x>4$.

故所求不等式的解集为 $\left(-\infty,-\frac{2}{3}\right)\cup(4,+\infty)$.

反思提炼：解绝对值不等式的关键在于去绝对值符号.若大于 0，则在两点之外；若小于 0，则在两点之间.如果不等号两边都是绝对值,可以两边平方去绝对值符号,转化成熟悉的不等式来求解.

2.5 线性规划

知识梳理

1. 二元一次不等式表示的平面区域 ☆☆

(1) 直线与坐标平面.

一般地,直线 l: $ax+by+c=0$ 把直角坐标平面分成了三个部分:

直线 l 上的点(x,y)的坐标满足 $ax+by+c=0$;直线 l 一侧的平面区域内的点(x,y)的坐标满足 $ax+by+c>0$;直线 l 另一侧的平面区域内的点(x,y)的坐标满足 $ax+by+c<0$.

(2) 二元一次不等式表示的平面区域.

二元一次不等式组的解集是各个不等式解集的交集.我们知道每一个二元一次不等式都表示平面上的一个区域,因而二元一次不等式组所表示的平面区域是各个不等式所表示的平面区域的公共部分.

想一想: 不等式 $x-y+1\geqslant 0$ 表示的平面区域是(　　).

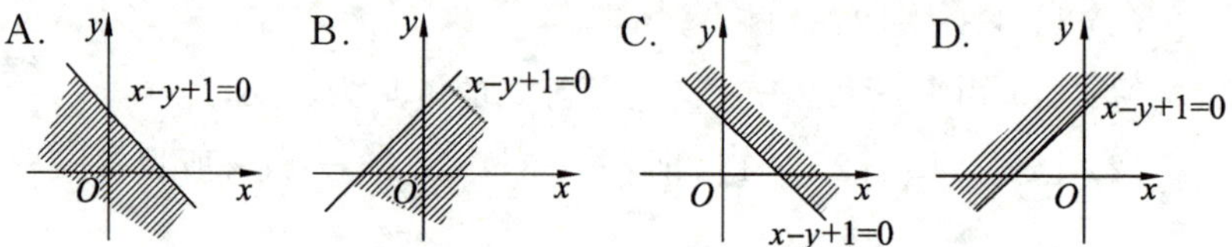

解析: 先画出直线 $x-y+1=0$(画成实线),即可排除 A,C 选项;将点(0,0)代入不等式,得 $1\geqslant 0$ 成立,排除 D 选项.故选 B.

答案: B.

✽ **小贴士:** 画二元一次不等式 $Ax+By+C>0$($\geqslant 0$,<0,$\leqslant 0$)

表示的平面区域的步骤.

(1) 在平面直角坐标系中画出直线 $Ax+By+C=0$,即边界;

(2) 利用特殊点确定二元一次不等式 $Ax+By+C>0(\geqslant 0,<0,\leqslant 0)$表示的平面区域是直线 $Ax+By+C=0$ 的哪一侧;

(3) 用阴影表示平面区域.

注意:对于二元一次不等式 $Ax+By+C\geqslant 0$ 和 $Ax+By+C\leqslant 0$,把边界画成实线;对于二元一次不等式 $Ax+By+C>0$ 和 $Ax+By+C<0$,把边界画成虚线.

2. 线性规划中的基本概念　☆☆

名　称	定　义
目标函数	求最大值或最小值的函数 $z=ax+by+c$ 叫作目标函数
约束条件	目标函数中的变量所要满足的不等式组
线性规划问题	在线性约束条件下,求线性目标函数的最大值或最小值问题,称为线性规划问题
可行解	满足约束条件的解(x,y)称为可行解
可行域	由所有可行解组成的集合称为可行域
最优解	可行域内使目标函数取得最大值或最小值的解称为最优解

想一想: 目标函数 $z=2x-y$,将其看成直线方程时,z 的意义是(　　).

A. 该直线的截距

B. 该直线的纵截距

C. 该直线的纵截距的相反数

D. 该直线的横截距

解析: $z=2x-y$ 可变形为 $y=2x-z$,所以 z 的意义是该直线在 y 轴上截距的相反数.故选 C.

答案: C.

3. 线性规划的应用题 ☆☆☆

(1) 审题——仔细阅读,对关键部分进行“精读”,准确理解题意,明确有哪些限制条件,起关键作用的变量有哪些.由于线性规划应用题中的量较多,为了理顺题目中量与量之间的关系,有时可借助表格来分析.

(2) 转化——设元,写出约束条件和目标函数,从而将实际问题转化为数学上的线性规划问题.

(3) 求解——解这个纯数学的线性规划问题.

(4) 作答——就应用题提出的问题作出回答.

典型例题

例 某公司计划 2024 年在甲、乙两个电视台做总时间不超过 300 分钟的广告,广告总费用不超过 9 万元.甲、乙两个电视台的广告收费标准分别为 500 元/分和 200 元/分.假定甲、乙两个电视台为该公司所做的每分钟广告,能给公司带来的收益分别为 0.3 万元和 0.2 万元.问该公司如何分配在甲、乙两个电视台的广告时间,才能使公司的收益最大,最大收益是多少万元?

分析: 先设出分配给两个电视台的广告时间,再根据限制条件列出约束条件,建立目标函数求解.

解: 设该公司在甲电视台和乙电视台做广告的时间分别为 x 分钟和 y 分钟,总收益为 z 元.由题意得 $\begin{cases} x+y\leqslant 300, \\ 500x+200y\leqslant 90\ 000, \\ x\geqslant 0, y\geqslant 0. \end{cases}$

目标函数为 $z=3\ 000x+2\ 000y$.

二元一次不等式组等价于 $\begin{cases} x+y\leqslant 300, \\ 5x+2y\leqslant 900, \\ x\geqslant 0, y\geqslant 0. \end{cases}$

作出二元一次不等式组所表示的平面区域,即可行域,如图

所示.

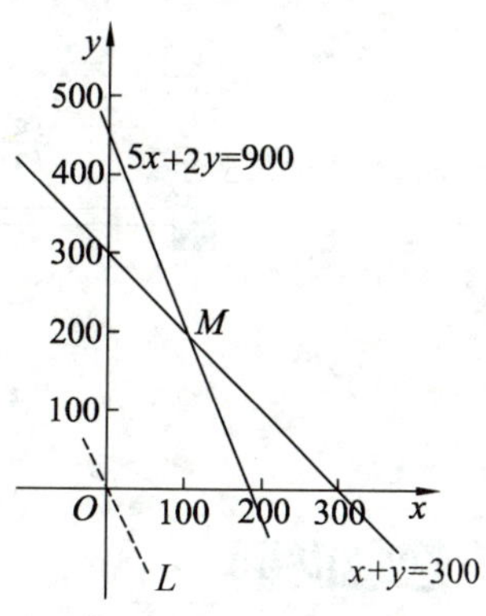

作直线 L：$3\ 000x+2\ 000y=0$，即 $3x+2y=0$.

平移直线 L，从图中可知，当直线过点 M 时，目标函数取得最大值.

解方程组 $\begin{cases}x+y=300,\\5x+2y=900,\end{cases}$ 得 $x=100$，$y=200$，即点 M 的坐标为 $(100,200)$.

所以 $z_{\max}=3\ 000\times100+2\ 000\times200=700\ 000$.

答：该公司在甲电视台做100分钟广告，在乙电视台做200分钟广告，公司的收益最大，最大收益是70万元.

反思提炼：解线性规划应用题，令目标函数中的 z 为0得直线 L，平移直线 L 求出最优解，最后把最优解代入目标函数，求出 z 的最值作答.

第3章 函 数

3.1 函数的概念

知识梳理

1. 函数的定义 ☆☆

给定两个非空数集 A 和 B，如果按照某个对应关系 f，对于集合 A 中任何一个数 x，在集合 B 中都存在唯一确定的数 $f(x)$ 与之对应，那么就把对应关系 f 叫作定义在集合 A 上的函数.函数符号表示为 $f: A \to B$ 或 $y=f(x)$，$x \in A$.其中集合 A 称为函数的定义域，集合 $\{f(x) \mid x \in A\}$ 称为函数的值域，习惯上我们称 y 是 x 的函数.

想一想： 下列式子不能表示函数 $y=f(x)$ 的是（　　）.

A. $x=y^2$　　B. $y=x+1$　　C. $x+y=0$　　D. $y=x^2$

解析： 因为选项 A 中一个 x 可以对应两个 y，如 4 对应 2 和 -2，故选 A.

答案： A.

2. 函数的三要素 ☆

定义域、值域、对应法则.

3. 函数的定义域 ☆☆☆

使函数有意义的自变量 x 的取值范围所构成的集合（函数定义域有时可以省略不写）.

想一想： 求下列函数的定义域.

(1) $f(x)=x^2-x$；

(2) $f(x)=(x+2)^0$；

(3) $f(x)=\dfrac{\sqrt{x+1}}{x-2}$.

解析: (1) $f(x)$为整式函数,x 取任意实数时,$f(x)$都有意义,故函数 $f(x)$的定义域为 $\mathbf{R}$.

(2) 要使函数 $f(x)$有意义,应满足 $x+2\neq0$,即 $x\neq-2$,故函数 $f(x)$的定义域为$\{x\mid x\neq-2\}$.

(3) 要使函数 $f(x)$有意义,应满足$\begin{cases}x+1\geqslant0,\\x-2\neq0,\end{cases}$即$\begin{cases}x\geqslant-1,\\x\neq2.\end{cases}$

故函数 $f(x)$的定义域为$\{x\mid x\geqslant-1$ 且 $x\neq2\}$.

求函数定义域的基本原则

(1) 整式函数的定义域为 $\mathbf{R}$;

(2) 分式中,分母不为零;

(3) 偶次根式中,被开方数非负;

(4) 对于 $y=x^0$,要求 $x\neq0$;

(5) 由实际问题确定的函数,其定义域要受实际问题的约束.

4. 函数的值域　☆☆

与每一个自变量 x 对应的函数值 y 所构成的集合.

想一想: 求下列函数的值域.

(1) $y=3x+2,x\in\{1,2,3,4\}$;

(2) $y=\sqrt{x}+1$;

(3) $y=\dfrac{2x-1}{x+2}$.

解析: (1) 当 x 分别取 1,2,3,4 时,$y=3x+2$ 分别取 5,8,11,14.

故函数 y 的值域为$\{5,8,11,14\}$.

(2) $\because$ 函数 y 的定义域为$[0,+\infty)$,又当 $x\geqslant0$ 时,$\sqrt{x}\geqslant0$,

$\therefore \sqrt{x}+1 \geqslant 1$，即 $y \geqslant 1$.

$\therefore$ 函数 y 的值域为 $[1,+\infty)$.

(3) $\because$ 函数 y 的定义域为 $\{x \mid x \neq -2\}$，且

$$y=\frac{2x-1}{x+2}=\frac{2(x+2)-5}{x+2}=2-\frac{5}{x+2},$$

当 $x \neq -2$ 时，$-\frac{5}{x+2} \neq 0$，$2-\frac{5}{x+2} \neq 2$，即 $y \neq 2$，$\therefore$ 函数 y 的值域为 $\{y \mid y \neq 2\}$.

函数值域的求解方法

(1) 应熟记常见函数的值域，如一次函数 $y=kx+b$ 的值域为 $\mathbf{R}$，反比例函数 $y=\frac{k}{x}(k \neq 0)$ 的值域为 $\{y \mid y \neq 0\}$ 等.

(2) 对于解析式比较简单的函数，可利用常见的结论，如 $x^2 \geqslant 0$，$|x| \geqslant 0$，$\frac{1}{x} \neq 0$ 等观察得到函数的值域.

(3) 对于形如 $y=\frac{ax+b}{cx+d}$ 的函数，在求其值域时，要先对解析式进行变形，分离出一个常数，再结合反比例函数的值域进行求解.

5. 两个相同的函数 ☆

三要素相同的函数是两个相同的函数(当定义域和对应法则相同时，值域也一定相同).

想一想： 下列四组式子中，$f(x)$ 与 $g(x)$ 表示同一函数的是(　　).

A. $f(x)=x$，$g(x)=\sqrt{x^2}$

B. $f(x)=x$，$g(x)=\sqrt[3]{x^3}$

C. $f(x)=\frac{x^2-1}{x-1}$，$g(x)=x+1$

D. $f(x)=1, g(x)=x^0$

解析： 对于选项 A,C,D, $f(x)$ 与 $g(x)$ 的定义域不同，而选项 B 中，$f(x)=x, g(x)=\sqrt[3]{x^3}=x$，为同一函数.

答案： B.

避坑指南

相同函数中，同学们往往会忽视定义域，对函数定义域求解不正确，会导致无法判断是否为同一函数.

典型例题

例　已知函数 $y=f(x+1)$ 的定义域为 $[0,1]$，求 $y=f(x)$ 的定义域.

解： 在函数 $y=f(x+1)$ 中，x 的取值范围是 $[0,1]$，故 $1\leqslant x+1\leqslant 2$，所以 $y=f(x)$ 的定义域是 $[1,2]$.

反思提炼： 在解决抽象函数定义域时，关键要知道定义域是关于自变量 x 的取值范围，解题时要有等量代换和整体的思想.

3.2　函数的表示法

知识梳理

1. 函数的三种表示法　☆

表示法	定　义
解析法	用数学表达式表示两个变量之间的对应关系
图象法	用图象表示两个变量之间的对应关系
列表法	列出表格来表示两个变量之间的对应关系

2. 分段函数 ☆☆

在函数的定义域内，对于自变量 x 的不同取值区间，有着不同的解析式，这样的函数通常叫作分段函数.

想一想： 设函数 $f(x)=\begin{cases}-x, & x\leqslant 0,\\ x^2, & x>0.\end{cases}$

(1) 求 $f(f(-2))$的值；

(2) 若 $f(a)=4$，求实数 a 的值.

解析： (1) $\because\ f(-2)=-(-2)=2$，$\therefore\ f(f(-2))=f(2)=4$.

(2) ① 当 $a>0$ 时，$f(a)=a^2=4$，$\therefore\ a=2$.

② 当 $a\leqslant 0$ 时，$f(a)=-a=4$，$\therefore\ a=-4$.

综上可知，$a=-4$ 或 $a=2$.

✲ **小贴士：** 画分段函数图象时，一定要考虑是否包含区间端点. 若包含，则用实心点表示；若不包含，则用空心点表示.

3. 求函数解析式常用的方法 ☆☆☆

(1) 待定系数法：若已知函数模型(如一次函数、二次函数等)，可用待定系数法.

想一想： 已知 $f(x)$是一次函数，且满足 $f(2x)+4f(x-2)=18x-29$，求函数 $f(x)$的解析式.

解析： 由题意可设 $f(x)=ax+b(a\neq 0)$，则

$$f(2x)+4f(x-2)=2ax+b+4[a(x-2)+b]$$
$$=6ax+(5b-8a).$$

由已知可得$\begin{cases}6a=18,\\ 5b-8a=-29,\end{cases}$ 解得$\begin{cases}a=3,\\ b=-1.\end{cases}$

因此 $f(x)=3x-1$.

(2) 换元法：已知复合函数 $y=f(g(x))$可用换元法，但换元之后，一定要注意取值范围.

想一想： 已知 $f(\sqrt{x}-2)=x-4\sqrt{x}+2$，求函数 $f(x)$的解

析式.

解析： 令$\sqrt{x}-2=t(t\geqslant-2)$，则$x=(t+2)^2(t\geqslant-2)$.

于是，由已知得 $f(t)=(t+2)^2-4\sqrt{(t+2)^2}+2$

$$=(t+2)^2-4t-8+2=t^2-2(t\geqslant-2).$$

故$f(x)=x^2-2(x\geqslant-2)$.

(3) 构造方程组法：已知函数$y=f(x)$满足某个等式，等式中还出现其他未知量，如$f(-x)$，$f\left(\frac{1}{x}\right)$等.

想一想： 已知$f(x)+2f(-x)=x+1$，求函数$f(x)$的解析式.

解析： 由于$f(x)+2f(-x)=x+1$，所以用$-x$替换x，得$f(-x)+2f(x)=-x+1$.

由以上两式可解得$f(x)=-x+\frac{1}{3}$.

✲ **小贴士：** 换元法，首先令$t=g(x)$，然后求出$f(t)$的解析式，最后用x代替t即可.当关系式中同时含有$f(x)$与$f(-x)$时，可使用构造方程组法消元，即利用所给的等式再构造一个等式，进而联立方程组，解出$f(x)$.要注意三种方法的灵活选择.

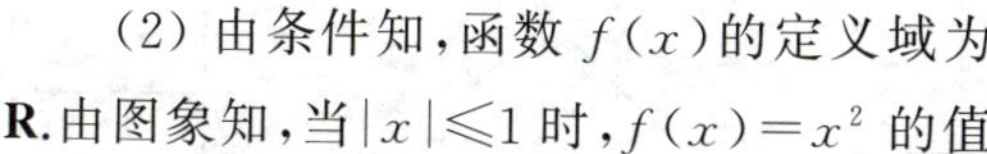

典型例题

例 已知函数$f(x)=\begin{cases}x^2, & |x|\leqslant1,\\1, & |x|>1.\end{cases}$

(1) 画出$f(x)$的图象；

(2) 求$f(x)$的定义域和值域.

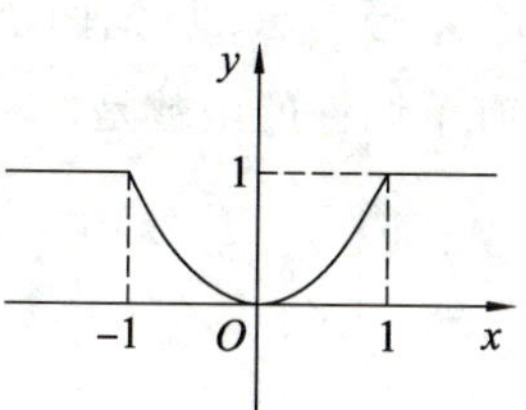

解： (1) 函数$f(x)$的图象如右图所示.

(2) 由条件知，函数$f(x)$的定义域为**R**.由图象知，当$|x|\leqslant1$时，$f(x)=x^2$的值

域为[0,1]；当$|x|>1$时，$f(x)=1$，所以$f(x)$的值域为[0,1].

反思提炼：先要明确x的不同取值范围，再正确作出图象.

3.3 函数的性质

知识梳理

1. 函数的单调性 ☆☆

(1) 定义：设函数$y=f(x)$的定义域为I，对于定义域I内的任一个区间A上的任意两个自变量的值x_1,x_2，当$x_1<x_2$时，

如果有$f(x_1)<f(x_2)$，就说函数$f(x)$在区间A上是增加的，简称单调增函数；

如果有$f(x_1)>f(x_2)$，就说函数$f(x)$在区间A上是减少的，简称单调减函数.

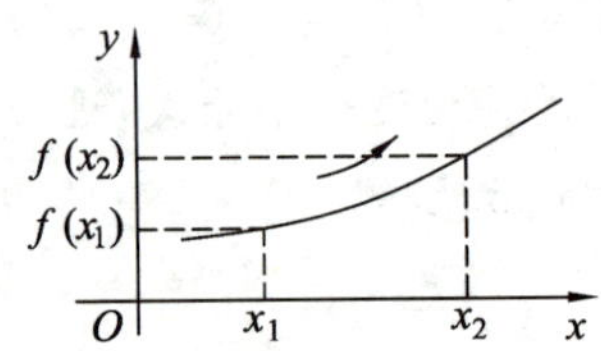

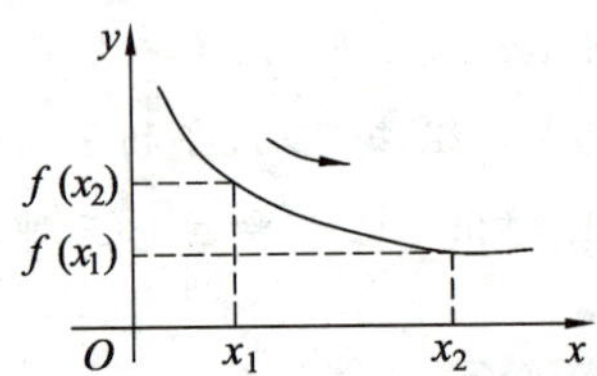

✲ **小贴士：**如果函数$y=f(x)$在整个定义域内是增加的或是减少的，那么我们分别称这个函数为单调增函数或单调减函数，统称为单调函数.

想一想：已知四个函数的图象如下图所示，其中在定义域内具有单调性的函数是(　　).

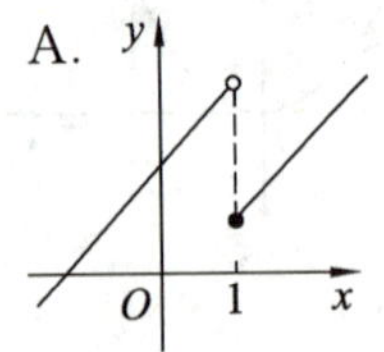

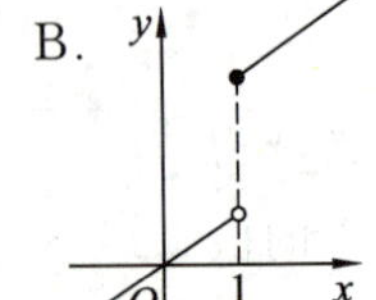

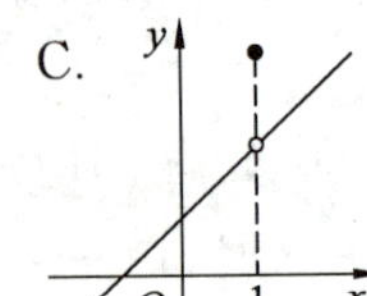

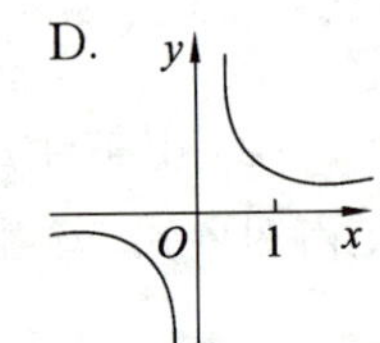

解析： 已知函数的图象判断其在定义域内的单调性，应从它的图象是上升的还是下降的来考虑.根据函数单调性的定义可知选项B中函数在定义域内为增函数.

答案： B.

(2) 单调区间：如果函数 $y=f(x)$ 在区间 A 上是单调增加的或是单调减少的，那么称 A 为单调区间.

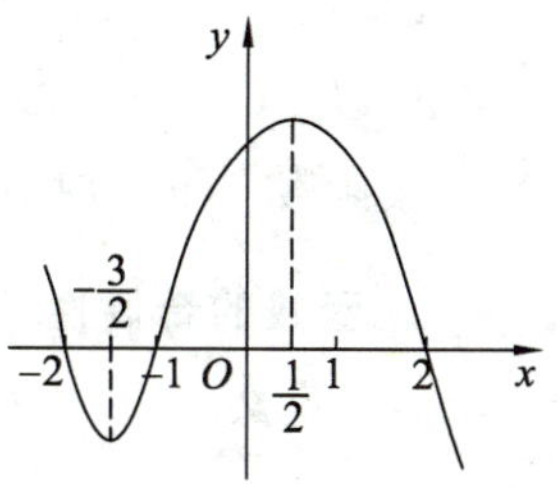

想一想： 已知函数 $y=f(x)$ 的图象如右图所示，则函数的单调减区间为____________.

答案： $\left(-\infty,-\frac{3}{2}\right]\cup\left[\frac{1}{2},+\infty\right)$.

(3) 函数单调性的判断.

第一种：判断具体函数的单调性，除了用定义外，还可结合其图象，这在客观题中常用.

第二种：利用定义法证明函数单调性的步骤如下：

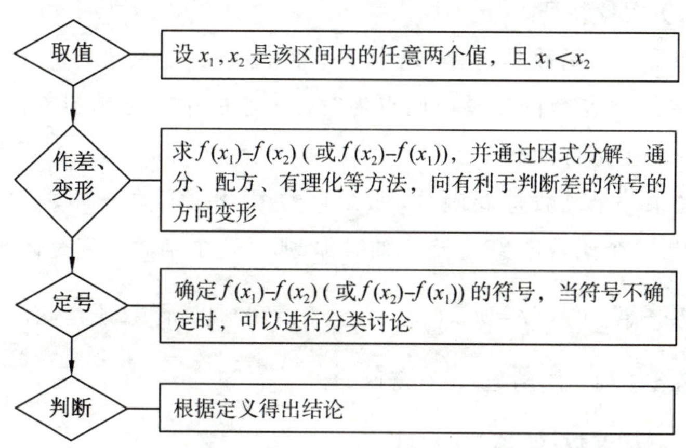

想一想： 证明函数 $f(x)=-x^2+4x+1$ 在区间 $(-\infty,2]$ 上是单调增加的.

解析: 设 x_1,x_2 是区间$(-\infty,2]$上的任意两个实数,且$x_1<x_2$,

则 $f(x_1)-f(x_2)=(-x_1^2+4x_1+1)-(-x_2^2+4x_2+1)$

$$=(x_2^2-x_1^2)+4(x_1-x_2)$$

$$=(x_1-x_2)(4-x_1-x_2).$$

因为 $x_1<x_2\leqslant 2$,所以$(x_1-x_2)<0$,$(4-x_1-x_2)>0$.

所以 $f(x_1)-f(x_2)<0$,即 $f(x_1)<f(x_2)$.

故函数 $f(x)$在区间$(-\infty,2]$上是单调增加的.

2. 函数的奇偶性 ☆☆

(1) 定义.

	奇函数	偶函数
定义	已知函数 $f(x)$的定义域为 A,若对任意的 $x\in A$,都有 $f(-x)=-f(x)$,则称函数 $f(x)$为奇函数	已知函数 $f(x)$的定义域为 A,若对任意的 $x\in A$,都有 $f(-x)=f(x)$,则称函数 $f(x)$为偶函数
图象	函数图象关于原点对称	函数图象关于 y 轴对称

(2) 图象特征.

如果一个函数是奇函数,那么它的图象一定关于原点对称;反之,如果一个函数图象是以原点为对称中心的中心对称图象,那么这个函数一定是奇函数.

如果一个函数是偶函数,那么它的图象一定关于 y 轴对称;反之,如果一个函数图象关于 y 轴对称,那么这个函数一定是偶函数.

想一想: (1) $y=x^2$,(2) $y=\dfrac{1}{x}(x\neq 0)$是奇函数还是偶函数?

答案: (1) 偶函数;(2) 奇函数.

(3) 奇函数、偶函数的性质:

① 若一个奇函数在原点处有定义,则 $f(0)=0$;

② 若一个函数既是奇函数,又是偶函数,则 $f(x)=0$;

③ 设 $f(x)$ 为奇函数，$g(x)$ 为偶函数，那么它们在公共定义域上满足：奇＋奇＝奇，偶＋偶＝偶，奇×奇＝偶，奇×偶＝奇，偶×偶＝偶.

想一想： 若奇函数 $f(x)$ 满足 $f(3)<f(1)$，则下列各式一定成立的是（　　）.

A. $f(-1)<f(-3)$　　　　B. $f(0)>f(1)$

C. $f(-2)<f(3)$　　　　D. $f(-3)<f(5)$

解析： 因为 $f(x)$ 是奇函数，所以 $f(3)=-f(-3)$，$f(1)=-f(-1)$. 又 $f(3)<f(1)$，故 $-f(-3)<-f(-1)$，故 $f(-3)>f(-1)$.

答案： A.

避坑指南

不是所有的奇函数都有 $f(0)=0$，一定要保证函数在原点处有意义，$f(0)$ 才等于 0；也不是说 $f(0)=0$，这个函数就为奇函数，如 $f(x)=x^2$.

（4）奇函数、偶函数的判断.

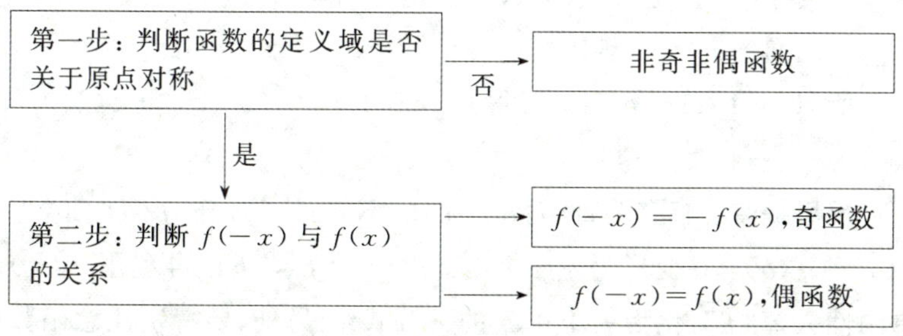

想一想： 判断下列函数的奇偶性.

（1）$f(x)=|x-2|+|x+2|$；　（2）$f(x)=x+\frac{1}{x}+\frac{x}{1-x}$.

解析：（1）函数 $f(x)$ 的定义域为 $\mathbf{R}$，关于原点对称，且 $f(-x)=$

$f(x)$，所以 $f(x)$ 为偶函数.

(2) 函数 $f(x)$ 的定义域为 $\{x \mid x \neq 0$ 且 $x \neq 1\}$，不关于原点对称，所以该函数为非奇非偶函数.

✻ **小贴士：** 一次函数 $y=kx+b(k\neq 0)$ 是奇函数的条件是 $b=0$；二次函数 $y=ax^2+bx+c(a\neq 0)$ 是偶函数的条件是 $b=0$.

典型例题

例 (1) 已知函数 $f(x)=x^5+ax^3+bx-8$，且 $f(-2)=10$，那么 $f(2)=$________.

(2) 已知函数 $f(x)$ 的定义域为 $(-1,1)$，且满足下列条件：① $f(x)$ 为奇函数；② $f(x)$ 在定义域上单调递减；③ $f(1-a)+f(1-a^2)<0$，求实数 a 的取值范围.

解： (1) 因为 $f(-2)=(-2)^5+a\times(-2)^3+b\times(-2)-8=10$，所以 $(2)^5+a\times(2)^3+b\times(2)=-18$，故 $f(2)=-18-8=-26$.

(2) 因为 $f(x)$ 是奇函数，所以 $f(1-a^2)=-f(a^2-1)$.

所以 $f(1-a)+f(1-a^2)<0 \Rightarrow f(1-a)<-f(1-a^2) \Rightarrow f(1-a)<f(a^2-1)$.

因为 $f(x)$ 在定义域 $(-1,1)$ 上是单调递减的，

所以 $\begin{cases} 1-a>a^2-1, \\ -1<1-a<1, \\ -1<a^2-1<1, \end{cases}$ 解得 $0<a<1$.

反思提炼： 解有关奇函数 $f(x)$ 的不等式 $f(a)+f(b)<0$，先将 $f(a)+f(b)<0$ 变形为 $f(a)<-f(b)=f(-b)$，再利用 $f(x)$ 的单调性去掉“f”，化为关于 a,b 的不等式组.另外，要特别注意函数的定义域.

3.4 二次函数

知识梳理

1. 二次函数的定义 ☆☆

(1) 形如 $y=ax^2+bx+c(a\neq0)$ 的函数叫作二次函数，其中 a，b，c 分别称为二次项系数、一次项系数、常数项.

(2) 二次函数的定义域为 $\mathbf{R}$.

(3) 二次函数的值域：当 $a>0$ 时，二次函数的值域为 $\left[\frac{4ac-b^2}{4a},+\infty\right)$；当 $a<0$ 时，二次函数的值域为 $\left(-\infty,\frac{4ac-b^2}{4a}\right]$.

想一想： 若函数 $y=(3-t)x^{t^2-3t+2}+tx+1$ 是关于 x 的二次函数，则 t 的值为(　　).

A. 3　　B. 0　　C. 0 或 3　　D. 1 或 2

解析： $t^2-3t+2=2$ 得 $t=0$ 或 3.又 $3-t\neq0$，则 3 舍去，故选 B.

答案： B.

2. 二次函数的图象变换 ☆☆

(1) 二次函数 $y=ax^2(a\neq0)$ 的图象可由 $y=x^2$ 的图象各点的纵坐标变为原来的 a 倍得到.

(2) 二次函数 $y=a(x+h)^2+k(a\neq0)$，a 决定了二次函数图象的开口大小及方向；h 决定了二次函数图象的左右平移，而且“h 正左移，h 负右移”；k 决定了二次函数图象的上下平移，而且“k 正上移，k 负下移”.

(3) 二次函数 $y=ax^2+bx+c(a\neq0)$，通过配方可以得到它的恒等变形 $y=a(x+h)^2+k(a\neq0)$，然后由 $y=ax^2(a\neq0)$ 的图象左右平移、上下平移得到其图象.

3. 二次函数 $y=ax^2+bx+c(a\neq 0)$ 的图象性质 ☆☆☆

函数 $y=ax^2+bx+c$	$a>0$	$a<0$
图象形状	一条抛物线	
顶　点	$\left(-\frac{b}{2a},\frac{4ac-b^2}{4a}\right)$	
对称轴	$x=-\frac{b}{2a}$	

函数	二次函数 $y=ax^2+bx+c$（a,b,c 是常数，$a\neq 0$）	
开口方向	开口向上	开口向下
单调性	在区间 $\left(-\infty,-\frac{b}{2a}\right]$ 上是减少的； 在区间 $\left[-\frac{b}{2a},+\infty\right)$ 上是增加的	在区间 $\left(-\infty,-\frac{b}{2a}\right]$ 上是增加的； 在区间 $\left[-\frac{b}{2a},+\infty\right)$ 上是减少的
最值	当 $x=-\frac{b}{2a}$ 时，y 有最小值， $y_{\min}=\frac{4ac-b^2}{4a}$	当 $x=-\frac{b}{2a}$ 时，y 有最大值， $y_{\max}=\frac{4ac-b^2}{4a}$

想一想： 已知函数 $f(x)=x^2-2x-3$，则

(1) 函数 $f(x)$ 的顶点是________，它的图象的对称轴是________.

(2) 函数 $f(x)$ 的递增区间是________，递减区间是________.

(3) 当自变量 x 为________时，图象达到最低点，它的最小值是________.

(4) 函数 $f(x)$ 在 $[0,2]$ 上的最小值和最大值分别为________.

解析： 把已知函数配方得 $f(x)=(x-1)^2-4$.

(1) $f(x)$ 图象的顶点是 $(1,-4)$，对称轴 $x=1$.

(2) 因为 $a=1>0$，所以函数图象开口向上，递增区间为 $[1,$

$+\infty)$,递减区间为$(-\infty,1]$.

(3) 在 $x=1$ 时,函数图象达到最低点,函数的最小值为-4.

(4) 结合图象可知,函数在$[0,2]$上的最小值为-4,最大值为-3.

3. 二次函数解析式的求解 ☆☆☆

(1) 一般式:$y=ax^2+bx+c$(a,b,c 为常数,$a\neq 0$).

当已知抛物线上任意三点时,通常将函数的解析式设为一般式,然后列出三元一次方程组并求解.

(2) 顶点式:$y=a(x+h)^2+k(a\neq 0)$(a,h,k 为常数,$a\neq 0$).

当已知抛物线的顶点坐标和抛物线上另一点时,通常将函数的解析式设为顶点式.

(3) 两根式:$y=a(x-x_1)(x-x_2)$(a,x_1,x_2 是常数,$a\neq 0$).

当已知抛物线与 x 轴的交点或交点的横坐标时,通常将函数的解析式设为两根式.

典型例题

例 根据下列条件,求二次函数 $y=f(x)$的解析式.

(1) 图象过点$(1,-1)$,$(3,3)$,$(-2,8)$;

(2) 图象顶点为$(1,-2)$,并且过点$(2,4)$;

(3) 图象过点$(-2,0)$,$(4,0)$,且函数 $y=f(x)$有最小值-18.

解: (1) 设 $y=ax^2+bx+c$.

依题意得$\begin{cases}a+b+c=-1,\\9a+3b+c=3,\\4a-2b+c=8,\end{cases}$解得$\begin{cases}a=1,\\b=-2,\\c=0.\end{cases}$

故所求函数的解析式为 $y=x^2-2x$.

(2) 设 $f(x)=a(x-1)^2-2(a\neq 0)$,因为 $f(x)$的图象过点$(2,4)$,所以 $a(2-1)^2-2=4$,得 $a=6$.故 $f(x)=6(x-1)^2-2=6x^2-12x+4$.

(3) 设 $f(x)=a(x+2)(x-4)(a\neq 0)$,则 $f(x)=a(x^2-2x-8)$.

因为 $f(x)$ 有最小值 -18,所以 $\begin{cases} a>0, \\ \dfrac{4a\cdot(-8a)-(-2a)^2}{4a}=-18. \end{cases}$

故 $a=2$,于是 $f(x)=2x^2-4x-16$.

反思提炼: (1) 图象上三点坐标已知,可用一般式;(2) 顶点坐标已知,应用顶点式;(3) 图象与 x 轴交点坐标已知,应用两根式.

避坑指南

若函数 $y=f(x)$ 对定义域内所有 x 都有 $f(a+x)=f(a-x)$,则其图象的对称轴为 $x=a$(a 为常数);若函数 $y=f(x)$ 对定义域内所有 x 都有 $f(x+a)=f(x-a)(a>0)$,则其是周期为 $2a$ 的周期函数.

3.5 幂函数

知识梳理

1. 幂函数的概念 ☆

如果一个函数,底数是自变量 x,指数是常量 a,即 $y=x^a$,这样的函数称为幂函数,如 $y=x^3$,$y=x^4$,$y=x^{-2}$ 等都是幂函数.

想一想: 已知幂函数 $y=f(x)$ 的图象过点 $(9,3)$,则 $f\left(\dfrac{1}{3}\right)=$ (   ).

A. $\sqrt{3}$　　B. $\dfrac{1}{3}$　　C. $\dfrac{1}{9}$　　D. $\dfrac{\sqrt{3}}{3}$

解析: 设 $f(x)=x^a$,则 $9^a=3$,$a=\dfrac{1}{2}$,即 $f(x)=x^{\frac{1}{2}}$,故

$f\left(\frac{1}{3}\right)=\frac{\sqrt{3}}{3}$.

答案： D.

2. 幂函数的性质 ☆

(1) 定点：所有幂函数在区间$(0,+\infty)$上都有定义，并且都通过点$(1,1)$；当$a>0$时，幂函数图象还通过定点$(0,0)$.

(2) 单调性：当$a>0$时，在区间$[0,+\infty)$上是增函数；当$a<0$时，在区间$(0,+\infty)$上是减函数.

(3) 奇偶性：常见的幂函数中，$y=x$，$y=x^{-1}$和$y=x^3$是奇函数，$y=x^2$是偶函数，$y=x^{0.5}$不具有奇偶性.

典型例题

例 若函数$f(x)=(m^2-m+1)x^{m^2+2m-3}$是幂函数，且在$(0,+\infty)$上是减函数，则实数$m=$________.

解： $\because$ 函数$f(x)$是幂函数，$\therefore$ $m^2-m+1=1$，$\therefore$ $m=0$或$m=1$.当$m=0$时，$f(x)=x-3$，它在$(0+\infty)$上是减函数；当$m=1$时，$f(x)=x^0$，不合题意.

反思提炼： 幂函数定义中明确了x前面的系数为"1"，若x的指数为正，则函数在$(0,+\infty)$上是增函数；若x的指数为负，则函数在$(0,+\infty)$上是减函数.

3.6 指数、指数函数

知识梳理

1. 分数指数幂 ☆

(1) 定义：给定正实数a，对于任意给定的整数m,n(m,n互素)，存在唯一的正实数b，使得$b^n=a^m$，我们把b叫作a的$\frac{m}{n}$次幂，

记作 $b=a^{\frac{m}{n}}$.它就是分数指数幂.

(2) 分数指数幂与根式的互化.

正分数指数幂的根式形式：$a^{\frac{m}{n}}=\sqrt[n]{a^m}\ (a>0)$.

负分数指数幂的根式形式：$a^{-\frac{m}{n}}=\frac{1}{a^{\frac{m}{n}}}(a>0, m, n\in \mathbf{N}_+$，且 $n>1)$.

0 的分数指数幂：0 的正分数指数幂等于 0，0 的负分数指数幂没有意义.

想一想：

(1) $3^{\frac{3}{2}}$可化为(　　).

A. $\sqrt{2}$　　B. $\sqrt[3]{3}$　　C. 3　　D. $3\sqrt{3}$

(2) $\sqrt[5]{a^{-2}}$可化为(　　).

A. $a^{-\frac{2}{5}}$　　B. $a^{\frac{5}{2}}$　　C. $a^{\frac{2}{5}}$　　D. $-a^{\frac{5}{2}}$

解析：(1) $3^{\frac{3}{2}}=(3^3)^{\frac{1}{2}}=\sqrt{27}=3\sqrt{3}$.

(2) $\sqrt[5]{a^{-2}}=(a^{-2})^{\frac{1}{5}}=a^{-\frac{2}{5}}$.

答案：(1) D；(2) A.

✲ 小贴士：进行分数指数幂与根式的互化时，主要依据公式.若幂指数为负数，则可先将其化为正数，再利用公式化为根式.

2. 指数幂的运算性质　☆☆

当 $a>0, b>0$ 时，对任意实数 m, n 都满足以下性质：

(1) $a^m\cdot a^n=a^{m+n}$；　(2) $(a^m)^n=a^{mn}$；　(3) $(ab)^n=a^nb^n$.

想一想：下列运算结果正确的是(　　).

A. $a^2\cdot a^3=a^5$　　B. $(-a^2)^3=(-a^3)^2$

C. $(a-1)^0=1$　　D. $(-a^2)^3=(-a)^6$

答案：A.

3. 指数函数的定义　☆☆

函数 $y=a^x(a>0, a\neq 1)$叫作指数函数，其中 x 是自变量.

想一想：若函数 $f(x)=(m^2-m-1)a^x$ 是指数函数，则实数 $m=($　　$)$.

A. 2　　　　B. 1　　　　C. 3　　　　D. 2 或 -1

解析：由指数函数的定义，得 $m^2-m-1=1$，解得 $m=2$ 或 -1.

答案：D.

4. 指数函数 $y=a^x(a>0, a\neq1, x\in\mathbf{R})$ 的图象和性质　☆☆☆

		$a>1$	$0<a<1$
图　象		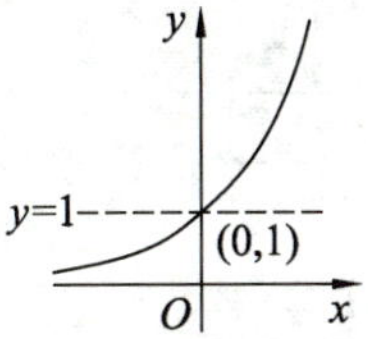	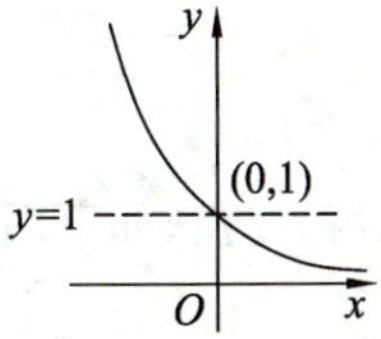
性质	定义域	$\mathbf{R}$	
	值域	$(0,+\infty)$	
	定点	函数图象在 x 轴上方，且过定点 $(0,1)$	
	函数值的变化	当 $x>0$ 时，$y>1$；当 $x<0$ 时，$0<y<1$	当 $x>0$ 时，$0<y<1$；当 $x<0$ 时，$y>1$
	单调性	$\mathbf{R}$ 上的增函数	$\mathbf{R}$ 上的减函数
	对称关系	函数 $y=a^x$ 与函数 $y=\left(\frac{1}{a}\right)^x$ 的图象关于 y 轴对称	

想一想：判断下列说法是否正确，正确的在后面的括号内打“√”，错误的打“×”.

(1) 指数函数 $y=m^x(m>0$ 且 $m\neq1)$ 是 $\mathbf{R}$ 上的增函数.（　　）

(2) 指数函数 $y=a^x(a>0$ 且 $a\neq1)$ 是非奇非偶函数.（　　）

(3) 所有的指数函数图象过定点 $(0,1)$.（　　）

答案：(1) ×；(2) √；(3) √.

5. 指数函数 $y=a^x$ ($a>0$ 且 $a\neq1$) 的图象变换 ☆☆

平移变换($\varphi>0$)，如下图所示.

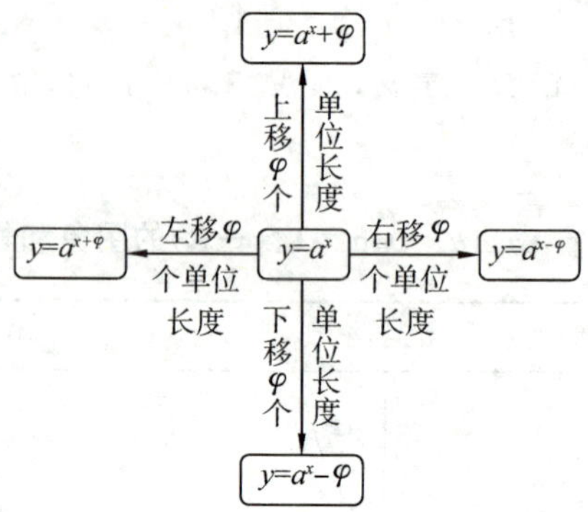

对称变换，如下图所示.

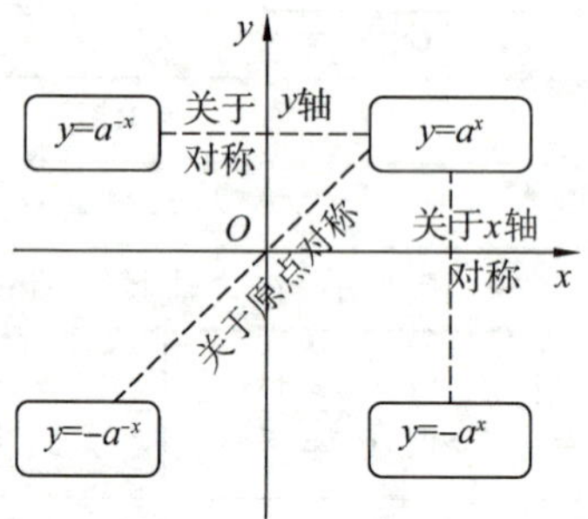

想一想：(1) 将函数 $y=\left(\frac{1}{2}\right)^x$ 的图象向左平移 3 个单位长度得到的函数图象的解析式为(　　).

A. $y=\left(\frac{1}{2}\right)^x+3$　　B. $y=\left(\frac{1}{2}\right)^{x+3}$

C. $y=\left(\frac{1}{2}\right)^x-3$　　D. $y=\left(\frac{1}{2}\right)^{x-3}$

(2) 如果 $a>1,b<-1$，那么函数 $y=a^x+b$ 的图象在(　　)

A. 第一、二、三象限　　B. 第一、三、四象限

C. 第二、三、四象限　　D. 第一、二、四象限

答案：(1) B；(2) B.

✻ **小贴士:** 函数 $y=a^{|x|}(a>0$ 且 $a\neq1)$ 的定义域、值域、奇偶性、单调性见下表.

底数	$a>1$	$0<a<1$
定义域	**R**	
值　域	$[1,+\infty)$	$(0,1]$
奇偶性	偶函数	
单调性	在 $(0,+\infty)$ 上是增加的,在 $(-\infty,0)$ 上是减少的	在 $(0,+\infty)$ 上是减少的,在 $(-\infty,0)$ 上是增加的

典型例题

例 求不等式 $3^{x^2-2x-4}\geqslant\frac{1}{3}$ 的解集.

解: $\because 3^{x^2-2x-4}\geqslant\frac{1}{3}$, $\therefore 3^{x^2-2x-4}\geqslant3^{-1}$.

$\therefore x^2-2x-4\geqslant-1$,即 $x^2-2x-3\geqslant0$,解得 $x\geqslant3$ 或 $x\leqslant-1$.

$\therefore$ 不等式的解集为 $\{x|x\geqslant3$ 或 $x\leqslant-1\}$.

反思提炼: 本题考查利用指数函数性质解指数不等式的方法.求解时需将所给不等式化为两边均含相同底数的形式,利用指数函数的单调性将其转化为关于指数的不等式再求解.

3.7 对数、对数函数

知识梳理

1. 对数的定义 ☆

一般地,如果 $a(a>0,a\neq1)$ 的 b 次幂等于 N,即 $a^b=N$,那么数 b 叫作以 a 为底 N 的对数,记作 $\log_a N=b$.其中,a 叫作对数的底数,N 叫作真数.

✲ **小贴士：**对数式与指数式之间的关系.

(1) 指数式 $a^b=N$ 与对数式 $\log_a N=b(a>0,a\neq1)$ 是等价的，它们表达的是 a,b,N 三者之间的同一种关系.但 a,b,N 在两个式子中的名称是不相同的，见下表：

类　别	式　子	名　称		
		a	x	N
指数式	$a^x=N$	底数	指数	幂
对数式	$x=\log_a N$	底数	对数	真数

(2) 由于在指数式 $a^b=N$ 中有 $a>0,a\neq1$，所以在对数式 $\log_a N=b$ 中也要求 $a>0,a\neq1$.

(3) 并非所有的指数式都能直接改为对数式，如 $(-2)^2=4$ 不能改写为 $\log_{-2}4$.只有在 $a>0,a\neq1,N>0$ 时，才有 $a^b=N\Leftrightarrow\log_a N=b$.

想一想：将 $\left(\frac{1}{2}\right)^{-3}=8$ 化为对数式是(　　).

A. $\log_{-3}8=\frac{1}{2}$　　　B. $\log_{\frac{1}{2}}8=3$

C. $\log_{\frac{1}{2}}8=-3$　　　D. $\log_3 8=\frac{1}{2}$

答案：C.

2. $\log_a N(a>0,a\neq1)$ 的性质　　☆☆

(1) 零和负数没有对数，即 $\log_a N$ 中 N 必须大于零；

(2) 1 的对数为 0，即 $\log_a 1=0$；

(3) 底数的对数为 1，即 $\log_a a=1$；

(4) 对数恒等式：$a^{\log_a N}=N$.

3. 对数的运算性质　　☆☆

如果 $a>0,a\neq1,M>0,N>0$，则

(1) $\log_a(MN)=\log_a M+\log_a N$；

(2) $\log_a\left(\frac{M}{N}\right)=\log_a M-\log_a N$；

(3) $\log_a M^N=N\log_a M$.

想一想：求下列各式的值.

(1) $\lg 1\ 000$；　(2) $3^{1+\log_3 6}$；　(3) $\left(\frac{1}{25}\right)^{\log_5 3}$.

解析：(1) 因为 $10^3=1\ 000$，所以 $\lg 1\ 000=3$.

(2) $3^{1+\log_3 6}=3\cdot 3^{\log_3 6}=3\times 6=18$.

(3) $\left(\frac{1}{25}\right)^{\log_5 3}=\left[\left(\frac{1}{5}\right)^2\right]^{\log_5 3}=5^{-2\log_5 3}=5^{\log_5 3^{-2}}=3^{-2}=\frac{1}{9}$.

✲ 小贴士：(1) 对数的运算性质可简记为积的对数等于对数的和，商的对数等于对数的差.(2) 要注意对数运算性质的逆用.

避坑指南

注意前提条件“$a>0,a\neq 1,M>0,N>0$”，尤其是“$M>0,N>0$”这一条件，否则 M,N 中有一个小于或等于 0，就会导致 $\log_a M$ 或 $\log_a M$ 无意义.另外还要注意，$M>0,N>0$ 与 $M\cdot N>0$ 并不等价.

4. 对数的换底公式　　☆☆

$\log_b N=\frac{\log_a N}{\log_a b}(a,b>0,a,b\neq 1,N>0)$.

想一想：下列等式不成立的是(　　).

A. $\log_3 4=\frac{\ln 4}{\ln 3}$　　B. $\log_3 4=\frac{\lg 4}{\lg 3}$

C. $\log_3 4=\frac{1}{\log_4 3}$　　D. $\log_3 4=\frac{\log_1 4}{\log_1 3}$

解析：结合换底公式的特征可知选项 D 不正确，因为底数必须满足大于 0 且不等于 1.

答案：D.

5. 对数函数的概念 ☆☆☆

一般地，函数 $y=\log_a x(a>0,a\neq1)$ 叫作对数函数，其中 x 是自变量，函数的定义域是 $(0,+\infty)$. a 叫作对数函数的底数. 特别地，我们称以 10 为底的对数函数 $y=\lg x$ 为常用对数函数，称以无理数 e 为底的对数函数 $y=\ln x$ 为自然对数函数.

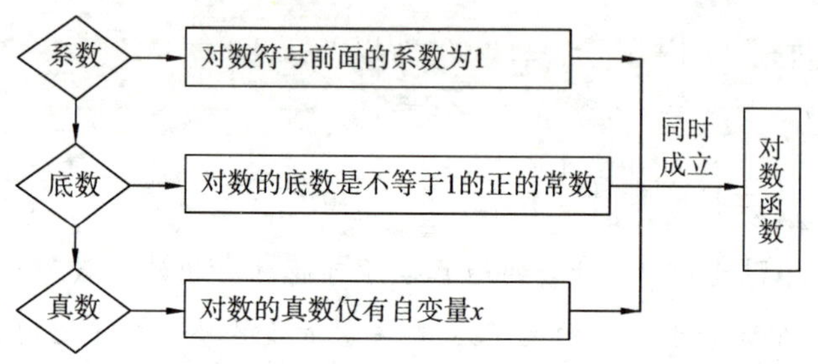

6. 对数函数的图象及性质 ☆☆☆

	$a>1$	$0<a<1$
图象	y, $x=1$, $y=\log_a x$, O, $(1,0)$, x	y, $x=1$, $(1,0)$, O, x, $y=\log_a x$
性质	定义域：$(0,+\infty)$	定义域：$(0,+\infty)$
	值域：**R**	值域：**R**
	过定点 $(1,0)$， 即当 $x=1$ 时，$y=0$	过定点 $(1,0)$， 即当 $x=1$ 时，$y=0$
	当 $x>1$ 时，$y>0$； 当 $0<x<1$ 时，$y<0$	当 $x>1$ 时，$y<0$； 当 $0<x<1$ 时，$y>0$
	$(0,+\infty)$ 上的增函数	$(0,+\infty)$ 上的减函数

(1) 与对数函数有关的函数定义域问题.

求与对数函数有关的函数定义域时，除遵循前面已学习过的求函数定义域的方法外，还对这种函数自身有如下要求：① 要特别注意真数大于零；② 要注意对数的底数；③ 按底数的取值应用单调性，有针对性地解不等式.

想一想： 函数 $y=\log_{(x+1)}(16-4^x)$ 的定义域是____________.

解析： 令 $\begin{cases}x+1>0,\\x+1\neq 1,\\16-4^x>0,\end{cases}$ 解得 $-1<x<0$ 或 $0<x<2$.

所以该函数的定义域为 $\{x\mid -1<x<0$ 或 $0<x<2\}$.

答案： $\{x\mid -1<x<0$ 或 $0<x<2\}$.

(2) 与对数函数有关的定点问题.

对数函数 $y=\log_a x(a>0$ 且 $a\neq 1)$，无论底为何值，只要真数为1，函数值恒为零.

想一想： 函数 $y=\log_a(x-3)+2(a>0$ 且 $a\neq 1)$ 的图象恒过定点(　　).

A. (3,0)　　B. (3,2)　　C. (4,0)　　D. (4,2)

解析： 令 $x=4$，则 $y=\log_a(4-3)+2=2$，故函数的图象恒过定点(4,2).

答案： D.

(3) 与对数函数有关的比较大小问题.

① 底数相同，真数不同时，用对数函数的单调性来比较；

② 底数不同，而真数相同时，常借助图象比较，也可用换底公式转化为同底数的对数后比较；

③ 底数与真数都不同时，经常需寻求中间值0，1比较.

想一想： 比较下列各组中两个值的大小.

(1) $\log_3 1.9,\log_3 2$；　(2) $\log_{\frac{1}{2}} 3,\log_{\frac{1}{5}} 3$；　(3) $\log_2 3,\log_{0.3} 2$.

解析： (1) 因为 $y=\log_3 x$ 在 $(0,+\infty)$ 上是增函数，所以 $\log_3 1.9<\log_3 2$.

(2) 因为在 $x\in(1,+\infty)$ 上，$y=\log_{\frac{1}{5}}x$ 的图象在 $y=\log_{\frac{1}{2}}x$ 图象的上方，所以 $\log_{\frac{1}{2}}3<\log_{\frac{1}{5}}3$.

(3) 因为 $\log_2 3>\log_2 1=0$，$\log_{0.3}2<\log_{0.3}1=0$，所以 $\log_2 3>\log_{0.3}2$.

(4) 与对数函数有关的图象变换问题.

对数函数 $y=\log_2 x$ 的性质较为简单，研究由 $y=\log_2 x$ 的图象变换得到的函数的图象与性质时，通常是先通过图象变换得到函数图象，再结合图象研究其性质.

想一想： 分别画出函数 $y=|\log_2 x|$ 和 $y=\log_2|x|$ 的图象，并分析它们的定义域、值域、奇偶性、单调性.

解析： 对于函数 $y=|\log_2 x|$，由 $y=|\log_2 x|=\begin{cases}-\log_2 x, & 0<x\leqslant 1,\\ \log_2 x, & x>1,\end{cases}$ 可得其图象如右图所示.

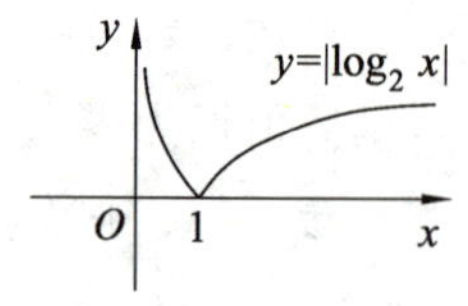

其定义域为 $(0,+\infty)$，值域为 $[0,+\infty)$，是非奇非偶函数，在 $(0,1]$ 上是单调减少的，在 $(1,+\infty)$ 上是单调增加的.

对于函数 $y=\log_2|x|$，由 $y=\log_2|x|=\begin{cases}\log_2 x, & x>0,\\ \log_2(-x), & x<0,\end{cases}$ 可得其图象如右图所示.

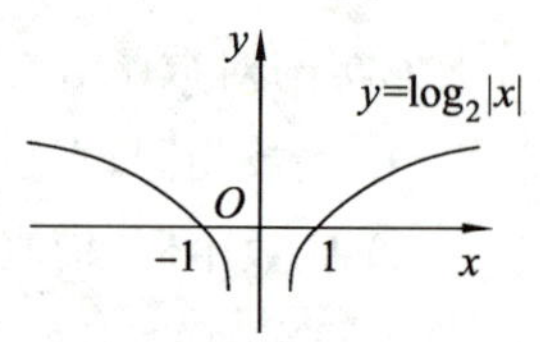

其定义域为 $(-\infty,0)\cup(0,+\infty)$，值域为 $\mathbf{R}$，是偶函数，在 $(-\infty,0)$ 上是单调减少的，在 $(0,+\infty)$ 上是单调增加的.

典型例题

例 化简、求值：

(1) 若 $\log_3(\lg x)=1$，则 $x=$________；

(2) $4\lg 2+3\lg 5-\lg\frac{1}{5}=$________；

(3) 利用换底公式求$(\log_2 27)\cdot(\log_3 8)$的值；

(4) 函数 $y=\log_2 x$ 在 $x\in[2,8]$上的值域为________.

解：(1) ∵ $\log_3(\lg x)=1$，∴$\lg x=3$，∴ $x=10^3=1\ 000$.

(2) 原式$=\lg\dfrac{2^4\times 5^3}{\dfrac{1}{5}}=\lg(2\times 5)^4=4$.

(3) 原式$=\dfrac{\lg 27}{\lg 2}\cdot\dfrac{\lg 8}{\lg 3}=\dfrac{3\lg 3\cdot 3\lg 2}{\lg 2\cdot\lg 3}=9$.

(4) ∵ $y=\log_2 x$ 在$[2,8]$上为增函数，

∴ $y_{\min}=\log_2 2=1$，$y_{\max}=\log_2 8=3$，

∴ 该函数的值域为$[1,3]$.

反思提炼：(1) 根据对数恒等式解决；(2) 利用对数积、商、幂的运算法则；(3) 利用对数的换底公式解决求值化简问题；(4) 利用对数函数的单调性求函数的值域.

第 4 章　三角函数

4.1　角的概念推广

知识梳理

1. 任意角　☆☆

角的定义：角可以看成平面内一条射线绕着它的端点旋转所成的图形.

角的表示：

(1) 始边：射线的起始位置 OA；

(2) 终边：射线的终止位置 OB；

(3) 顶点：射线的端点 O；

(4) 记法：右图中的角可记为"$\angle AOB$"或"角 α"或$\angle\alpha$(简记成"α").

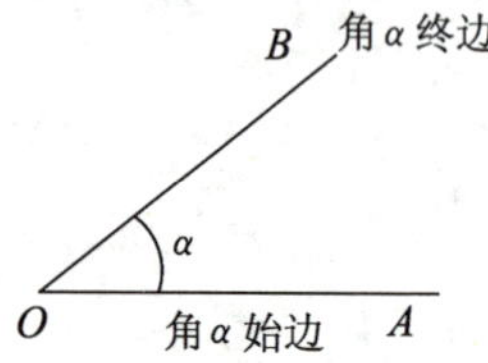

角的分类：

名称	正角	负角	零角
定义	一条射线绕其端点按逆时针方向旋转形成的角	一条射线绕其端点按顺时针方向旋转形成的角	一条射线没有做任何旋转形成的角
图形	O A B	O A B	O A(B)

想一想：时间过去一个小时，时针旋转所形成的角的度数为________.

解析： 因为时针顺时针旋转，所以形成的是负角，所以答案为 $-30°$.

答案： $-30°$.

角的相等： 若角 α 与角 β 的旋转方向相同且旋转量相等，则称 $\alpha=\beta$.

角的运算： 设 α,β 是任意两个角，若角 α 的终边旋转角 β，则终边所对应的角为 $\alpha+\beta$.减去一个角等于加上这个角的相反角，所以有 $\alpha-\beta=\alpha+(-\beta)$.

2. 象限角和终边相同的角　☆☆☆

象限角的定义： 在平面直角坐标系中，使角的顶点与原点重合，角的始边与 x 轴的非负半轴重合，那么角的终边在第几象限，就说这个角是第几象限角.如果角的终边在坐标轴上，则认为这个角不属于任何一个象限，称这个角为界限角.

终边相同的角： 所有与角 α 终边相同的角，连同角 α 在内，构成一个集合，可表示为 $S=\{\beta|\beta=\alpha+k\cdot 360°,k\in \mathbf{Z}\}$.

✲ 小贴士：

(1) 相等的角，当始边相同时，终边一定相同；

(2) 终边相等的角不一定相等，它们相差 360°的整数倍.

想一想： 与 30°终边相同的角的集合表示为________________.

答案： $\{\alpha|\alpha=30°+k\cdot 360°,k\in \mathbf{Z}\}$

象限角的集合表示：

象限角	角的集合表示
第一象限角	$\{\alpha\|k\cdot 360°<\alpha<90°+k\cdot 360°,k\in \mathbf{Z}\}$
第二象限角	$\{\alpha\|90°+k\cdot 360°<\alpha<180°+k\cdot 360°,k\in \mathbf{Z}\}$
第三象限角	$\{\alpha\|180°+k\cdot 360°<\alpha<270°+k\cdot 360°,k\in \mathbf{Z}\}$
第四象限角	$\{\alpha\|270°+k\cdot 360°<\alpha<360°+k\cdot 360°,k\in \mathbf{Z}\}$

界限角的集合表示：

角的终边在坐标轴的位置	角的集合表示
x 轴正半轴	$\{\alpha \mid \alpha=k\cdot 360°,k\in \mathbf{Z}\}$
x 轴负半轴	$\{\alpha \mid \alpha=180°+k\cdot 360°,k\in \mathbf{Z}\}$
y 轴正半轴	$\{\alpha \mid \alpha=90°+k\cdot 360°,k\in \mathbf{Z}\}$
y 轴负半轴	$\{\alpha \mid \alpha=270°+k\cdot 360°,k\in \mathbf{Z}\}$
x 轴	$\{\alpha \mid \alpha=k\cdot 180°,k\in \mathbf{Z}\}$
y 轴	$\{\alpha \mid \alpha=90°+k\cdot 180°,k\in \mathbf{Z}\}$
坐标轴	$\{\alpha \mid \alpha=k\cdot 90°,k\in \mathbf{Z}\}$

终边在特殊位置的角的集合：

角的终边在坐标轴的位置	角的集合表示
第一、三象限的角平分线上（$y=x$）	$\{\alpha \mid \alpha=45°+k\cdot 180°,k\in \mathbf{Z}\}$
第二、四象限的角平分线上（$y=-x$）	$\{\alpha \mid \alpha=-45°+k\cdot 180°,k\in \mathbf{Z}\}$

典型例题

例 1 在 0°～360°范围内找出与下列各角终边相同的角，并判断它们是第几象限角.

(1) 670°； (2) 1 548°； (3) −980°.

解： 运用终边相同角的表示来解题.

(1) 因为 $670°=310°+360°$，所以 670°和 310°终边相同，为第四象限角.

(2) 因为 $1\,548°=108°+4\times 360°$，所以 1 548°和 108°终边相同，为第二象限角.

(3) 因为 $-980°=100°-3\times 360°$，所以 −980°和 100°终边相同，为第二象限角.

反思提炼： 求指定范围内与角 α 终边相同的角时，需要将角写成 $\alpha+k\cdot 360^\circ$ 的形式.

例 2　已知角 α 是第二象限角，判断：

(1) 2α 终边所在位置；　(2) $\frac{\alpha}{2}$ 终边所在位置.

解： 运用象限角的集合表示来解题.

(1) 因为 α 是第二象限角，所以 $90^\circ+k\cdot 360^\circ<\alpha<180^\circ+k\cdot 360^\circ, k\in\mathbf{Z}$，则 $180^\circ+k\cdot 720^\circ<2\alpha<360^\circ+k\cdot 720^\circ, k\in\mathbf{Z}$. 所以 2α 终边在第三、四象限或 y 轴负半轴.

(2) 因为 α 是第二象限角，所以 $90^\circ+k\cdot 360^\circ<\alpha<180^\circ+k\cdot 360^\circ, k\in\mathbf{Z}$，则 $45^\circ+k\cdot 180^\circ<\frac{\alpha}{2}<90^\circ+k\cdot 180^\circ, k\in\mathbf{Z}$.

当 $k=\cdots,-3,-1,1,3,5,\cdots$ 时，$\frac{\alpha}{2}$ 终边在第三象限；当 $k=\cdots,-2,0,2,4,6$ 时，$\frac{\alpha}{2}$ 终边在第一象限.

所以 $\frac{\alpha}{2}$ 终边在第一或第三象限.

反思提炼： 首先正确写出角 α 的范围，再写出所求角的范围，进行判断.如有困难，可以将 k 取特殊的整数值，找出规律再综合.

4.2　弧度制

知识梳理

1. 弧度制　☆

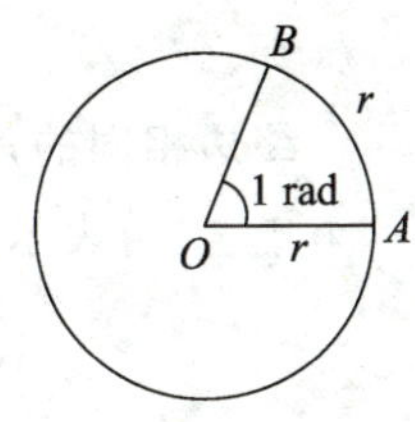

用弧度作为单位来度量角的单位制叫作弧度制.

长度等于半径长的弧所对的圆心角叫作 1 弧度的角，用符号表示为 1 rad，读作 1 弧度，如右图所示.

2. 弧度数 ☆

一般地,正角的弧度数是一个正数,负角的弧度数是一个负数,零角的弧度数是0.如果半径为r的圆的圆心角α所对的弧长为l,那么角α的弧度数的绝对值为$|\alpha|=\frac{l}{r}$.

3. 角度与弧度的换算 ☆☆

角度化弧度	弧度化角度
$360°=2\pi$ rad	2π rad$=360°$
$180°=\pi$ rad	π rad$=180°$
$1°=\frac{\pi}{180}$ rad$\approx0.017\ 45$ rad	1 rad$=\left(\frac{180}{\pi}\right)°\approx57.30°$

4. 特殊角的度数与弧度数 ☆☆☆

度	$0°$	$15°$	$30°$	$45°$	$60°$	$75°$	$90°$
弧度	0	$\frac{\pi}{12}$	$\frac{\pi}{6}$	$\frac{\pi}{4}$	$\frac{\pi}{3}$	$\frac{5\pi}{12}$	$\frac{\pi}{2}$
度	$105°$	$120°$	$135°$	$150°$	$165°$	$180°$	$210°$
弧度	$\frac{7\pi}{12}$	$\frac{2\pi}{3}$	$\frac{3\pi}{4}$	$\frac{5\pi}{6}$	$\frac{11\pi}{12}$	π	$\frac{7\pi}{6}$
度	$225°$	$240°$	$270°$	$300°$	$315°$	$330°$	$360°$
弧度	$\frac{5\pi}{4}$	$\frac{4\pi}{3}$	$\frac{3\pi}{2}$	$\frac{5\pi}{3}$	$\frac{7\pi}{4}$	$\frac{11\pi}{6}$	2π

5. 弧度制下终边相同的角、象限角、界限角的集合表示 ☆☆☆

终边相同的角: 所有与角α终边相同的角,连同角α在内,构成一个集合,可表示为$S=\{\beta|\beta=\alpha+2k\pi,k\in\mathbf{Z}\}$.

象限角的集合表示：

象限角	角的集合表示
第一象限角	$\left\{\alpha \middle\vert 2k\pi<\alpha<\frac{\pi}{2}+2k\pi, k\in\mathbf{Z}\right\}$
第二象限角	$\left\{\alpha \middle\vert \frac{\pi}{2}+2k\pi<\alpha<\pi+2k\pi, k\in\mathbf{Z}\right\}$
第三象限角	$\left\{\alpha \middle\vert \pi+2k\pi<\alpha<\frac{3\pi}{2}+2k\pi, k\in\mathbf{Z}\right\}$
第四象限角	$\left\{\alpha \middle\vert \frac{3\pi}{2}+2k\pi<\alpha<2\pi+2k\pi, k\in\mathbf{Z}\right\}$

界限角的集合表示：

角的终边在坐标轴的位置	角的集合表示
x 轴正半轴	$\{\alpha \mid \alpha=2k\pi, k\in\mathbf{Z}\}$
x 轴负半轴	$\{\alpha \mid \alpha=\pi+2k\pi, k\in\mathbf{Z}\}$
y 轴正半轴	$\left\{\alpha \middle\vert \alpha=\frac{\pi}{2}+2k\pi, k\in\mathbf{Z}\right\}$
y 轴负半轴	$\left\{\alpha \middle\vert \alpha=\frac{3\pi}{2}+2k\pi, k\in\mathbf{Z}\right\}$
x 轴	$\{\alpha \mid \alpha=k\pi, k\in\mathbf{Z}\}$
y 轴	$\left\{\alpha \middle\vert \alpha=\frac{\pi}{2}+k\pi, k\in\mathbf{Z}\right\}$
坐标轴	$\left\{\alpha \middle\vert \alpha=\frac{k\pi}{2}, k\in\mathbf{Z}\right\}$

✲ **小贴士**：在角的表示中要统一度量制.

6. 弧长公式、扇形面积公式　☆☆☆

设扇形的半径为 r，圆心角为 α，弧长为 l，则

	α 为角度制	α 为弧度制
弧长公式	$l=\dfrac{\alpha\pi r}{180}$	$l=\vert\alpha\vert r$
面积公式	$s=\dfrac{\alpha\pi r^2}{360}$	$s=\dfrac{1}{2}lr=\dfrac{1}{2}\vert\alpha\vert r^2$

✲ **小贴士：**(1) 弧长公式中圆心角 α 要以弧度制表示；(2) α,r,l,s 四个量可以“知二求二”.

典型例题

例 1 将下列角度化为弧度，弧度化为角度：

(1) $-\dfrac{7\pi}{12}$；　(2) $\dfrac{11\pi}{5}$；　(3) $1\,920°$；　(4) $112°30'$.

分析：运用角度与弧度的换算公式解题.

解：(1) $-\dfrac{7\pi}{12}=\left(-\dfrac{7\pi}{12}\times\dfrac{180}{\pi}\right)^\circ=-105°$.

(2) $\dfrac{11\pi}{5}=\left(\dfrac{11\pi}{5}\times\dfrac{180}{\pi}\right)^\circ=396°$.

(3) $1\,920°=1\,920\times\dfrac{\pi}{180}=\dfrac{32\pi}{3}$.

(4) $112°30'=112.5\times\dfrac{\pi}{180}=\dfrac{5\pi}{8}$.

反思提炼：角度和弧度的换算公式要区分清，弧度的单位“rad”可以省略，角度的单位不能省略.

例 2 求弧长为 π、圆心角为 $60°$ 的扇形的半径和面积.

分析：运用弧长公式和扇形面积公式解题.

解：设扇形的半径为 r，面积为 s.

由弧长公式 $l=|\alpha|r$ 得 $r=\dfrac{l}{|\alpha|}=\dfrac{\pi}{\dfrac{\pi}{3}}=3$，

面积为 $s=\frac{1}{2}lr=\frac{1}{2}\times\pi\times 3=\frac{3\pi}{2}$.

反思提炼： 运用弧长公式时，圆心角必须用弧度制表示.

4.3　任意角的三角函数

知识梳理

1. 三角函数的定义　☆☆

利用单位圆定义任意角的三角函数：

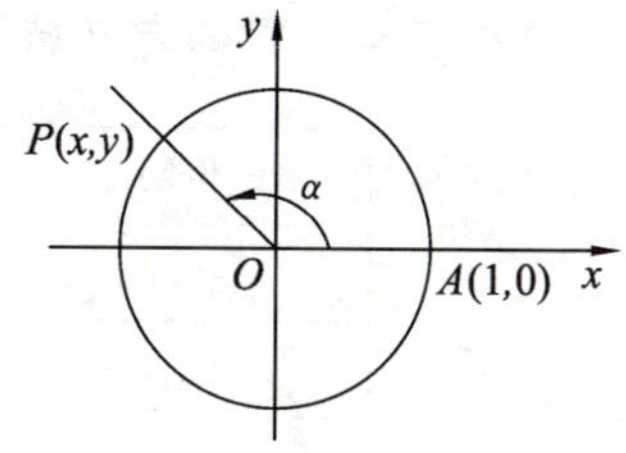

如右图，设 α 为一个任意角，其始边为 x 轴非负半轴，终边与单位圆交于点 $P(x,y)$，那么：

(1) y 叫作 α 的正弦函数，记作 $\sin\alpha$，即 $y=\sin\alpha$；

(2) x 叫作 α 的余弦函数，记作 $\cos\alpha$，即 $x=\cos\alpha$；

(3) $\frac{y}{x}$ 叫作 α 的正切函数，记作 $\tan\alpha$，即 $\frac{y}{x}=\tan\alpha\,(x\neq 0)$.

利用角的终边上的点的坐标表示任意角的三角函数：

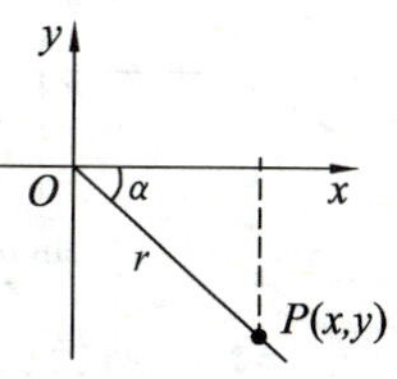

设 α 为一个任意角，其终边上一点 $P(x,y)$，点 P 到原点的距离记为 $r(r>0)$，则有

$$\sin\alpha=\frac{y}{r},\cos\alpha=\frac{x}{r},\tan\alpha=\frac{y}{x}.$$

想一想： 已知角 α 终边上一点 $P(-3,-4)$，则 $\sin\alpha=$________，$\cos\alpha=$________，$\tan\alpha=$________.

分析： 运用角的终边上一点的坐标来求三角函数值.

解： 由题意得 $r=\sqrt{x^2+y^2}=\sqrt{(-3)^2+(-4)^2}=5$.

根据任意角的三角函数定义得 $\sin\alpha=\frac{y}{r}=-\frac{4}{5}$，$\cos\alpha=\frac{x}{r}=-\frac{3}{5}$，$\tan\alpha=\frac{y}{x}=\frac{4}{3}$.

想一想： 若把上题中点 P 的坐标改成 $(-3m,-4m)(m<0)$，则 $\sin\alpha=$________，$\cos\alpha=$________，$\tan\alpha=$________.

分析： 因为 $r>0$，所以 $r=|5m|=-5m$.如果 m 的正负没有给出，则需要分类讨论.

答案： $\frac{4}{5}$，$\frac{3}{5}$，$\frac{4}{3}$.

2. 三角函数的定义域 ☆☆

三角函数	定义域
$\sin\alpha$	$\mathbf{R}$
$\cos\alpha$	$\mathbf{R}$
$\tan\alpha$	$\left\{\alpha \left\| \alpha\neq\frac{\pi}{2}+k\pi,k\in\mathbf{Z}\right.\right\}$

3. 三角函数在各象限的符号 ☆☆☆

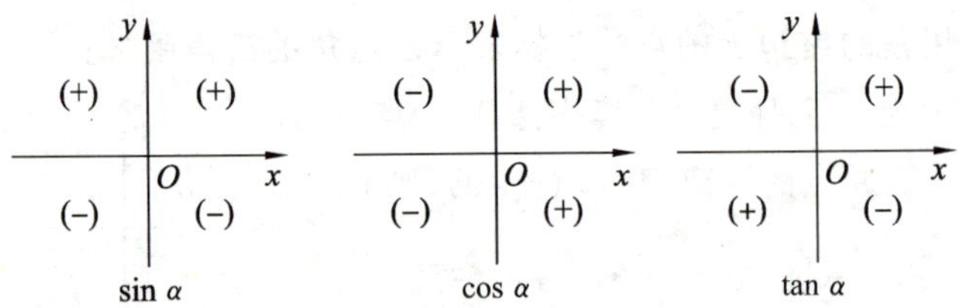

✲ **小贴士：** 记忆口诀——一全正，二正弦，三正切，四余弦.

想一想： 判断下列角 α 所在的象限.

(1) $\sin\alpha<0$，$\tan\alpha>0$；　　(2) $\sin\alpha\cos\alpha<0$.

解析： 根据三角函数在四个象限的符号来解题.

(1) 因为 $\sin\alpha<0$，所以 α 为第三或第四象限角.

因为 $\tan\alpha>0$，所以 α 为第一或第三象限角.

综上可知，α 为第三象限角.

(2) 因为 $\sin\alpha\cos\alpha<0$，所以 $\begin{cases}\sin\alpha>0,\\ \cos\alpha<0\end{cases}$ ①或 $\begin{cases}\sin\alpha<0,\\ \cos\alpha>0\end{cases}$ ②.

由①得角 α 为第二象限角，由②得 α 为第四象限角.

综上可知，α 为第二或第四象限角.

4. 特殊角的三角函数值　☆☆☆

角 α	$0°$	$30°$	$45°$	$60°$	$90°$	$120°$	$150°$	$180°$	$270°$
弧度	0	$\frac{\pi}{6}$	$\frac{\pi}{4}$	$\frac{\pi}{3}$	$\frac{\pi}{2}$	$\frac{2\pi}{3}$	$\frac{5\pi}{6}$	π	$\frac{3\pi}{2}$
正弦	0	$\frac{1}{2}$	$\frac{\sqrt{2}}{2}$	$\frac{\sqrt{3}}{2}$	1	$\frac{\sqrt{3}}{2}$	$\frac{1}{2}$	0	-1
余弦	1	$\frac{\sqrt{3}}{2}$	$\frac{\sqrt{2}}{2}$	$\frac{1}{2}$	0	$-\frac{1}{2}$	$-\frac{\sqrt{3}}{2}$	-1	0
正切	0	$\frac{\sqrt{3}}{3}$	1	$\sqrt{3}$	不存在	$-\sqrt{3}$	$-\frac{\sqrt{3}}{3}$	0	不存在

典型例题

例　已知角 α 的终边经过点 $P(4m,-3m)$，且 $m<0$，求 $\sin\alpha$，$\cos\alpha$，$\tan\alpha$ 的值.

分析：运用角的终边一点的坐标来求三角函数值.

解：$r=\sqrt{(4m)^2+(-3m)^2}=\sqrt{25m^2}=5|m|$.

因为 $m<0$，所以 $r=-5m$.

故 $\sin\alpha=\frac{y}{r}=\frac{-3m}{-5m}=\frac{3}{5}$，$\cos\alpha=\frac{x}{r}=\frac{4m}{-5m}=-\frac{4}{5}$，$\tan\alpha=\frac{y}{x}=\frac{-3m}{4m}=-\frac{3}{4}$.

反思提炼：根据任意角的三角函数的定义，先求 $r=\sqrt{OP}=$

$\sqrt{x^2+y^2}$,如果结果含变量,要考虑其符号问题,以确保 $r>0$.

4.4　同角三角函数的基本关系

知识梳理

1. 同角三角函数的基本关系　☆☆☆

关系	基本关系式
平方关系	$\sin^2\alpha+\cos^2\alpha=1$
商数关系	$\tan\alpha=\dfrac{\sin\alpha}{\cos\alpha}\left(\alpha\neq\dfrac{\pi}{2}+k\pi,k\in\mathbf{Z}\right)$

✽ 小贴士:

(1) $\sin\alpha$ 的平方写作 $\sin^2\alpha$;

(2) 每个关系式中只能出现一个角;

(3) $\sin\alpha,\cos\alpha,\tan\alpha$ 三个量中,只要已知其中一个,就可以求出另外两个,即"知一求二".

2. 基本关系式的变形公式　☆☆

(1) $\sin^2\alpha=1-\cos^2\alpha,\sin\alpha=\pm\sqrt{1-\cos^2\alpha}$;

$\cos^2\alpha=1-\sin^2\alpha,\cos\alpha=\pm\sqrt{1-\sin^2\alpha}$;

$1=\sin^2\alpha+\cos^2\alpha$.

(2) $\sin\alpha=\tan\alpha\cdot\cos\alpha,\cos\alpha=\dfrac{\sin\alpha}{\tan\alpha}$.

(3) $\sin\alpha,\cos\alpha$ 的和、差、积关系:

$(\sin\alpha+\cos\alpha)^2=1+2\sin\alpha\cos\alpha$;

$(\sin\alpha-\cos\alpha)^2=1-2\sin\alpha\cos\alpha$;

$(\sin\alpha+\cos\alpha)^2+(\sin\alpha-\cos\alpha)^2=2$.

想一想: 已知 $\sin\alpha\cdot\cos\alpha=\dfrac{1}{8}$,且 α 为第三象限角.

(1) 求 $\sin\alpha+\cos\alpha$ 的值；　　(2) 求 $\sin\alpha-\cos\alpha$ 的值；

分析： 运用 $\sin\alpha,\cos\alpha$ 的和、差、积关系解题.

解： (1) $(\sin\alpha+\cos\alpha)^2=1+2\sin\alpha\cos\alpha=\frac{5}{4}$.

因为角 α 为第三象限角，所以 $\sin\alpha<0,\cos\alpha<0$，则 $\sin\alpha+\cos\alpha=-\frac{\sqrt{5}}{2}$.

(2) 因为 $(\sin\alpha-\cos\alpha)^2=1-2\sin\alpha\cos\alpha=\frac{3}{4}$，

所以 $\sin\alpha-\cos\alpha=\pm\frac{\sqrt{3}}{2}$.

典型例题

例 1 (1) 已知 $\sin\alpha=\frac{3}{5}$，α 为第二象限角，求 $\cos\alpha,\tan\alpha$ 的值；

(2) 已知 $\cos\alpha=\frac{1}{4}$，求 $\sin\alpha,\tan\alpha$ 的值；

(3) 已知 $\tan\alpha=2$，α 为第三象限角，求 $\sin\alpha,\cos\alpha$ 的值.

分析： 运用同角三角函数关系求解.

解： (1) 由 $\sin^2\alpha+\cos^2\alpha=1$，得 $\cos^2\alpha=1-\sin^2\alpha=1-\left(\frac{3}{5}\right)^2=\frac{16}{25}$.

因为 α 为第二象限角，所以 $\cos\alpha=-\frac{4}{5}$，$\tan\alpha=\frac{\sin\alpha}{\cos\alpha}=-\frac{3}{4}$.

(2) 由 $\sin^2\alpha+\cos^2\alpha=1$，得 $\sin^2\alpha=1-\cos^2\alpha=\frac{15}{16}$.

由 $\cos\alpha>0$ 可知 α 为第一或第四象限角.

当 α 为第一象限角时，$\sin\alpha=\frac{\sqrt{15}}{4}$，$\tan\alpha=\frac{\sin\alpha}{\cos\alpha}=\sqrt{15}$；

当 α 为第四象限角时，$\sin\alpha=-\frac{\sqrt{15}}{4}$，$\tan\alpha=\frac{\sin\alpha}{\cos\alpha}=-\sqrt{15}$.

(3) 由 $\tan\alpha=2$，得 $\frac{\sin\alpha}{\cos\alpha}=2$，即 $\sin\alpha=2\cos\alpha$①.

又有 $\sin^2\alpha+\cos^2\alpha=1$②，将①式代入②式，得 $\cos^2\alpha=\frac{1}{5}$.

因为 α 为第三象限角，所以 $\cos\alpha=-\frac{\sqrt{5}}{5}$，$\sin\alpha=-\frac{2\sqrt{5}}{5}$.

反思提炼：运用同角三角函数关系式求解 $\sin\alpha$，$\cos\alpha$，$\tan\alpha$ 三个量的“知一求二”问题，要特别注意角所在的象限，以此来判断三角函数值的正负及有一解或两解的情况.

例 2 已知 $\tan\alpha=2$，求下列各式的值：

(1) $\frac{\sin\alpha+2\cos\alpha}{3\sin\alpha-\cos\alpha}$；　　(2) $\sin^2\alpha+\sin\alpha\cdot\cos\alpha+2\cos^2\alpha$.

分析：将所求式子转化为只含有 $\tan\alpha$ 的形式.

解：(1) 将原式的分子、分母同除以 $\cos\alpha$，得 $\frac{\tan\alpha+2}{3\tan\alpha-1}=\frac{4}{5}$.

(2) 原式 $=\frac{\sin^2\alpha+\sin\alpha\cdot\cos\alpha+2\cos^2\alpha}{\sin^2\alpha+\cos^2\alpha}$，分子、分母同除以 $\cos^2\alpha$ 得

$$\frac{\tan^2\alpha+\tan\alpha+2}{\tan^2\alpha+1}=\frac{8}{5}.$$

反思提炼：当式子可以转化为分子、分母是齐次正弦、余弦时，可以将分式的分子、分母同除以 $\cos\alpha$（或 $\cos^2\alpha$）（齐次化切），转化为只含有 $\tan\alpha$ 的形式.分母 1 可以转化为 $\sin^2\alpha+\cos^2\alpha$.

4.5　三角函数的诱导公式

知识梳理

1. 三角函数诱导公式　☆☆☆

公式一	$\sin(\alpha+2k\pi)=\sin\alpha$，$\cos(\alpha+2k\pi)=\cos\alpha$，$\tan(\alpha+2k\pi)=\tan\alpha$
公式二	$\sin(\pi+\alpha)=-\sin\alpha$，$\cos(\pi+\alpha)=-\cos\alpha$，$\tan(\pi+\alpha)=\tan\alpha$
公式三	$\sin(-\alpha)=-\sin\alpha$，$\cos(-\alpha)=\cos\alpha$，$\tan(-\alpha)=-\tan\alpha$
公式四	$\sin(\pi-\alpha)=\sin\alpha$，$\cos(\pi-\alpha)=-\cos\alpha$，$\tan(\pi-\alpha)=-\tan\alpha$
公式五	$\sin\left(\frac{\pi}{2}-\alpha\right)=\cos\alpha$，$\cos\left(\frac{\pi}{2}-\alpha\right)=\sin\alpha$
公式六	$\sin\left(\frac{\pi}{2}+\alpha\right)=\cos\alpha$，$\cos\left(\frac{\pi}{2}+\alpha\right)=-\sin\alpha$

✲ **小贴士**：记忆口诀——奇变偶不变，符号看象限.

(1)“奇变偶不变”：诱导公式左边的角可统一写成 $k\cdot\frac{\pi}{2}\pm\alpha(k\in\mathbf{Z})$，当 k 为偶数时，右边等于 α 的同名三角函数值；当 k 为奇数时，右边等于 α 的异名三角函数值.(正弦和余弦互为异名函数)

(2)“符号看象限”：把 α 看作锐角，看 $k\cdot\frac{\pi}{2}\pm\alpha(k\in\mathbf{Z})$ 为第几象限角，此时三角函数的正负就是公式右边三角函数名前面的符号.

以诱导公式二为例：

若将 α 看作锐角，则 $\pi+\alpha$ 是第三象限角. 第三象限角的正弦值和余弦值是负值，正切值是正值，所以有

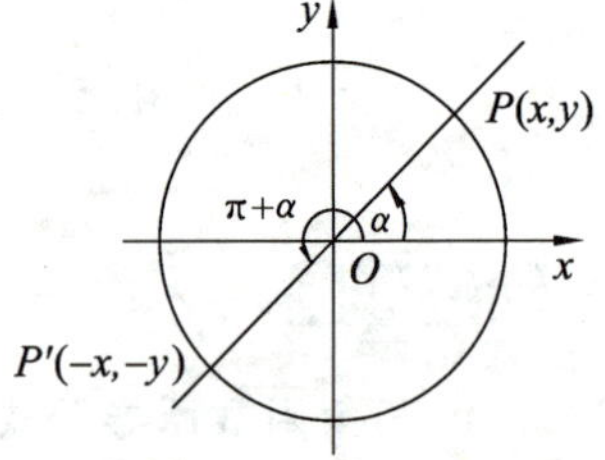

$\sin(\pi+\alpha)=-\sin\alpha$,

$\cos(\pi+\alpha)=-\cos\alpha$,

$\tan(\pi+\alpha)=\tan\alpha$.

想一想： 若 $\sin\alpha=\frac{3}{5}$，则 $\sin(\pi-\alpha)=$________，$\sin(2\pi-\alpha)=$________，$\cos\left(\frac{\pi}{2}-\alpha\right)=$________，$\cos\left(\frac{\pi}{2}+\alpha\right)=$________.

解析： 运用诱导公式求解.

$\sin(\pi-\alpha)=\sin\alpha=\frac{3}{5}$，$\sin(2\pi-\alpha)=\sin(-\alpha)=-\sin\alpha=-\frac{3}{5}$，

$\cos\left(\frac{\pi}{2}-\alpha\right)=\sin\alpha=\frac{3}{5}$，$\cos\left(\frac{\pi}{2}+\alpha\right)=-\sin\alpha=-\frac{3}{5}$.

答案： $\frac{3}{5}$，$-\frac{3}{5}$，$\frac{3}{5}$，$-\frac{3}{5}$.

2. 诱导公式的应用 ☆☆

诱导公式	作　用
公式一	将角转化为 $0\sim2\pi$ 的角求值
公式二	将 $0\sim2\pi$ 的角转化为 $0\sim\pi$ 的角求值
公式三	将负角转化为正角求值
公式四	将 $\frac{\pi}{2}\sim\pi$ 的角转化为 $0\sim\frac{\pi}{2}$ 的角求值
公式五	正弦与余弦的相互转化
公式六	

诱导公式在 $\triangle ABC$ 中的运用：

$\sin(A+B)=\sin(\pi-C)=\sin C$,

$\cos(A+B)=\cos(\pi-C)=-\cos C$,

$\tan(A+B)=\tan(\pi-C)=-\tan C$,

$\sin\left(\frac{A}{2}+\frac{B}{2}\right)=\sin\left(\frac{\pi}{2}-\frac{C}{2}\right)=\cos\frac{C}{2}$,

$\cos\left(\frac{A}{2}+\frac{B}{2}\right)=\cos\left(\frac{\pi}{2}-\frac{C}{2}\right)=\sin\frac{C}{2}$.

典型例题

例 1　化简$\dfrac{\sin(5\pi+\alpha)\cdot\sin(3\pi-\alpha)}{\tan(\alpha-3\pi)\cdot\cos(\alpha+\pi)\cdot\sin\left(\frac{3\pi}{2}-\alpha\right)}$.

分析: 运用诱导公式求解.

解:

$$\frac{\sin(5\pi+\alpha)\cdot\sin(3\pi-\alpha)}{\tan(\alpha-3\pi)\cdot\cos(\alpha+\pi)\cdot\sin\left(\frac{3\pi}{2}-\alpha\right)}$$

$$=\frac{\sin(\pi+\alpha)\cdot\sin(\pi-\alpha)}{\tan(\pi+\alpha)\cdot\cos(\pi+\alpha)\cdot\sin\left(\frac{3\pi}{2}-\alpha\right)}$$

$$=\frac{(-\sin\alpha)\cdot\sin\alpha}{\tan\alpha\cdot(-\cos\alpha)\cdot(-\cos\alpha)}=-\tan\alpha.$$

反思提炼: 在用诱导公式化简或证明时,尽量每个因子单独计算以减少错误,并且保留各个因子的符号,到最后再将符号抵消.

例 2　(1) 求值: $\sin\frac{26\pi}{3}+\cos\left(-\frac{17\pi}{4}\right)$;

(2) 若 $\sin\left(\frac{\pi}{6}-\alpha\right)=\frac{3}{5}$,求 $\cos\left(\frac{\pi}{3}+\alpha\right)$的值.

分析: 运用诱导公式化简并求值.

解: (1) $\sin\frac{26\pi}{3}=\sin\left(8\pi+\frac{2\pi}{3}\right)=\sin\frac{2\pi}{3}$

$$=\sin\left(\pi-\frac{\pi}{3}\right)=\sin\frac{\pi}{3}=\frac{\sqrt{3}}{2}$$

$\cos\left(-\frac{17\pi}{4}\right)=\cos\left(-4\pi-\frac{\pi}{4}\right)=\cos\left(-\frac{\pi}{4}\right)=\cos\frac{\pi}{4}=\frac{\sqrt{2}}{2}$,

所以 $\sin\frac{26\pi}{3}+\cos\left(-\frac{17\pi}{4}\right)=\frac{\sqrt{3}+\sqrt{2}}{2}$.

(2) $\cos\left(\frac{\pi}{3}+\alpha\right)=\cos\left[\frac{\pi}{2}-\left(\frac{\pi}{6}-\alpha\right)\right]=\sin\left(\frac{\pi}{6}-\alpha\right)=\frac{3}{5}$.

反思提炼：计算旋转超一周的角的三角函数值时要结合诱导公式，遵循“负化正、大化小、小化锐”的原则进行化简求值.

4.6 三角函数的图象与性质

1. 正弦函数、余弦函数的图象 ☆☆

正弦函数的图象：利用五点作图法描出$(0,0)$，$\left(\frac{\pi}{2},1\right)$，$(\pi,0)$，$\left(\frac{3\pi}{2},-1\right)$，$(2\pi,0)$这五个点，函数 $y=\sin x$，$x\in[0,2\pi]$的图象形状就基本确定了.

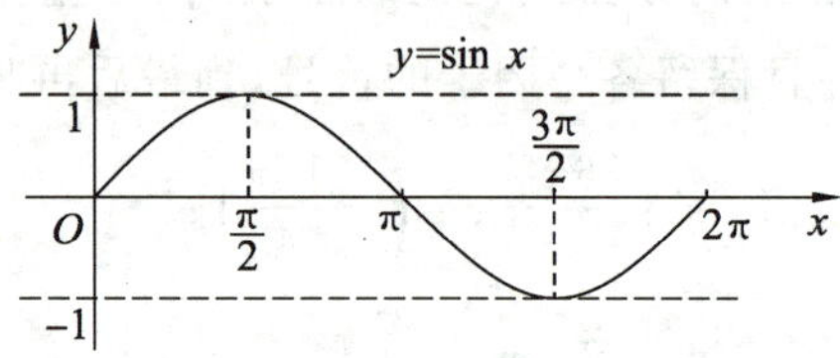

将函数 $y=\sin x$，$x\in[0,2\pi]$的图象不断向左右平移(每次移动 2π 个单位长度)，就可以得到正弦函数 $y=\sin x$，$x\in\mathbf{R}$ 的图象，该图象叫作正弦曲线.

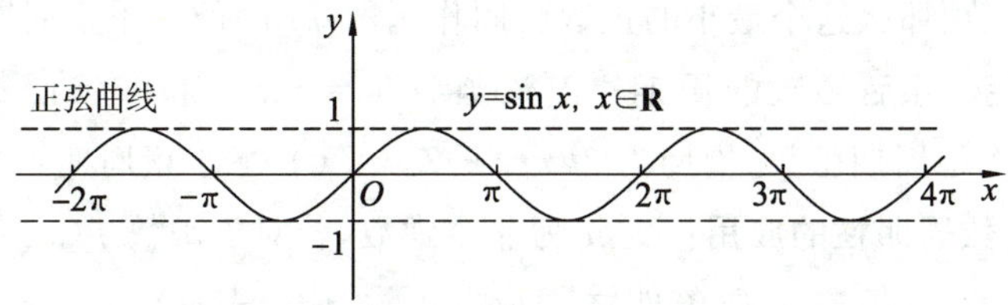

余弦函数的图象：利用五点作图法描出$(0,1)$，$\left(\frac{\pi}{2},0\right)$，$(\pi,-1)$，$\left(\frac{3\pi}{2},0\right)$，$(2\pi,1)$这五个点，函数 $y=\cos x$，$x\in[0,2\pi]$的图象形状就基本确定了.

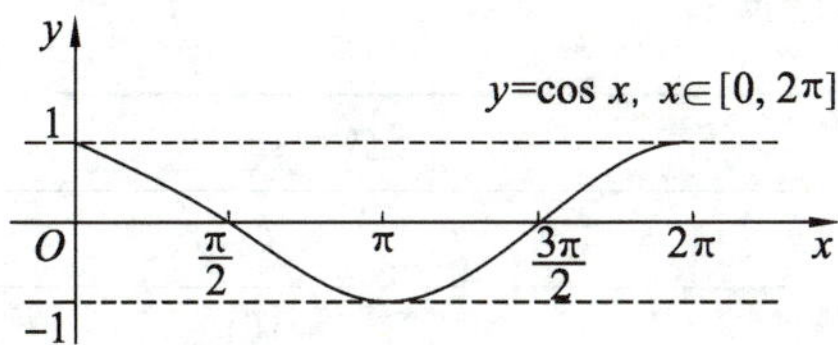

将函数 $y=\cos x$，$x\in[0,2\pi]$的图象不断向左右平移(每次移动 2π 个单位长度)，就可以得到余弦函数 $y=\cos x$，$x\in\mathbf{R}$ 的图象，该图象叫作余弦曲线.

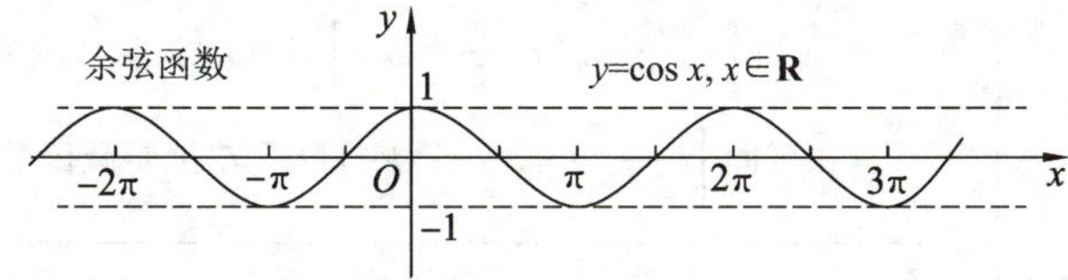

2. 周期函数　☆☆

周期函数的定义：一般地，设函数 $f(x)$的定义域为 D，如果存在一个非零常数 T，使得对于每一个 $x\in D$，都有 $x+T\in D$ 且 $f(x+T)=f(x)$，则函数 $f(x)$叫作周期函数，T 叫作该函数的周期.

最小正周期：如果在周期函数 $f(x)$的所有周期中存在一个最

小的正数，那么这个最小的正数就叫作函数 $f(x)$ 的最小正周期.

正弦、余弦函数的周期： 正弦函数 $y=\sin x$ 和余弦函数 $y=\cos x$ 都是周期函数，周期为 $2k\pi(k\in\mathbf{Z},k\neq0)$，最小正周期是 2π.

函数周期性的应用： 设 m 为非零常数，若对于函数 $f(x)$ 定义域中的任意 x，恒有下列条件之一成立：① $f(x+m)=f(x-m)$；② $f(x+m)=-f(x)$；③ $f(x+m)=\dfrac{1}{f(x)}$；④ $f(x+m)=-\dfrac{1}{f(m)}$，则函数 $f(x)$ 是周期函数，且最小正周期为 $2m$.

3. 正弦、余弦函数的性质 ☆☆☆

正弦函数的性质：

函数	$y=\sin x$
定义域	$\mathbf{R}$
值域	$[-1,1]$
最值	当 $x=\dfrac{\pi}{2}+2k\pi(k\in\mathbf{Z})$ 时，$y_{\max}=1$； 当 $x=-\dfrac{\pi}{2}+2k\pi(k\in\mathbf{Z})$ 时，$y_{\min}=-1$
单调性	在区间 $\left[-\dfrac{\pi}{2}+2k\pi,\dfrac{\pi}{2}+2k\pi\right](k\in\mathbf{Z})$ 上是增函数； 在区间 $\left[\dfrac{\pi}{2}+2k\pi,\dfrac{3\pi}{2}+2k\pi\right](k\in\mathbf{Z})$ 上是减函数
奇偶性	奇函数
周期性	最小正周期为 2π
对称性	对称轴为 $x=\dfrac{\pi}{2}+k\pi(k\in\mathbf{Z})$，对称中心为 $(k\pi,0)(k\in\mathbf{Z})$

余弦函数的性质：

函数	$y=\cos x$
定义域	**R**
值域	$[-1,1]$
最值	当 $x=2k\pi(k\in\mathbf{Z})$ 时，$y_{\max}=1$； 当 $x=\pi+2k\pi(k\in\mathbf{Z})$ 时，$y_{\min}=-1$
单调性	在区间 $[\pi+2k\pi,2\pi+2k\pi](k\in\mathbf{Z})$ 上是增函数； 在区间 $[2k\pi,\pi+2k\pi](k\in\mathbf{Z})$ 上是减函数
奇偶性	偶函数
周期性	最小正周期为 2π
对称性	对称轴为 $x=k\pi(k\in\mathbf{Z})$，对称中心为 $\left(\frac{\pi}{2}+k\pi,0\right)(k\in\mathbf{Z})$

4. 正切函数的图象与性质　☆

函数	$y=\tan x$
图象	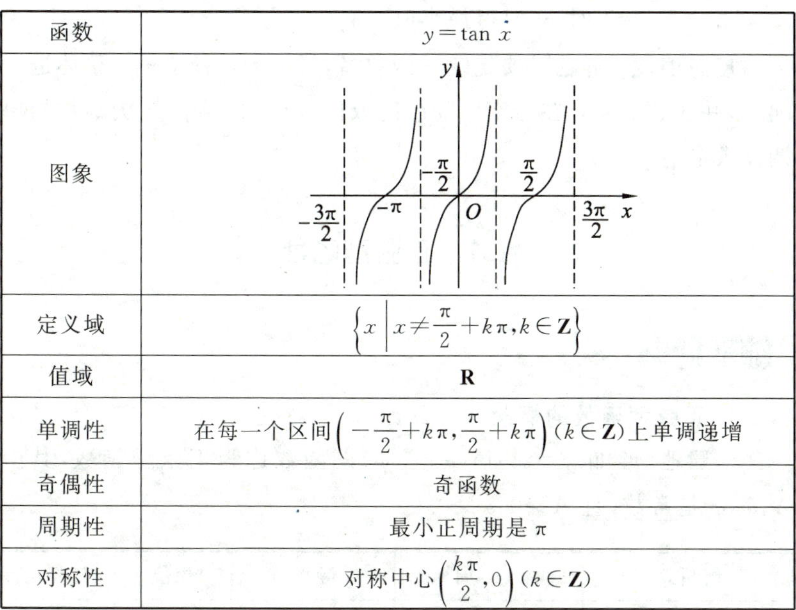
定义域	$\left\{x\,\middle\|\,x\neq\frac{\pi}{2}+k\pi,k\in\mathbf{Z}\right\}$
值域	**R**
单调性	在每一个区间 $\left(-\frac{\pi}{2}+k\pi,\frac{\pi}{2}+k\pi\right)(k\in\mathbf{Z})$ 上单调递增
奇偶性	奇函数
周期性	最小正周期是 π
对称性	对称中心 $\left(\frac{k\pi}{2},0\right)(k\in\mathbf{Z})$

✲ **小贴士：** 正切函数没有最值，正弦、余弦函数的最小正周期均为 2π，而正切函数的最小正周期为 π.

典型例题

例 求函数 $y=\sin^2 x-3\cos x+1, x\in\left[-\frac{\pi}{6},\frac{2\pi}{3}\right]$的最值.

分析: 此题考查了余弦函数在给定区间内的最值问题.

解: $y=1-\cos^2 x-3\cos x+1$

$=-\cos^2 x-3\cos x+2$

$=-\left(\cos x+\frac{3}{2}\right)^2+\frac{17}{4}.$

因为 $x\in\left[-\frac{\pi}{6},\frac{2\pi}{3}\right]$,所以 $\cos x\in\left[-\frac{1}{2},1\right]$.

故当 $\cos x=-\frac{1}{2}$时,y 取得最大值$\frac{13}{4}$;

当 $\cos x=1$ 时,y 取得最小值-2.

反思提炼: 解题时要先统一函数名,将 $\cos x$ 看作一个整体进行配方,并注意 $\cos x$ 在给定区间内的取值范围,再结合二次函数的单调性求最值.

4.7 正弦型函数

知识梳理

1. 正弦型函数的概念 ☆☆

一般地,形如 $y=A\sin(\omega x+\varphi)$的函数称为正弦型函数,其中 A,ω,φ 是常数,且 $A>0,\omega>0$.

解析式	振幅	周期	频率	相位	初相位
$y=A\sin(\omega x+\varphi)$ $(A>0,\omega>0)$	A	$T=\frac{2\pi}{\omega}$	$f=\frac{1}{T}=\frac{\omega}{2\pi}$	$\omega x+\varphi$	φ

2. 用“五点法”作正弦型函数的图象　☆☆

列表：令相位 $\omega x+\varphi$ 分别取 $0,\frac{\pi}{2},\pi,\frac{3\pi}{2},2\pi$，并求出对应的 x 值.

$\omega x+\varphi$	0	$\frac{\pi}{2}$	π	$\frac{3\pi}{2}$	2π
x	$-\frac{\varphi}{\omega}$	$\frac{\frac{\pi}{2}-\varphi}{\omega}$	$\frac{\pi-\varphi}{\omega}$	$\frac{\frac{3}{2}\pi-\varphi}{\omega}$	$\frac{2\pi-\varphi}{\omega}$
$y=A\sin(\omega x+\varphi)$	0	A	0	$-A$	0

描点：在坐标系中描出这五个点.

连线：用光滑曲线连接五点得到函数 $y=A\sin(\omega x+\varphi)$ 在一个周期内的图象，两端画出头，即为函数 $y=A\sin(\omega x+\varphi)(x\in\mathbf{R})$ 的图象.

3. A,ω,φ 对正弦型函数图象的影响　☆☆☆

A 对 $y=A\sin(\omega x+\varphi)$ 图象的影响：函数 $y=A\sin(\omega x+\varphi)$ 的图象，可以看作是把函数 $y=\sin(\omega x+\varphi)$ 图象上所有点横坐标保持不变，纵坐标伸长（当 $A>1$ 时）或缩短（当 $0<A<1$ 时）为原来的 A 而得到的.

ω 对 $y=A\sin(\omega x+\varphi)$ 图象的影响：函数 $y=\sin\omega x$ 的图象，可以看作是把函数 $y=\sin x$ 图象上所有点纵坐标保持不变，横坐标伸长（当 $0<\omega<1$ 时）或缩短（当 $\omega>1$ 时）为原来的 $\frac{1}{\omega}$ 而得到的.

φ 对 $y=A\sin(\omega x+\varphi)$ 图象的影响：函数 $y=\sin(x+\varphi)(\varphi\neq0)$ 的图象，可以看作是把函数 $y=\sin x$ 图象上的所有点向左（当 $\varphi>0$ 时）或向右（当 $\varphi<0$ 时）平移 $|\varphi|$ 个单位长度而得到的.

4. 函数 $y=A\sin(\omega x+\varphi)$ 的图象的基本变换　☆☆☆

由函数 $y=\sin x$ 的图象通过变换得到函数 $y=A\sin(\omega x+\varphi)$ 的

图象主要有两种方法.

方法①(先相位,后周期):函数 $y=\sin x$ 的图象向左(当 $\varphi>0$ 时)或向右(当 $\varphi<0$ 时)平移 $|\varphi|$ 个单位长度,得到函数 $y=\sin(x+\varphi)$ 的图象,纵坐标不变,横坐标变为原来的 $\frac{1}{\omega}$(倍),得到函数 $y=\sin(\omega x+\varphi)$ 的图象,横坐标不变,纵坐标变为原来的 A(倍),得到函数 $y=A\sin(\omega x+\varphi)$ 的图象.

方法②(先周期,后相位):函数 $y=\sin x$ 的图象,纵坐标不变,横坐标变为原来的 $\frac{1}{\omega}$(倍),得到函数 $y=\sin \omega x$ 的图象,再向左(当 $\varphi>0$ 时)或向右(当 $\varphi<0$ 时)平移 $\frac{|\varphi|}{\omega}$ 个单位长度,得到函数 $y=\sin(\omega x+\varphi)$ 的图象,横坐标不变,纵坐标变为原来的 A(倍),得到函数 $y=A\sin(\omega x+\varphi)$ 的图象.

避坑指南

方法②中从函数 $y=\sin \omega x$ 的图象转换到函数 $y=\sin(\omega x+\varphi)$ 的图象时,图象平移 $\frac{|\varphi|}{\omega}$ 个单位长度,而非 $|\varphi|$ 个单位长度.

想一想: 函数 $y=\sin\left(2x-\frac{\pi}{3}\right)$ 的图象可以由函数 $y=\sin 2x$ 图象向________平移________个单位长度得到.

解析: $y=\sin\left(2x-\frac{\pi}{3}\right)=\sin\left[2\left(x-\frac{\pi}{6}\right)\right]$,根据“左加右减”的原则,应该将函数 $y=\sin x$ 图象向右平移 $\frac{\pi}{6}$ 个单位长度.

答案: 右,$\frac{\pi}{6}$

5. 函数 $y=A\sin(\omega x+\varphi)$ 的性质 ☆☆☆

函数	$y=A\sin(\omega x+\varphi)(A>0,\omega>0)$
定义域	$\mathbf{R}$
值域	$[-A,A]$
周期性	$T=\frac{2\pi}{\omega}$
奇偶性	当 $\varphi=k\pi(k\in\mathbf{Z})$ 时为奇函数; 当 $\varphi=\frac{\pi}{2}+k\pi(k\in\mathbf{Z})$ 时为偶函数
单调性	将相位 $\omega x+\varphi$ 看作一个整体,代入函数 $y=\sin x$ 的单调区间,求出 x 的取值区间
对称性	将相位 $\omega x+\varphi$ 看作一个整体,利用函数 $y=\sin x$ 的对称轴、对称中心求解

6. 由部分图象确定函数的解析式 ☆☆☆

由部分图象确定函数 $y=A\sin(\omega x+\varphi)+b$ 的解析式:

① 定 A,b.先根据图象确定函数的最大值 M 和最小值 m,则 $A=\frac{M-m}{2},b=\frac{M+m}{2}$.

② 定 ω.相邻两个最高点(或最低点)的横坐标之间的距离为 T,再根据 $T=\frac{2\pi}{\omega}$ 确定 ω.

③ 定 φ.取“五点法”中的点的坐标代入求值.

“第一点”(图象上升时与 x 轴的交点),$\omega x+\varphi=0$;

“第二点”(图象的“峰点”),$\omega x+\varphi=\frac{\pi}{2}$;

“第三点”(图象下降时与 x 轴的交点),$\omega x+\varphi=\pi$;

“第四点”(图象的“谷点”),$\omega x+\varphi=\frac{3\pi}{2}$;

“第五点”,$\omega x+\varphi=2\pi$.

✲ **小贴士:** 要注意题目已知条件中所给的 φ 的范围.

典型例题

例 已知函数 $y=\sin\left(2x-\frac{\pi}{3}\right)$，求：

(1) 函数的周期、最值及取到最值时 x 的取值；

(2) 函数的单调增区间、对称轴方程和对称中心的坐标.

分析： 此题考查了正弦型函数的性质.

解： (1) 周期为 $T=\frac{2\pi}{\omega}=\pi$，当 $2x-\frac{\pi}{3}=\frac{\pi}{2}+2k\pi(k\in\mathbf{Z})$，即 $x=\frac{5\pi}{12}+k\pi(k\in\mathbf{Z})$ 时，函数取到最大值 1；当 $2x-\frac{\pi}{3}=-\frac{\pi}{2}+2k\pi(k\in\mathbf{Z})$，即 $x=-\frac{\pi}{12}+k\pi(k\in\mathbf{Z})$ 时，函数取到最小值 -1.

(2) 因为 $2x-\frac{\pi}{3}\in\left[-\frac{\pi}{2}+2k\pi,\frac{\pi}{2}+2k\pi\right](k\in\mathbf{Z})$，

即 $x\in\left[-\frac{\pi}{12}+k\pi,\frac{5\pi}{12}+k\pi\right](k\in\mathbf{Z})$，

所以函数的单调增区间为 $\left[-\frac{\pi}{12}+k\pi,\frac{5\pi}{12}+k\pi\right](k\in\mathbf{Z})$.

由 $2x-\frac{\pi}{3}=\frac{\pi}{2}+k\pi(k\in\mathbf{Z})$，得 $x=\frac{5\pi}{12}+\frac{1}{2}k\pi(k\in\mathbf{Z})$，

即对称轴方程为 $x=\frac{5\pi}{12}+\frac{1}{2}k\pi(k\in\mathbf{Z})$.

由 $2x-\frac{\pi}{3}=k\pi(k\in\mathbf{Z})$，得 $x=\frac{\pi}{6}+\frac{1}{2}k\pi(k\in\mathbf{Z})$，

即对称中心的坐标为 $\left(\frac{\pi}{6}+\frac{1}{2}k\pi,0\right)(k\in\mathbf{Z})$.

反思提炼： 在解决有关正弦型函数的性质问题时，要将相位 $\omega x+\varphi$ 视为一个整体代换函数 $y=\sin x$ 中的 x，利用正弦函数的性质解题.

4.8　两角和与差的正弦、余弦、正切公式

知识梳理

1. 两角和与差的余弦公式　☆☆☆

$C_{(\alpha+\beta)}$：$\cos(\alpha+\beta)=\cos\alpha\cos\beta-\sin\alpha\sin\beta$；

$C_{(\alpha-\beta)}$：$\cos(\alpha-\beta)=\cos\alpha\cos\beta+\sin\alpha\sin\beta$.

✲ **小贴士**：(1) 公式右边展开式中角按先 α 后 β 的顺序书写；(2) 公式左边的“和”“差”符号与公式右边展开式中的符号相反.

2. 两角和与差的正弦公式　☆☆☆

$S_{(\alpha+\beta)}$：$\sin(\alpha+\beta)=\sin\alpha\cos\beta+\cos\alpha\sin\beta$；

$S_{(\alpha-\beta)}$：$\sin(\alpha-\beta)=\sin\alpha\cos\beta-\cos\alpha\sin\beta$.

✲ **小贴士**：公式左边的“和”“差”符号与公式右边展开式中的符号相一致.

3. 两角和与差的正切公式　☆☆

$T_{(\alpha+\beta)}$：$\tan(\alpha+\beta)=\dfrac{\tan\alpha+\tan\beta}{1-\tan\alpha\tan\beta}\left(\alpha,\beta,\alpha+\beta\neq\dfrac{\pi}{2}+k\pi,k\in\mathbf{Z}\right)$；

$T_{(\alpha-\beta)}$：$\tan(\alpha-\beta)=\dfrac{\tan\alpha-\tan\beta}{1+\tan\alpha\tan\beta}\left(\alpha,\beta,\alpha-\beta\neq\dfrac{\pi}{2}+k\pi,k\in\mathbf{Z}\right)$.

✲ **小贴士**：公式左边的“和”“差”符号与公式右边分式分子的符号相一致，和分母的符号相反.

4. 公式变形　☆☆

$\cos\alpha\cos\beta=\cos(\alpha-\beta)-\sin\alpha\sin\beta$；

$\cos(\alpha+\beta)+\sin\alpha\sin\beta=\cos\alpha\cos\beta$；

$\cos\alpha=\cos[(\alpha+\beta)-\beta]=\cos(\alpha+\beta)\cos\beta+\sin(\alpha+\beta)\sin\beta$；

$\tan\alpha+\tan\beta=\tan(\alpha+\beta)(1-\tan\alpha\tan\beta)$；

$$1-\tan\alpha\tan\beta=\frac{\tan\alpha+\tan\beta}{\tan(\alpha+\beta)};$$

$$1+\tan\alpha\tan\beta=\frac{\tan\alpha-\tan\beta}{\tan(\alpha-\beta)}.$$

✲ **小贴士：** 记忆口诀——正加正，正在前；余加余，余并肩；正减正，余在前；余减余，负正弦.

5. 辅助角公式 ☆☆☆

$$a\sin\theta+b\cos\theta=\sqrt{a^2+b^2}\left(\sin\theta\cdot\frac{a}{\sqrt{a^2+b^2}}+\cos\theta\cdot\frac{b}{\sqrt{a^2+b^2}}\right)$$

$$=\sqrt{a^2+b^2}\sin(\theta+\varphi)\ (ab\neq 0),$$

其中 φ 满足 $\tan\varphi=\frac{b}{a}$，$\cos\varphi=\frac{a}{\sqrt{a^2+b^2}}$，$\sin\varphi=\frac{b}{\sqrt{a^2+b^2}}$.

常见辅助角结论：

① $\sin x\pm\cos x=\sqrt{2}\sin\left(x\pm\frac{\pi}{4}\right)$；

② $\cos x\pm\sin x=\sqrt{2}\cos\left(x\mp\frac{\pi}{4}\right)$；

③ $\sin x\pm\sqrt{3}\cos x=2\sin\left(x\pm\frac{\pi}{3}\right)$；

④ $\cos x\pm\sqrt{3}\sin x=2\cos\left(x\mp\frac{\pi}{3}\right)$；

⑤ $\sqrt{3}\sin x\pm\cos x=2\sin\left(x\pm\frac{\pi}{6}\right)$；

⑥ $\sqrt{3}\cos x\pm\sin x=2\cos\left(x\mp\frac{\pi}{6}\right)$.

✲ **小贴士：** 辅助角公式是两角和差公式的逆向运用，能将异名三角函数转化为同名的正弦型函数（有时也会转化为余弦型函数），从而可以求出函数的周期、最值、单调区间等.

典型例题

例 1　求值：

(1) $\cos 75^\circ=$________；

(2) $\sin 165^\circ=$________；

(3) $\sin 23^\circ\cos 37^\circ+\cos 23^\circ\sin 37^\circ=$________；

(4) $\cos 89^\circ\cos 29^\circ+\sin 89^\circ\sin 29^\circ=$________；

(5) $\dfrac{1-\tan 15^\circ}{1+\tan 15^\circ}=$________.

分析：运用两角和与差公式求解.

解：(1) $\cos 75^\circ=\cos(45^\circ+30^\circ)$

$$=\cos 45^\circ\cos 30^\circ-\sin 45^\circ\sin 30^\circ$$

$$=\frac{\sqrt{2}}{2}\times\frac{\sqrt{3}}{2}-\frac{\sqrt{2}}{2}\times\frac{1}{2}$$

$$=\frac{\sqrt{6}-\sqrt{2}}{4}.$$

(2) $\sin 165^\circ=\sin(120^\circ+45^\circ)$

$$=\sin 120^\circ\cos 45^\circ+\cos 120^\circ\sin 45^\circ$$

$$=\frac{\sqrt{3}}{2}\times\frac{\sqrt{2}}{2}+\left(-\frac{1}{2}\right)\times\frac{\sqrt{2}}{2}$$

$$=\frac{\sqrt{6}-\sqrt{2}}{4}.$$

(3) $\sin 23^\circ\cos 37^\circ+\cos 23^\circ\sin 37^\circ=\sin(23^\circ+37^\circ)$

$$=\sin 60^\circ$$

$$=\frac{\sqrt{3}}{2}.$$

(4) $\cos 89^\circ\cos 29^\circ+\sin 89^\circ\sin 29^\circ=\cos(89^\circ-29^\circ)$

$$=\cos 60^\circ$$

$$=\frac{1}{2}.$$

(5) $\frac{1-\tan 15^\circ}{1+\tan 15^\circ}=\frac{\tan 45^\circ-\tan 15^\circ}{1+\tan 45^\circ\tan 15^\circ}$

$=\tan 30^\circ$

$=\frac{\sqrt{3}}{3}$.

反思提炼：(1)(2)两题是两角和与差公式的直接运用,(3)(4)(5)是公式的逆运用,要根据式子结构选择正确的公式.

例 2 已知锐角 α,β 满足 $\cos\alpha=\frac{3}{5}$,$\cos(\alpha+\beta)=-\frac{5}{13}$,求 $\sin\beta$.

分析：由已知角 $\alpha,\alpha+\beta$ 构造出未知角 β,即 $\beta=(\alpha+\beta)-\alpha$.

解：因为 $\cos\alpha=\frac{3}{5}$,且 α 为锐角,所以 $\sin\alpha=\frac{4}{5}$.

因为 α,β 为锐角,所以 $\alpha+\beta\in(0,\pi)$.

又因为 $\cos(\alpha+\beta)=-\frac{5}{13}$,所以 $\sin(\alpha+\beta)=\frac{12}{13}$,故

$\sin\beta=\sin[(\alpha+\beta)-\alpha]$

$=\sin(\alpha+\beta)\cos\alpha-\cos(\alpha+\beta)\sin\alpha$

$=\frac{12}{13}\times\frac{3}{5}-\left(-\frac{5}{13}\right)\times\frac{4}{5}=\frac{56}{65}$.

反思提炼：本题的核心思想是用已知角来构造所求角,注意在求 $\alpha,\alpha+\beta$ 的正弦值时要先判断角的范围,从而明确函数值的符号.

4.9　二倍角公式

知识梳理

1. 二倍角的正弦、余弦、正切公式　☆☆☆

二倍角的正弦公式	$\sin 2\alpha=2\sin\alpha\cos\alpha$
二倍角的余弦公式	$\cos 2\alpha=\cos^2\alpha-\sin^2\alpha$； $\cos 2\alpha=2\cos^2\alpha-1$； $\cos 2\alpha=1-2\sin^2\alpha$
二倍角的正切公式	$\tan 2\alpha=\dfrac{2\tan\alpha}{1-\tan^2\alpha}$

✽ 小贴士： 二倍角公式等号两边的角呈现两倍的倍数关系，比如 2α 是 α 的 2 倍，4α 是 2α 的 2 倍，α 是 $\dfrac{\alpha}{2}$ 的 2 倍.

2. 倍角公式变形　☆☆☆

(1) $1\pm\sin 2\alpha=\sin^2\alpha+\cos^2\alpha\pm 2\sin\alpha\cos\alpha=(\sin\alpha\pm\cos\alpha)^2$.

(2) 降幂公式：$\cos^2\alpha=\dfrac{1+\cos 2\alpha}{2}$；$\sin^2\alpha=\dfrac{1-\cos 2\alpha}{2}$.

(3) 升幂公式：$1+\cos 2\alpha=2\cos^2\alpha$；$1-\cos 2\alpha=2\sin^2\alpha$.

典型例题

例 1　已知点 $P(2,1)$ 为角终边上一点，求：

(1) $\cos\alpha$，$\tan\alpha$；

(2) $\sin 2\alpha$，$\tan 2\alpha$.

分析： 运用二倍角公式求解.

解： (1) 因为点 $P(2,1)$ 为角终边上一点，所以

$\sin\alpha=\dfrac{y}{r}=\dfrac{\sqrt{5}}{5}$，$\cos\alpha=\dfrac{x}{r}=\dfrac{2\sqrt{5}}{5}$，

$\tan\alpha=\dfrac{y}{x}=\dfrac{1}{2}$.

(2) 由二倍角公式可得 $\sin 2\alpha=2\sin\alpha\cos\alpha=2\times\dfrac{\sqrt{5}}{5}\times\dfrac{2\sqrt{5}}{5}=\dfrac{4}{5}$,

$$\tan 2\alpha=\frac{2\tan\alpha}{1-\tan^2\alpha}=\frac{2\times\frac{1}{2}}{1-\frac{1}{4}}=\frac{4}{3}.$$

反思提炼: 由角的变化来选择适合的公式,此外,$\tan 2\alpha$ 也可以用同角三角函数的商数公式来求解.

例 2 求函数 $y=\sqrt{3}\cos^2x+\sin x\cos x$ 的值域.

分析: 此题为三角恒等变形问题,需要结合二倍角公式、降幂公式、辅助角公式综合求解.

解:
$$\begin{aligned}y&=\sqrt{3}\cdot\frac{1+\cos 2x}{2}+\frac{1}{2}\sin 2x\\&=\frac{\sqrt{3}}{2}\cos 2x+\frac{1}{2}\sin 2x+\frac{\sqrt{3}}{2}\\&=\sin\frac{\pi}{3}\cos 2x+\cos\frac{\pi}{3}\sin 2x+\frac{\sqrt{3}}{2}\\&=\sin\left(2x+\frac{\pi}{3}\right)+\frac{\sqrt{3}}{2}.\end{aligned}$$

因为 $\sin\left(2x+\dfrac{\pi}{3}\right)\in[-1,1]$,所以 $y\in\left[-1+\dfrac{\sqrt{3}}{2},1+\dfrac{\sqrt{3}}{2}\right]$.

故函数 $y=\sqrt{3}\cos^2x+\sin x\cos x$ 的值域为$\left[-1+\dfrac{\sqrt{3}}{2},1+\dfrac{\sqrt{3}}{2}\right]$.

反思提炼: 在三角恒等变形问题中,要观察"角""结构特征",从而灵活运用和角公式、倍角公式和辅助角公式.

4.10　正弦定理、余弦定理

知识梳理

1. 正弦定理　☆☆☆

在一个三角形中,各边和它所对角的正弦之比相等,即

$$\frac{a}{\sin A}=\frac{b}{\sin B}=\frac{c}{\sin C}=2R,$$

其中 R 为$\triangle ABC$ 外接圆半径.

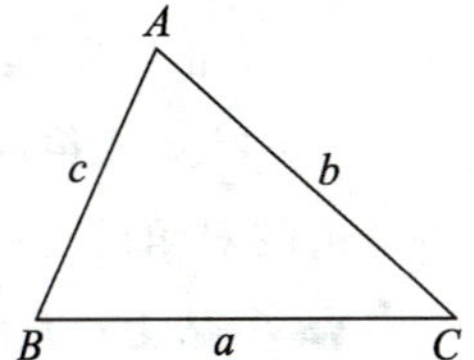

避坑指南

不能错记为边与对角之比相等.

想一想: 在$\triangle ABC$ 中,已知 $a=3\sqrt{3}$,$c=3$,$C=30°$,求角 A 的大小.

解析: 由正弦定理得$\frac{\sin A}{a}=\frac{\sin C}{c}$,

即 $\sin A=\frac{a\sin C}{c}=\frac{3\sqrt{3}\times\sin 30°}{3}=\frac{\sqrt{3}}{2}$,

所以 $A=60°$或 $A=120°$.

又因为 $a>c$,所以两角均成立.

2. 正弦定理的推论　☆☆☆

(1) $\frac{a}{b}=\frac{\sin A}{\sin B}$,$\frac{b}{c}=\frac{\sin B}{\sin C}$,$\frac{c}{a}=\frac{\sin C}{\sin A}$;

(2) $\frac{a}{\sin A}=\frac{b+c}{\sin B+\sin C}=\frac{a+b+c}{\sin A+\sin B+\sin C}$;

(3) $a:b:c=\sin A:\sin B:\sin C$;

(4) $a=2R\sin A$,$b=2R\sin B$,$c=2R\sin C$;

(5) $\sin A=\dfrac{a}{2R}$, $\sin B=\dfrac{b}{2R}$, $\sin C=\dfrac{c}{2R}$.

✻ **小贴士：**可以用正弦定理实现边角互换，(4) 为边化角，(5) 为角化边.

3. 应用正弦定理解三角形 ☆☆

(1) 已知三角形任意两个角与一边，由三内角和定理计算出另一角，再由正弦定理计算三角形的另两边.

(2) 已知三角形任意两边与一对角，应用正弦定理可以计算出另一边的对角的正弦值，从而求出该角和三角形其他的边角.

✻ **小贴士：**类型(2)中，要注意角的一解或两解问题，依据“三角形的内角和为 180°”及“大边对大角”，由角的正弦值来确定角的大小.

4. 余弦定理 ☆☆☆

三角形中任意一边的平方，等于其他两边平方的和减去这两边与它们夹角的余弦的积的两倍.

$a^2=b^2+c^2-2bc\cos A$;

$b^2=a^2+c^2-2ac\cos B$;

$c^2=a^2+b^2-2ab\cos C$.

5. 余弦定理的推论 ☆☆☆

$\cos A=\dfrac{b^2+c^2-a^2}{2bc}$, $\cos B=\dfrac{a^2+c^2-b^2}{2ac}$, $\cos C=\dfrac{a^2+b^2-c^2}{2ab}$.

6. 应用余弦定理解三角形 ☆☆

(1) 已知两边和夹角，用余弦定理求第三边，再用余弦定理或正弦定理求其余角.

(2) 已知三边，用余弦定理求其中两个角，再用三角形的内角和定理求第三个角.

7. 三角形的面积公式 ☆☆

<table>
<tr><td rowspan="4">三角形的面积公式</td><td>$S_{\triangle ABC}=\frac{1}{2}bc\sin A=\frac{1}{2}ac\sin B=\frac{1}{2}ab\sin C$
(a,b,c 分别是$\triangle ABC$ 的内角 A,B,C 所对的边)</td></tr>
<tr><td>$S_{\triangle ABC}=\frac{1}{2}ah_1=\frac{1}{2}bh_2=\frac{1}{2}ch_3$
(h_1,h_2,h_3 分别为边 a,b,c 上的高)</td></tr>
<tr><td>海伦公式 $S_{\triangle ABC}=\sqrt{p(p-a)(p-b)(p-c)}\left(p=\frac{a+b+c}{2}\right)$</td></tr>
<tr><td>$S_{\triangle ABC}=\frac{abc}{4R}$($R$ 为三角形外接圆的半径)</td></tr>
</table>

8. 判断三角形的形状 ☆☆

(1) 运用正弦定理判断.

$\sin A=\sin B \Leftrightarrow a=b \Leftrightarrow$三角形为等腰三角形.

(2) 运用余弦定理判断.假设角 C 为$\triangle ABC$ 最大的内角,则

$a^2+b^2=c^2 \Leftrightarrow \cos C=0 \Leftrightarrow C=90^\circ \Leftrightarrow \triangle ABC$ 为直角三角形;

$a^2+b^2>c^2 \Leftrightarrow \cos C>0 \Leftrightarrow 0^\circ<C<90^\circ \Leftrightarrow \triangle ABC$ 为锐角三角形;

$a^2+b^2<c^2 \Leftrightarrow \cos C<0 \Leftrightarrow 90^\circ<C<180^\circ \Leftrightarrow \triangle ABC$ 为钝角三角形.

典型例题

例 1 判断下列三角形的形状:

(1) 在$\triangle ABC$ 中,内角 A,B,C 的对边分别为 a,b,c 且 $\sin A:\sin B:\sin C=3:5:7$;

(2) 在$\triangle ABC$ 中,内角 A,B,C 的对边分别为 a,b,c,且 $b\cos A=a\cos B$.

分析: 运用正弦定理、余弦定理及推论求解.

解: (1) $a:b:c=\sin A:\sin B:\sin C=3:5:7$.

设 $a=3k(k>0)$，则 $b=5k,c=7k$，

$$\cos C=\frac{a^2+b^2-c^2}{2ab}=\frac{9k^2+25k^2-49k^2}{2\cdot 3k\cdot 5k}<0.$$

所以 C 为钝角，$\triangle ABC$ 为钝角三角形.

(2) $2R\sin B\cos A=2R\sin A\cos B$，$\sin A\cos B-\cos A\sin B=0$，

即 $\sin(A-B)=0$，所以 $A=B$，即$\triangle ABC$ 为等腰三角形.

反思提炼： 灵活运用正弦定理、余弦定理及推论进行边角转换，进而判断三角形的形状.

例 2　在$\triangle ABC$ 中，内角 A,B,C 的对边分别为 a,b,c，且 $b\sin A=\sqrt{3}a\cos B$.

(1) 求角 B 的大小；

(2) 若 $b=3$，$\sin C=2\sin A$，求 a,c 的值及$\triangle ABC$ 的面积.

分析： 灵活运用正弦定理、余弦定理及推论求解.

解： (1) 由 $b\sin A=\sqrt{3}a\cos B$，得 $\sin B\sin A=\sqrt{3}\sin A\cos B$.

因为 $A\in(0,\pi)$，所以 $\sin A\neq 0$，故 $\sin B=\sqrt{3}\cos B$，即 $\tan B=\sqrt{3}$.又因为 $B\in(0,\pi)$，所以 $B=\frac{\pi}{3}$.

(2) 由 $\sin C=2\sin A$，可得 $c=2a$. ①

由余弦定理，得 $b^2=a^2+c^2-2ac\cos B$. ②

联合①②解得 $a=\sqrt{3}$，$c=2\sqrt{3}$.

所以 $S_{\triangle ABC}=\frac{1}{2}ac\sin B=\frac{1}{2}\times\sqrt{3}\times 2\sqrt{3}\times\frac{\sqrt{3}}{2}=\frac{3\sqrt{3}}{2}$.

反思提炼： 灵活运用正弦定理、余弦定理及推论进行边角转换，在选择余弦定理和面积公式时根据已知“角”来确定公式.

第 5 章　数　列

5.1　数列的概念

知识梳理

1. 数列的概念　☆☆

数列：一般地，按照一定次序排列的一列数叫作数列.

项和项数：数列中的每一个数叫作这个数列的项，各项依次叫作这个数列的第 1 项（首项），第 2 项，…，第 n 项，….组成数列的数的个数称为数列的项数.数列的一般形式可以写为 $a_1,a_2,a_3,\cdots,a_n$，简记为$\{a_n\}$.

✲ 小贴士：(1) 相同的数按不同的排列顺序组成的数列不相同.

(2) 数列中的数可以重复出现.

(3) 注意 a_n 与$\{a_n\}$的区别：$\{a_n\}$表示数列 $a_1,a_2,a_3,\cdots,a_n$；a_n 表示数列$\{a_n\}$的第 n 项.

2. 数列的分类　☆

分类标准	名　称	含　义
按项的个数	有穷数列	项数有限的数列
	无穷数列	项数无限的数列
按项的变化趋势	递增数列	从第 2 项起，每一项都大于其前一项的数列
	递减数列	从第 2 项起，每一项都小于其前一项的数列
	常数列	各项相等的数列
	摆动数列	从第 2 项起，有些项大于其前一项，有些项小于其前一项的数列

3. 数列与函数的关系 ☆

数列$\{a_n\}$可以看作定义域为正整数集(或其子集)的函数,自变量为项数 n,对应的函数值是数列的第 n 项 a_n,记为 $a_n=f(n)$.

4. 数列的表示方法 ☆☆☆

通项公式法:如果数列$\{a_n\}$的第 n 项 a_n 与 n 之间的函数关系可以用一个式子表示成$a_n=f(n)$,那么这个式子就叫作这个数列的通项公式,数列的通项公式就是相应函数的解析式.

例如:全体正偶数按从小到大的顺序构成的数列可用通项公式法表示为 $a_n=2n,n\in\mathbf{N}_+$.

递推公式法:如果一个数列的相邻两项或多项之间的关系可以用一个式子来表示,那么这个式子叫作这个数列的递推公式.若已知数列的第 1 项(或前几项),则能根据递推关系写出数列的每一项.

图象法:数列的图象是以$(n,f(n))$为坐标的一系列无限或有限的孤立的点.

列表法:列出表格来表示序号与项之间的关系.

✲ **小贴士**:(1) 不是所有数列都有通项公式或递推公式;(2) 同一个数列的通项公式不一定是唯一的.

5. 数列的和 ☆☆☆

一般地,对于数列$\{a_n\}$,称 $S_n=a_1+a_2+a_3+\cdots+a_n$ 为数列$\{a_n\}$的前 n 项和.

数列的通项 a_n 与前 n 项和 S_n 的关系:

$$a_n=\begin{cases}S_1, & n=1,\\ S_n-S_{n-1}, & n\geqslant 2.\end{cases}$$

典型例题

例 1 已知数列$\{a_n\}$的通项公式为 $a_n=3n^2-28n$.

(1) 写出数列$\{a_n\}$的第 4 项和第 6 项;

(2) 问-49是否是该数列的一项？如果是，应是哪一项？68是否是该数列的一项呢？

解：(1) $a_4=3\times4^2-28\times4=-64$，$a_6=3\times6^2-28\times6=-60$.

(2) 由$3n^2-28n=-49$，解得$n=7$或$n=\frac{7}{3}$(舍).所以-49是该数列得第7项；由$3n^2-28n=68$，解得$n=-2$或$n=\frac{34}{3}$，均不合题意，所以68不是该数列的项.

反思提炼：判断一个数是否为数列中的一项，可利用方程的思想，代入求出相关的n，判断其是否为正整数.

例2 已知数列$\{a_n\}$的前n项和为S_n，求数列$\{a_n\}$的通项公式.

(1) $S_n=2n^2-3n$； (2) $S_n=3^n+1$.

解：(1) 当$n=1$时，$a_1=S_1=-1$；当$n\geqslant2$时，$a_n=S_n-S_{n-1}=2n^2-3n-[2(n-1)^2-3(n-1)]=4n-5$.因为$a_1=-1$，符合$n\geqslant2$时的表达式，所以$a_n=4n-5$.

(2) 当$n=1$时，$a_1=S_1=4$；当$n\geqslant2$时，$a_n=S_n-S_{n-1}=3^n+1-(3^{n-1}+1)=2\times3^{n-1}$.因为$a_1=4$，不符合$n\geqslant2$时表达式，所以

$$a_n=\begin{cases}4, & n=1,\\ 2\times3^{n-1}, & n\geqslant2.\end{cases}$$

反思提炼：由数列前n项和S_n与a_n的关系式求解通项公式a_n时，特别要注意首项是否符合$n\geqslant2$时a_n的表达式.若符合，可以合并；若不符合，则要用分段函数表示.

5.2 等差数列

知识梳理

1. 等差数列的定义 ☆☆

一般地，如果一个数列从第 2 项起，每一项与前一项的差是同一个常数，那么称这样的数列为等差数列，这个常数叫作等差数列的公差，通常用字母 d 表示.

2. 等差中项 ☆☆

如果在 a 与 b 中间插入一个数 A，使 a,A,b 成等差数列，那么 A 叫作 a 与 b 的等差中项，且 $A=\frac{a+b}{2}$.

3. 等差数列的通项公式 ☆☆☆

若 $\{a_n\}$ 是首项为 a_1，公差为 d 的等差数列，则 $\{a_n\}$ 的通项公式为 $a_n=a_1+(n-1)d$.

✲ **小贴士：** 在等差数列的通项公式 $a_n=a_1+(n-1)d$ 中，四个变量 a_n,a_1,n,d 可以“知三求一”.

4. 等差数列的前 n 项和公式 ☆☆☆

若等差数列 $\{a_n\}$ 的首项为 a_1，公差为 d，其前 n 项和公式为 $S_n=\frac{n(a_1+a_n)}{2}$ 或 $S_n=na_1+\frac{n(n-1)}{2}d$.

5. 等差数列的性质 ☆☆☆

等差数列中的项与序号的关系：

(1) 两项关系：$a_n=a_m+(n-m)d(m,n\in\mathbf{N}_+)$.

(2) 多项关系：若 $m+n=p+q(m,n,p,q\in\mathbf{N}_+)$，则 $a_m+a_n=a_p+a_q$.若 $m+n=2p$，则 $a_m+a_n=2a_p$.

想一想： 在等差数列 $\{a_n\}$ 中，已知 $a_4+a_5=15,a_7=12$，则 a_2 等

于(　　).

A. 3　　B. -3　　C. $\frac{3}{2}$　　D. $-\frac{3}{2}$

答案: A.

✻ **小贴士:** 解决等差数列运算问题的两条常用思路.

(1) 根据已知条件,列出关于 a_1,d 的方程(组),确定 a_1,d,然后求其他量.

(2) 利用等差数列的性质巧解,观察等差数列中项的序号,若满足 $m+n=p+q=2r\,(m,n,p,q,r\in\mathbf{N}_+)$,则 $a_m+a_n=a_p+a_q=2a_r$.

等差数列的"子数列"的性质:

(1) 数列$\{a_n\}$去掉前几项后余下的项仍组成公差为 d 的等差数列;

(2) 奇数项数列$\{a_{2n-1}\}$是公差为 $2d$ 的等差数列,偶数项数列$\{a_{2n}\}$是公差为 $2d$ 的等差数列;

(3) 若数列$\{k_n\}$是等差数列,则数列$\{a_{k_n}\}$也是等差数列;

(4) 从等差数列$\{a_n\}$中等距离抽取项,所得的数列仍为等差数列,当然公差要随之发生变化.

想一想: 判断题(正确的打"√",错误的打"×").

(1) 若$\{a_n\}$是等差数列,则$\{|a_n|\}$也是等差数列.(　　)

(2) 若$\{|a_n|\}$是等差数列,则$\{a_n\}$也是等差数列.(　　)

(3) 在等差数列$\{a_n\}$中,若 $m+n=r,m,n,r\in\mathbf{N}_+$,则 $a_m+a_n=a_r$.(　　)

(4) 若数列$\{a_n\}$是等差数列,则 a_1,a_3,a_5,a_7,a_9 是等差数列.(　　)

答案: (1) ×; (2) ×; (3) ×; (4) √.

等差数列前 n 项和的性质：

(1) 若数列$\{a_n\}$为等差数列，前 n 项和为 S_n，则数列 $S_k, S_{2k}-S_k, S_{3k}-S_{2k}, \cdots (k\in \mathbf{N}_+)$是等差数列.

(2) 若 $S_{奇}$ 表示奇数项的和，$S_{偶}$ 表示偶数项的和，则

当项数为偶数 $2n$ 时，$S_{偶}-S_{奇}=nd$；

当项数为奇数 $2n-1$ 时，$S_{奇}-S_{偶}=a_n$.

典型例题

例 1 判断下列数列是否为等差数列.

(1) 在数列$\{a_n\}$中，$a_n=3n+2$；

(2) 在数列$\{a_n\}$中，$a_n=n^2+n$.

分析： 利用定义法证明.

解： (1) 因为 $a_{n+1}-a_n=3(n+1)+2-(3n+2)=3(n\in \mathbf{N}_+)$，所以数列$\{a_n\}$为等差数列.

(2) 因为 $a_{n+1}-a_n=(n+1)^2+(n+1)-(n^2+n)=2n+2$ 不是常数，所以数列$\{a_n\}$不是等差数列.

反思提炼： 判断一个数列是等差数列的方法见下表.

定义法	$a_{n+1}-a_n=d$(常数)$(n\in \mathbf{N}_+)\Leftrightarrow\{a_n\}$为等差数列
等差中项法	$2a_{n+1}=a_n+a_{n+2}(n\in \mathbf{N}_+)\Leftrightarrow\{a_n\}$为等差数列
通项公式法	$a_n=an+b$ (a,b 是常数，$n\in \mathbf{N}_+)\Leftrightarrow\{a_n\}$为等差数列

✻ **小贴士：** 前两种方法用于证明，第三种方法用于填空题、选择题的判断.

例 2 已知数列$\{a_n\}$为等差数列，$a_3=5, a_7=13$，求数列$\{a_n\}$的通项公式和前 n 项和公式.

解： 由题意得$\begin{cases}a_1+2d=5,\\a_1+6d=13,\end{cases}$ 解得 $a_1=1, d=2$.

所以$\{a_n\}$的通项公式为$a_n=1+(n-1)\times 2=2n-1$.

$\{a_n\}$的前 n 项和$S_n=n+\frac{n(n-1)}{2}\times 2=n^2$.

反思提炼: 运用等差数列的通项公式和求和公式求解,也可以利用等差数列的性质简化运算过程.

5.3　等比数列

知识梳理

1. 等比数列的定义　☆☆

如果一个数列从第 2 项起,每一项与它的前一项的比都等于同一个常数,那么这个数列叫作等比数列,这个常数叫作等比数列的公比[通常用字母 $q(q\neq 0)$表示].

2. 等比中项　☆☆

如果在 a 与 b 中间插入一个数 G,使 a,G,b 成等比数列,那么 G 叫作 a 与 b 的等比中项,且 $G=\pm\sqrt{ab}$.

✻ 小贴士: 两个同号的数才有等比中项.

3. 等比数列的通项公式　☆☆☆

若$\{a_n\}$是首项为 a_1,公比为 q 的等比数列,则$\{a_n\}$的通项公式为 $a_n=a_1\cdot q^{n-1}$.

4. 等比数列的前 n 项和公式　☆☆☆

若等比数列$\{a_n\}$的首项为 a_1,公比为 q,其前 n 项和公式为

$$S_n=\begin{cases} na_1, & q=1, \\ \frac{a_1(1-q^n)}{1-q}=\frac{a_1-a_nq}{1-q}, & q\neq 1. \end{cases}$$

5. 等比数列的性质　☆☆☆

等比数列中的项与序号的关系:

(1) 两项关系：$a_n=a_m\cdot q^{n-m}(m,n\in\mathbf{N}_+)$.

(2) 多项关系：若 $m+n=p+q(m,n,p,q\in\mathbf{N}_+)$，则 $a_m\cdot a_n=a_p\cdot a_q$；若 $m+n=2p$，则 $a_m\cdot a_n=a_p^2$.

想一想： 已知等比数列$\{a_n\}$中，$a_2=5,a_5=40$，求公比 q.

分析： 因为 $a_5=a_2\cdot q^3$，所以 $40=5\times q^3,q^3=8,q=2$.

答案： $q=2$.

✲ 小贴士： 解决等比数列运算问题的两条常用思路.

(1) 根据已知条件，列出关于 a_1,q 的方程(组)，确定 a_1,q.

(2) 利用等比数列的性质巧解，观察等比数列中项的序号，若满足 $m+n=p+q=2r(m,n,p,q,r\in\mathbf{N}_+)$，则 $a_m\cdot a_n=a_p\cdot a_q=a_r^2$.

等比数列的“子数列”的性质：

(1) $\{c\cdot a_n\}$(c 是非零常数)是公比为 q 的等比数列.

(2) $\{|a_n|\}$是公比为$|q|$的等比数列.

(3) 若$\{a_n\}$，$\{b_n\}$分别是公比为 q_1,q_2 且项数相同的等比数列，则数列$\{a_n\cdot b_n\}$是公比为 $q_1\cdot q_2$ 的等比数列.

想一想： 1. 判断题(正确的打“√”，错误的打“×”).

(1) $q>1$ 时，等比数列$\{a_n\}$是递增数列.(　　)

(2) 在等比数列$\{a_n\}$中，若 $a_m\cdot a_n=a_p\cdot a_q$ 则 $m+n=p+q$.(　　)

(3) 在等比数列$\{a_n\}$中，如果 $m+n=2k(m,n,k\in\mathbf{N}_+)$，那么 $a_m\cdot a_n=a_k^2$.(　　)

(4) 若数列$\{a_n\}$是等比数列，则数列$\left\{\frac{1}{a_n}\right\}$是等比数列.(　　)

答案： (1) ×；(2) ×；(3) √；(4) √.

2. 已知$\{a_n\}$是等比数列，求证：数列$\{a_n^2\}$为等比数列.

解析： 由等比数列的定义，得$\frac{a_{n+1}}{a_n}=q$，故$\frac{a_{n+1}^2}{a_n^2}=q^2$ 为非零常数，

故数列$\{a_n^2\}$为等比数列.

反思提炼: 判断一个数列是等比数列的方法见下表.

定义法	$\frac{a_{n+1}}{a_n}=q$(非零常数)$(n\in\mathbf{N}_+)\Leftrightarrow\{a_n\}$为等比数列
等比中项法	$a_{n+1}^2=a_n\cdot a_{n+2}$(三项非零)$(n\in\mathbf{N}_+)\Leftrightarrow\{a_n\}$为等比数列
通项公式法	$a_n=cq^n$(c,q为非零常数,$n\in\mathbf{N}_+$)$\Leftrightarrow\{a_n\}$为等比数列

✲ **小贴士:** 前两种方法用于证明,第三种方法用于填空题、选择题的判断.

等比数列前 n 项和的性质:

(1) 若数列$\{a_n\}$为等比数列,前 n 项和为 S_n,则数列 $S_k,S_{2k}-S_k,S_{3k}-S_{2k},\cdots(k\in\mathbf{N}_+)$是等比数列.

(2) 若 $S_{奇}$表示奇数项的和,$S_{偶}$表示偶数项的和.

当项数为 $2n$ 时,$S_{偶}=S_{奇}\cdot q$;

当项数为 $2n+1$ 时,$S_{奇}-a_1=S_{偶}\cdot q$.

6. 数列求和的方法 ☆☆☆

方法	适用类型	具体操作
公式法	等差、等比数列	直接用求和公式
分组求和法	$a_n=b_n+c_n$,$\{b_n\}$,$\{c_n\}$为等差或等比数列	分组,分别求和
裂项相消法	形如 $a_n=\frac{1}{n(n+k)}$型,$a_n=\frac{1}{\sqrt{n+k}+\sqrt{n}}$型	拆成两项之差,求和时,中间一些项可以相互抵消
错位相减法	$a_n=b_n\cdot c_n$,$\{b_n\}$,$\{c_n\}$分别为等差和等比数列	将$\{a_n\}$各项乘 q,再错位一项与$\{a_n\}$同次项对应相减

典型例题

例 在等比数列$\{a_n\}$中,已知$S_4=10, S_8=30$,求S_{12}.

分析: 可分别用普法和巧法解题.

解: 方法一 $S_4=\frac{a_1(1-q^4)}{1-q}$①,$S_8=\frac{a_1(1-q^8)}{1-q}$②.

$\frac{②}{①}$得$\frac{1-q^8}{1-q^4}=3$,即$\frac{(1-q^4)(1+q^4)}{1-q^4}=3$,即$1+q^4=3$,得$q^4=2$.

$$S_{12}=\frac{a_1(1-q^{12})}{1-q}=\frac{a_1(1-q^4)(1+q^4+q^8)}{1-q}=7S_4=70.$$

方法二 由题意得$S_4, S_8-S_4, S_{12}-S_8$构成等比数列,即10,20,$S_{12}-30$成等比数列,所以$20^2=10\times(S_{12}-30)$,$S_{12}=70$.

反思提炼: 利用通项公式、求和公式的方法具有一般性,利用性质的巧法更简便.

第6章　复　数

6.1　复数的概念

知识梳理

1. 复数的概念　☆☆

我们把形如 $a+bi(a,b\in\mathbf{R})$ 的数叫作复数，其中 i 叫作虚数单位，规定 $i^2=-1$.

复数通常用字母 z 表示，即 $z=a+bi(a,b\in\mathbf{R})$，其中 a 与 b 分别叫作复数 z 的实部与虚部.

全体复数所构成的集合 $\mathbf{C}=\{z\mid z=a+bi,a,b\in\mathbf{R}\}$ 叫作复数集.

2. 复数的分类　☆☆☆

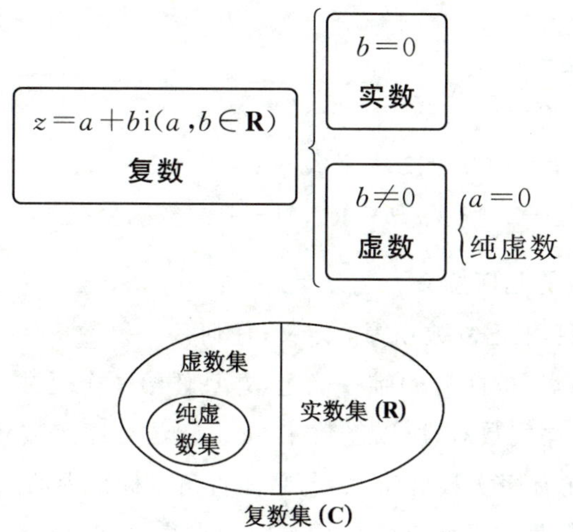

3. 复数相等的充要条件　☆☆

当且仅当两个复数的实部与虚部分别对应相等，这两个复数才相等，即 $a+bi=c+di(a,b,c,d\in\mathbf{R})$ 的充要条件为 $a=c$ 且 $b=d$.

虚数不能比较大小，如 $3i>2i$，$i+3>i+2$ 都是不对的.

想一想： 已知复数 $z=\sqrt{2m-1}+(m^2-3m)i\geqslant 0$，求实数 m 的值.

解析： 根据虚数不能比较大小可知复数 z 为实数，所以 $\begin{cases}2m-1\geqslant 0,\\ m^2-3m=0,\end{cases}$ 解得 $m=3$.

4. 共轭复数　☆☆

一般地，当两个复数的实部相等、虚部互为相反数时，这两个复数叫作互为共轭复数.复数 z 的共轭复数用 $\bar{z}$ 表示，即若 $z=a+bi$，则

$$\bar{z}=a-bi.$$

✻ 小贴士： (1) $\bar{\bar{z}}=z$；

(2) $z\in\mathbf{R}\Leftrightarrow z=\bar{z}$；

(3) 对于非零复数 z，z 是纯虚数 $\Leftrightarrow z+\bar{z}=0$；

(4) 若 $z=a+bi(a,b\in\mathbf{R})$，则 $z+\bar{z}=2a$，$z-\bar{z}=2bi$.

5. 复数的几何意义　☆☆

复平面： 根据复数相等的定义，任何一个复数 $z=a+bi$ 都可以由一个有序实数对 (a,b) 唯一确定，并且任给一个复数，也可以唯一确定一个有序实数对，所以复数 $z=a+bi$ 与有序实数对 (a,b) 是一一对应的.而有序实数对 (a,b) 与平面直角坐标系中的点是一一对应的，所以复数集与平面直角坐标系中的点集之间可以建立一一对应关系.如图，复数 $z=a+bi$ 可用点 $Z(a,b)$ 表示.这个建立了直角坐标

系来表示复数的平面叫作复平面，x 轴叫作实轴，y 轴叫作虚轴.显然，实轴上的点都表示实数，除了原点外，虚轴上的点都表示纯虚数.

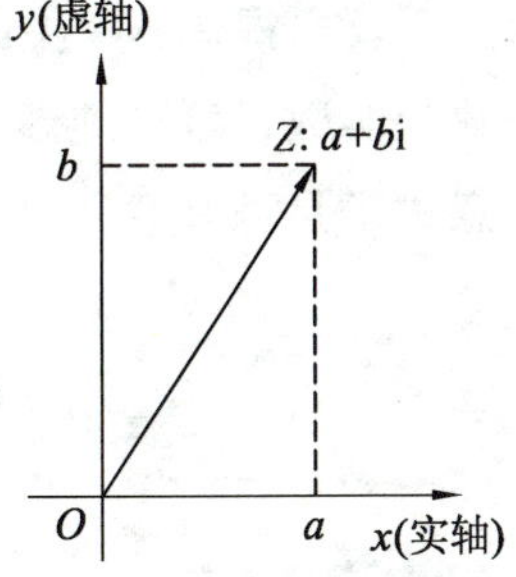

复数的几何意义(与点对应)：由上可知，每一个复数，在复平面内有唯一的一个点与之对应；反过来，复平面内的每一个点，有唯一的一个复数与之对应.由此可知，复数集 **C** 中的数与复平面内的点建立了一一对应关系.

复数的几何意义(与向量对应)：由上图可知，连接 OZ，显然向量$\overrightarrow{OZ}$由点 Z 唯一确定；反之，点 Z 也由向量$\overrightarrow{OZ}$唯一确定.因此，复数集 **C** 中的数与复平面内以原点为起点的向量建立了一一对应关系.可知，复数与复平面内的点与复平面内以原点为起点的向量建立了一一对应关系.

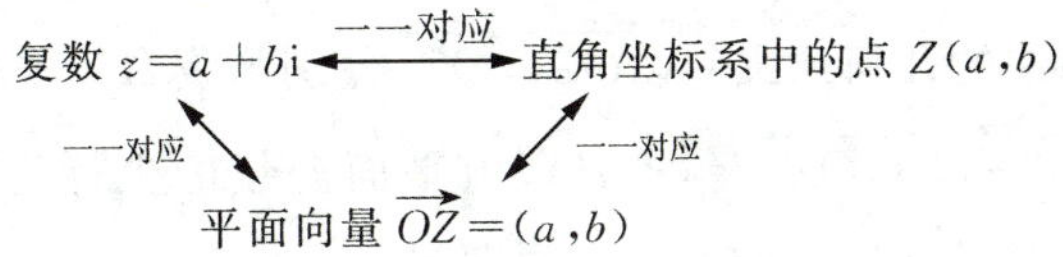

典型例题

例 复数 $z=(m^2-5m-6)+(m^2-2m-3)\mathrm{i}(m\in\mathbf{R})$，求实数 m 取何值时：(1) z 是实数；(2) z 是虚数；(3) z 是纯虚数.

解：(1) 因为 z 是实数，所以 $m^2-2m-3=0$，解得 $m=-1$ 或 $m=3$.

(2) 因为 z 是虚数，所以 $m^2-2m-3\neq0$，解得 $m\neq-1$ 且 $m\neq3$.

(3) 因为 z 是纯虚数，所以 $\begin{cases}m^2-2m-3\neq0,\\m^2-5m-6=0,\end{cases}$ 解得 $m=6$.

反思提炼： 解决此类问题时要明确复数的实部和虚部，根据复数为实数、虚数、纯虚数的条件进行分类讨论，在解题过程中，还要注意式子是否有意义.

6.2　复数的四则运算

知识梳理

1. 复数的加法运算及其几何意义　☆☆

复数加法法则： 设复数 $z_1=a+bi, z_2=c+di(a,b,c,d\in\mathbf{R})$，则 $z_1+z_2=(a+bi)+(c+di)=(a+c)+(b+d)i$.两个复数的和仍然是一个确定的复数.

复数加法的运算律： 对任意 $z_1,z_2,z_3\in\mathbf{C}$，有

(1) 交换律：$z_1+z_2=z_2+z_1$；

(2) 结合律：$(z_1+z_2)+z_3=z_1+(z_2+z_3)$.

复数加法的几何意义： 设$\overrightarrow{OZ_1}$，$\overrightarrow{OZ_2}$分别与复数 $a+bi$，$c+di$ 对应，则$\overrightarrow{OZ_1}=(a,b)$，$\overrightarrow{OZ_2}=(c,d)$，由平面向量的坐标运算法则，得$\overrightarrow{OZ_1}+\overrightarrow{OZ_2}=(a+c,b+d)$.这说明向量$\overrightarrow{OZ_1}$，$\overrightarrow{OZ_2}$的和向量就是与复数 $(a+c)+(b+d)i$ 对应的向量.因此，复数的加法可以按照向量的加法来进行(右图)，这就是复数加法的几何意义.

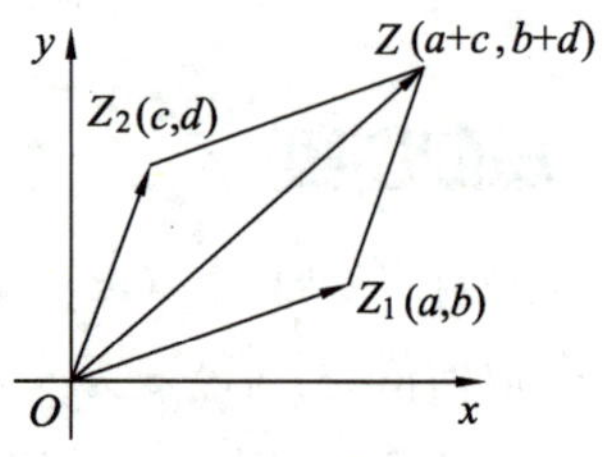

2. 复数的减法运算及其几何意义　☆☆

复数减法法则： 设复数 $z_1=a+bi, z_2=c+di(a,b,c,d\in\mathbf{R})$，则 $z_1-z_2=(a+bi)-(c+di)=(a-c)+(b-d)i$.两个复数的差仍然是一个确定的复数.

复数减法的几何意义： 设$\overrightarrow{OZ_1}$，$\overrightarrow{OZ_2}$分别与复数 $a+bi$，$c+di$ 对应，则$\overrightarrow{OZ_1}=(a,b)$，$\overrightarrow{OZ_2}=(c,d)$，由平面向量的坐标运算法则，得

$\overrightarrow{OZ_1}-\overrightarrow{OZ_2}=(a-c,b-d)$.这说明向量$\overrightarrow{OZ_1}$,$\overrightarrow{OZ_2}$的差向量就是与复数$(a-c)+(b-d)\mathrm{i}$对应的向量.因此,复数的减法可以按照向量的减法来进行(右图),这就是复数减法的几何意义.

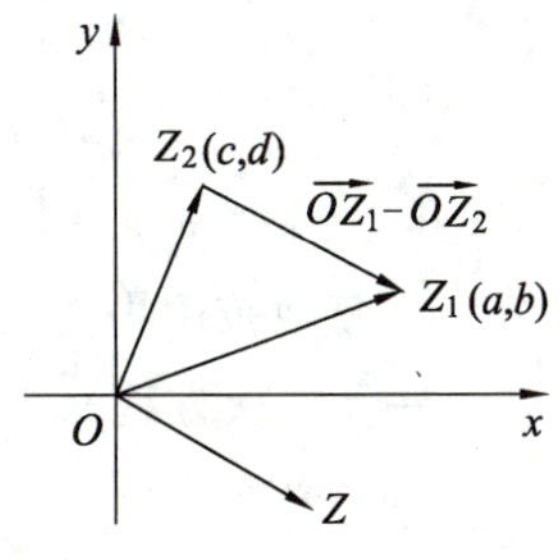

3. 复数的乘法运算 ☆☆

复数乘法法则: 设复数 $z_1=a+b\mathrm{i}$,$z_2=c+d\mathrm{i}(a,b,c,d\in\mathbf{R})$,则 $z_1\cdot z_2=(a+b\mathrm{i})(c+d\mathrm{i})=ac+bc\mathrm{i}+ad\mathrm{i}+bd\mathrm{i}^2=(ac-bd)+(ad+bc)\mathrm{i}$. 两个复数的积仍然是一个确定的复数.

复数乘法的运算律: 对任意 $z_1,z_2,z_3\in\mathbf{C}$,有

(1) 交换律:$z_1\cdot z_2=z_2\cdot z_1$.

(2) 结合律:$(z_1z_2)z_3=z_1(z_2z_3)$.

(3) 分配律:$z_1(z_2+z_3)=z_1z_2+z_1z_3$.

4. 复数的除法运算 ☆☆

复数除法法则: 设复数 $z_1=a+b\mathrm{i}$,$z_2=c+d\mathrm{i}(a,b,c,d\in\mathbf{R})$,则$(a+b\mathrm{i})\div(c+d\mathrm{i})=\dfrac{(a+b\mathrm{i})(c-d\mathrm{i})}{(c+d\mathrm{i})(c-d\mathrm{i})}=\dfrac{ac+bd}{c^2+d^2}+\dfrac{bc-ad}{c^2+d^2}\mathrm{i}(a,b,c,d\in\mathbf{R}$ 且 $c+d\mathrm{i}\neq0)$. 两个复数的商仍然是一个确定的复数.

✽ 小贴士: 在进行复数除法运算时,分子、分母要同乘分母的“实数化因式”——共轭复数.这和根式做分母时分母有理化的处理是类似的.

5. 复数运算的常用结论 ☆☆

(1) $(1\pm\mathrm{i})^2=\pm2\mathrm{i}$; $(1+\mathrm{i})(1-\mathrm{i})=2$; $\dfrac{1}{\mathrm{i}}=-\mathrm{i}$; $\dfrac{1}{1+\mathrm{i}}=\dfrac{1-\mathrm{i}}{2}$; $\dfrac{1+\mathrm{i}}{1-\mathrm{i}}=\mathrm{i}$; $\dfrac{1-\mathrm{i}}{1+\mathrm{i}}=-\mathrm{i}$; $\mathrm{i}^n+\mathrm{i}^{n+1}+\mathrm{i}^{n+2}+\mathrm{i}^{n+3}=0(n\in\mathbf{N}_+)$.

(2) $\mathrm{i}^{4n}=1$, $\mathrm{i}^{4n+1}=\mathrm{i}$, $\mathrm{i}^{4n+2}=-1$, $\mathrm{i}^{4n+3}=-\mathrm{i}(n\in\mathbf{N}_+)$.

(3) 记 $\omega=-\frac{1}{2}+\frac{\sqrt{3}}{2}\mathrm{i}$，则 $\omega^2=-\frac{1}{2}-\frac{\sqrt{3}}{2}\mathrm{i}$. 有：① $\omega^2=\overline{\omega}$，$\omega=\overline{\omega^2}$；② $|\omega|=|\omega^2|=1$；③ $1+\omega+\omega^2=0$.

6. 复数范围内实系数一元二次方程根的情况　　☆☆

一元二次方程 $ax^2+bx+c=0(a\neq 0, a, b, c\in\mathbf{R})$.

(1) 当 $\Delta>0$ 时，方程有两个不相等的实数根 $x_1=\frac{-b+\sqrt{b^2-4ac}}{2a}$，$x_2=\frac{-b-\sqrt{b^2-4ac}}{2a}$；

(2) 当 $\Delta=0$ 时，方程有两个相等的实数根 $x_1=x_2=-\frac{b}{2a}$；

(3) 当 $\Delta<0$ 时，方程有两个虚数根 $x_1=\frac{-b+\mathrm{i}\sqrt{4ac-b^2}}{2a}$，$x_2=\frac{-b-\mathrm{i}\sqrt{4ac-b^2}}{2a}$，且两个虚数根互为共轭复数.

✲ 小贴士： 韦达定理适用于实系数一元二次方程，包括方程的根为虚数时.

想一想： 已知方程 $x^2-px+q=0$ 的一个根为 $-\mathrm{i}+1$，求实数 p,q 的值.

解析： 由题意得方程的另一个根为 $1+\mathrm{i}$. 由韦达定理得 $p=(1+\mathrm{i})+(1-\mathrm{i})=2$，$q=(1+\mathrm{i})(1-\mathrm{i})=2$.

典型例题

例　计算：

(1) $(3+4\mathrm{i})+(-1+7\mathrm{i})-(5-5\mathrm{i})$；

(2) $(4-2\mathrm{i})(7+\mathrm{i})$；

(3) $\frac{3-4\mathrm{i}}{1-2\mathrm{i}}$.

分析： 本题考查复数的加减乘除四则运算.

解: (1) 原式$=(3-1-5)+(4+7+5)\text{i}=-3+16\text{i}$.

(2) 原式$=28+4\text{i}-14\text{i}-2\text{i}^2=30-10\text{i}$.

(3) 原式$=\dfrac{(3-4\text{i})(1+2\text{i})}{(1-2\text{i})(1+2\text{i})}=\dfrac{3+6\text{i}-4\text{i}-8\text{i}^2}{5}=\dfrac{11+2\text{i}}{5}$.

反思提炼: 两个或多个复数相加减,只要将它们的实部和虚部分别相加减,类似于“合并同类项”;复数乘法满足结合律,要特别注意最后相乘的两项有 i^2;除法运算可以通过“分母实数化”的方法进行运算.

6.3 复数的三角形式

知识梳理

1. 复数的模 ☆☆

复数 $z=a+b\text{i}(a,b\in\mathbf{R})$ 在复平面内对应的点 $Z(a,b)$ 到原点的距离叫作复数的模,记作 $|z|=\sqrt{a^2+b^2}$.

$|z_1-z_2|$ 的几何意义: 设复数 $z_1=a+b\text{i}(a,b\in\mathbf{R})$,$z_2=c+d\text{i}(c,d\in\mathbf{R})$ 在复平面内对应的点分别是 $Z_1(a,b)$,$Z_2(c,d)$,则 $|Z_2Z_1|=\sqrt{(a-c)^2+(b-d)^2}$.又因为复数 $z_1-z_2=(a-c)+(b-d)\text{i}$,则 $|z_1-z_2|=\sqrt{(a-c)^2+(b-d)^2}$.故 $|Z_2Z_1|=|z_1-z_2|$,即 $|z_1-z_2|$ 表示复数 z_1,z_2 在复平面内对应的点之间的距离.

想一想: 设复数 z 满足 $|z|=2$,求 $|z-\text{i}|$ 的最值.

解析: 根据 $|z_1-z_2|$ 的几何意义解题.

由 $|z|=2$ 可知复数 z 对应的点 Z 位于以原点为圆心、2 为半径的圆周上,$|z-\text{i}|$ 表示圆 $x^2+y^2=4$ 上的点到点 $(0,1)$ 的距离.由右图可知,最小距离为 1,最大距离为 3.

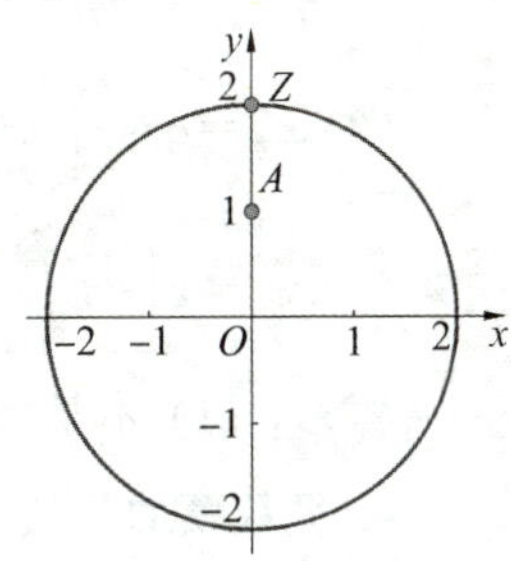

2. 复数的辐角主值 ☆☆☆

以 x 轴正半轴为始边，OZ 为终边的角 θ 叫作复数的辐角，复数在 $(-\pi,\pi]$ 内的辐角叫作辐角主值，记作 $\arg z$.

✲ **小贴士：** 复数辐角主值的求解可以分为两大类，见下表.

复数 z 对应的点在坐标轴上		复数 z 对应的点在四个象限
x 轴正半轴	$\arg z=0$	(1) 计算 $\tan\theta=\dfrac{b}{a}$； (2) 判断复数所在象限； (3) 写出对应的 $\arg z$
y 轴正半轴	$\arg z=\dfrac{\pi}{2}$	
x 轴负半轴	$\arg z=\pi$	
y 轴负半轴	$\arg z=-\dfrac{\pi}{2}$	

✲ **小贴士：** 在求解复数的辐角主值问题中，要先判断复数对应的点位于坐标轴上还是位于象限中，不同类型，解题思路也不相同.

3. 复数的三角形式 ☆☆☆

复数 $z=a+bi(a,b\in\mathbf{R})$ 的三角形式为 $z=r(\cos\theta+i\sin\theta)(r>0)$，其中 r 是复数的模，θ 是复数的辐角.

想一想： 判断下列复数的形式是否为三角形式.

(1) $z_1=-2\left(\cos\dfrac{\pi}{5}+i\sin\dfrac{\pi}{5}\right)$；

(2) $z_2=\sin\dfrac{\pi}{3}+i\cos\dfrac{\pi}{3}$；

(3) $z_3=\cos\dfrac{\pi}{4}-i\sin\dfrac{\pi}{4}$；

(4) $z_4=2\left[\cos\left(-\dfrac{\pi}{6}\right)+i\sin\left(-\dfrac{\pi}{6}\right)\right]$.

答案： (1) 不是；(2) 不是；(3) 不是；(4) 是.

4. 复数模的性质 ☆☆

(1) $|z_1\cdot z_2|=|z_1|\cdot|z_2|$.

(2) $\left|\dfrac{z_1}{z_2}\right|=\dfrac{|z_1|}{|z_2|}(|z_2|\neq 0)$.

(3) $||z_1|-|z_2||\leqslant|z_1\pm z_2|\leqslant|z_1|+|z_2|$.

5. 复数三角形式的乘除运算 ☆☆

复数乘法法则： 设 $z_1=r_1(\cos\theta_1+\mathrm{i}\sin\theta_1)$，$z_2=r_2(\cos\theta_2+\mathrm{i}\sin\theta_2)(r_1>0,r_2>0)$，则 $z_1z_2=r_1r_2[\cos(\theta_1+\theta_2)+\mathrm{i}\sin(\theta_1+\theta_2)]$，即“积的模等于模的积，积的辐角等于辐角的和”.

复数除法法则： 设 $z_1=r_1(\cos\theta_1+\mathrm{i}\sin\theta_1)$，$z_2=r_2(\cos\theta_2+\mathrm{i}\sin\theta_2)(r_1>0,r_2>0,z_2\neq 0)$，则 $\dfrac{z_1}{z_2}=\dfrac{r_1}{r_2}[\cos(\theta_1-\theta_2)+\mathrm{i}\sin(\theta_1-\theta_2)]$，即“商的模等于模的商，商的辐角等于辐角的差”.

典型例题

例 1 求下列复数三角形式：

(1) $z_1=-1+\sqrt{3}\mathrm{i}$；　　　　(2) $z_2=(\sqrt{3}-2)\mathrm{i}$.

分析： 先求解复数的模和辐角，再写出复数的三角形式.

解： (1) $|z_1|=\sqrt{(-1)^2+(\sqrt{3})^2}=2$，$\tan\theta=-\sqrt{3}$，因为 z_1 对应的点在第二象限，所以 $\arg z_1=\dfrac{2\pi}{3}$，则 $z_1=2\left(\cos\dfrac{2\pi}{3}+\mathrm{i}\sin\dfrac{2\pi}{3}\right)$.

(2) $|z_1|=\sqrt{0^2+(\sqrt{3}-2)^2}=2-\sqrt{3}$，因为 z_2 对应的点在 y 轴负半轴，所以 $\arg z_2=-\dfrac{\pi}{2}$，则 $z_2=(2-\sqrt{3})\left[\cos\left(-\dfrac{\pi}{2}\right)+\mathrm{i}\sin\left(-\dfrac{\pi}{2}\right)\right]$.

反思提炼： 求复数辐角主值时先要判断复数对应的点是在坐标轴上还是在四个象限内.

例 2 计算：

(1) $\sqrt{2}\left(\cos\dfrac{\pi}{6}+\mathrm{i}\sin\dfrac{\pi}{6}\right)\cdot 2\left(\cos\dfrac{\pi}{12}+\mathrm{i}\sin\dfrac{\pi}{12}\right)$；

(2) $2\left(\cos\dfrac{\pi}{3}+\mathrm{i}\sin\dfrac{\pi}{3}\right)\div\left(\cos\dfrac{\pi}{12}+\mathrm{i}\sin\dfrac{\pi}{12}\right)$.

解：（1）原式 $=2\sqrt{2}\left[\cos\left(\frac{\pi}{6}+\frac{\pi}{12}\right)+\mathrm{i}\sin\left(\frac{\pi}{6}+\frac{\pi}{12}\right)\right]=2\sqrt{2}\left(\cos\frac{\pi}{4}+\mathrm{i}\sin\frac{\pi}{4}\right)=2\sqrt{2}\left(\frac{\sqrt{2}}{2}+\frac{\sqrt{2}}{2}\mathrm{i}\right)=2+2\mathrm{i}.$

（2）原式 $=2\left[\cos\left(\frac{\pi}{3}-\frac{\pi}{12}\right)+\mathrm{i}\sin\left(\frac{\pi}{3}-\frac{\pi}{12}\right)\right]=2\left(\cos\frac{\pi}{4}+\mathrm{i}\sin\frac{\pi}{4}\right)=2\left(\frac{\sqrt{2}}{2}+\frac{\sqrt{2}}{2}\mathrm{i}\right)=\sqrt{2}+\sqrt{2}\mathrm{i}.$

反思提炼：复数三角形式的乘法运算满足积的模等于模的积，积的辐角等于辐角的和；复数三角形式的除法运算满足商的模等于模的商，商的辐角等于辐角的差.此外，若无特殊要求，以代数形式作为复数的最终形式.

6.4 棣莫弗定理与欧拉公式

知识梳理

1. 棣莫弗定理 ☆

一般地，$[r(\cos\theta+\mathrm{i}\sin\theta)]^n=r^n(\cos n\theta+\mathrm{i}\sin n\theta)$，即一个复数的 n 次幂的模等于原复数模的 n 次幂，辐角等于原复数辐角的 n 倍.这个结论叫作棣莫弗定理或棣莫弗法则.

2. 欧拉公式 ☆

欧拉公式：$\cos\theta+\mathrm{i}\sin\theta=\mathrm{e}^{\mathrm{i}\theta}$.

复数的指数形式：$r(\cos\theta+\mathrm{i}\sin\theta)=r\mathrm{e}^{\mathrm{i}\theta}$.

3. 复数指数形式运算法则 ☆

设 $z_1=r_1\mathrm{e}^{\mathrm{i}\theta_1}$，$z_2=r_2\mathrm{e}^{\mathrm{i}\theta_2}$，$z=r\mathrm{e}^{\mathrm{i}\theta}$.

乘：$z_1\cdot z_2=r_1r_2\mathrm{e}^{\mathrm{i}(\theta_1+\theta_2)}=r_1r_2[\cos(\theta_1+\theta_2)+\mathrm{i}\sin(\theta_1+\theta_2)]$.

除：$\frac{z_1}{z_2}=\frac{r_1}{r_2}\mathrm{e}^{\mathrm{i}(\theta_1-\theta_2)}=\frac{r_1}{r_2}[\cos(\theta_1-\theta_2)+\mathrm{i}\sin(\theta_1-\theta_2)]$.

幂：$z^n=r^n e^{in\theta}=r^n(\cos n\theta+i\sin n\theta)$.

典型例题

例 计算：

(1) $(\sqrt{2}e^{i\frac{\pi}{4}})^6$；　　　　(2) $\left(\frac{1}{2}-\frac{\sqrt{3}}{2}i\right)^{10}$.

分析：运用棣莫弗定理求复数的高次幂.

解：(1) $(\sqrt{2}e^{i\frac{\pi}{4}})^6=(\sqrt{2})^6 e^{i\frac{\pi}{4}\times 6}=8e^{i\frac{3\pi}{2}}$

$$=8\left(\cos\frac{3\pi}{2}+i\sin\frac{3\pi}{2}\right)=-8i.$$

(2) $\left(\frac{1}{2}-\frac{\sqrt{3}}{2}i\right)^{10}=\left[\cos\left(-\frac{\pi}{3}\right)+i\sin\left(-\frac{\pi}{3}\right)\right]^{10}$

$$=\cos\left(-\frac{10\pi}{3}\right)+i\sin\left(-\frac{10\pi}{3}\right)$$

$$=\cos\frac{2\pi}{3}+i\sin\frac{2\pi}{3}=-\frac{1}{2}+\frac{\sqrt{3}}{2}i.$$

反思提炼：运用棣莫弗定理求复数的高次幂时，要先将复数转化为三角形式.

第 7 章　平面向量

7.1　平面向量的概念

1. 向量的概念及表示方法　☆☆

	定义	表示
向量	(1) 把既有大小、又有方向的量叫作向量； (2) 数量与向量的区别：数量只有大小，向量既有大小，又有方向； (3) 因为向量有方向，故向量不可以比较大小	(1) 用有向线段表示； (2) 用字母 $\boldsymbol{a}$，$\boldsymbol{b}$ 等表示； (3) 用有向线段的起点与终点字母表示，记作$\overrightarrow{AB}$，$\boldsymbol{a}$

2. 向量的模　☆☆

	定义	表示方法
向量的模	(1) 向量的大小(向量对应线段的长度)； (2) 向量的模是一个非负数	记作 $\|\overrightarrow{\boldsymbol{AB}}\|$，$\|\boldsymbol{a}\|$

3. 两个特殊向量　☆☆

零向量：模为 0 的向量，零向量 $\mathbf{0}$ 的模记作 $|\mathbf{0}|$，且规定零向量的方向是任意的.

(1) 零向量是有方向的，其方向是任意的，也就是说零向量的方向不确定.

（2）零向量的手写体为 $\vec{0}$，书写体用黑体 $\mathbf{0}$ 表示，要注意 0 与 $\mathbf{0}$ 的区别及联系，0 是一个实数，$\mathbf{0}$ 是一个向量，且有 $|\mathbf{0}|=0$.

（3）在今后的学习中要注意零向量的特殊性，解答问题时，一定要看清题目中向量的条件是"任意向量"还是"任意非零向量"，要注意考虑零向量.

单位向量： 模为 1 的向量.

（1）单位向量的模是 1 个单位长度，而不是具体的 1 厘米、1 分米、1 米等.

（2）单位向量有无数个，方向不一定相同.

4. 向量间的关系　☆☆☆

观察平行四边形 $ABCD$ 中，思考向量 $\overrightarrow{AB}$ 与 $\overrightarrow{CD}$，$\overrightarrow{AB}$ 与 $\overrightarrow{DC}$ 的关系.

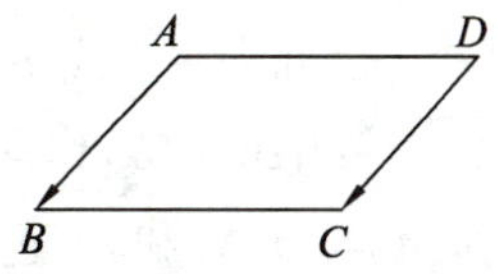

相等向量： 大小相等、方向相同的向量. 如右图中 $\overrightarrow{AB}$ 与 $\overrightarrow{DC}$.

相反向量： 大小相等、方向相反的向量. 如图中 $\overrightarrow{AB}$ 与 $\overrightarrow{CD}$.

平行向量： 方向相同或相反的非零向量，任意一组平行向量都可以移到同一条直线上，所以平行向量也叫共线向量. 平行向量只对方向有要求.

✲ 小贴士： （1）零向量与任一向量平行，记作 $\mathbf{0}/\!/\boldsymbol{a}$；

（2）零向量与零向量相等，记作 $\mathbf{0}=\mathbf{0}$；

（3）任意两个相等的非零向量可用同一条有向线段表示，与有向线段的起点无关.

典型例题

例　判断题（正确的打"√"，错误的打"×"）.

（1）向量 $\boldsymbol{a}$ 与 $\boldsymbol{b}$ 平行，则 $\boldsymbol{a}$ 与 $\boldsymbol{b}$ 的方向相同.（　　）

（2）长度相等且起点相同的两个向量，其终点必相同.（　　）

（3）两个单位向量一定相等.（　　）

(4) 相等向量是平行向量.(　　)

答案: (1) ×; (2) ×; (3) ×; (4) √.

反思提炼: 向量的两元素为大小与方向,所以在判断两个向量关系的时候两者都必须考虑,特别在判断相等向量的时候不能忽略对方向的要求.

7.2 向量的加法、减法和数乘

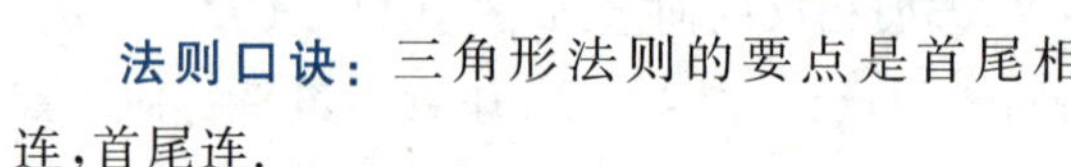

1. 向量加法的三角形法则 ☆☆☆

已知向量 $\boldsymbol{a}$ 与 $\boldsymbol{b}$,在平面上任取一点 A,作 $\overrightarrow{AB}=\boldsymbol{a}$,$\overrightarrow{BC}=\boldsymbol{b}$,作向量 $\overrightarrow{AC}$,则向量 $\overrightarrow{AC}$ 叫作向量 $\boldsymbol{a}$ 与 $\boldsymbol{b}$ 的和向量.记作 $\boldsymbol{a}+\boldsymbol{b}$,即 $\boldsymbol{a}+\boldsymbol{b}=\overrightarrow{AB}+\overrightarrow{BC}=\overrightarrow{AC}$.

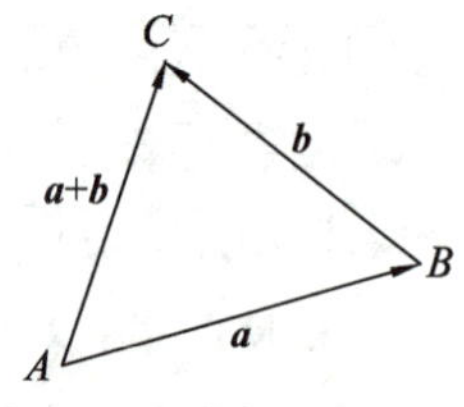

法则口诀: 三角形法则的要点是首尾相连,首尾连.

2. 向量加法的平行四边形法则 ☆☆

已知向量 $\boldsymbol{a}$ 与 $\boldsymbol{b}$,在平面上任取一点 A,作 $\overrightarrow{AB}=\boldsymbol{a}$,$\overrightarrow{AD}=\boldsymbol{b}$,以 AB,AC 为邻边作平行四边形 $ABCD$,则向量 $\overrightarrow{AC}$ 叫作向量 $\boldsymbol{a}$ 与 $\boldsymbol{b}$ 的和向量.记作 $\boldsymbol{a}+\boldsymbol{b}$,即 $\boldsymbol{a}+\boldsymbol{b}=\overrightarrow{AB}+\overrightarrow{AD}=\overrightarrow{AC}$.

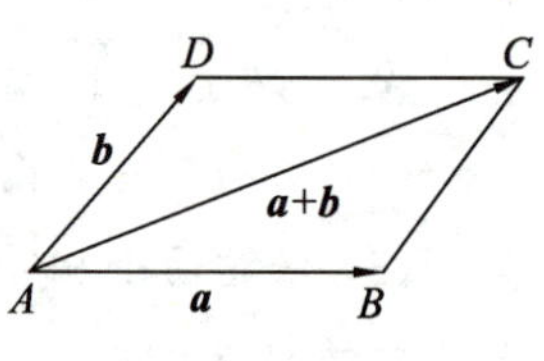

法则口诀: 平行四边形法则的要点是同起点.

向量加法满足的运算律

(1) 交换律: $\boldsymbol{a}+\boldsymbol{b}=\boldsymbol{b}+\boldsymbol{a}$;

(2) 结合律: $(\boldsymbol{a}+\boldsymbol{b})+\boldsymbol{c}=\boldsymbol{a}+(\boldsymbol{b}+\boldsymbol{c})$.

3. 向量减法的三角形法则　☆☆☆

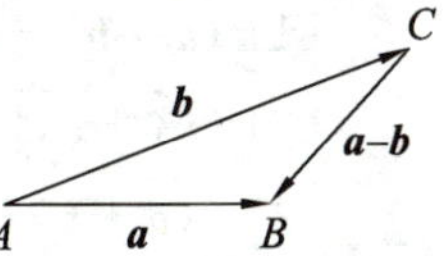

已知向量 $\boldsymbol{a}$ 与 $\boldsymbol{b}$，作 $\overrightarrow{AB}=\boldsymbol{a}$，$\overrightarrow{AC}=\boldsymbol{b}$，则由向量加法的三角形法则，得 $\boldsymbol{b}+\overrightarrow{CB}=\boldsymbol{a}$，我们把向量 $\overrightarrow{CB}$ 叫作向量 $\boldsymbol{a}$ 与 $\boldsymbol{b}$ 的差，记作 $\boldsymbol{a}-\boldsymbol{b}$，即 $\boldsymbol{a}-\boldsymbol{b}=\overrightarrow{AB}-\overrightarrow{AC}=\overrightarrow{CB}$（两个向量的差是减向量的终点到被减向量的终点的向量）.

法则口诀：首同尾连，箭头指向被减.

4. 数乘向量　☆☆

实数 λ 和向量 $\boldsymbol{a}$ 的乘积是一个向量，记作 $\lambda\boldsymbol{a}$.

向量 $\lambda\boldsymbol{a}$（$\boldsymbol{a}\neq\boldsymbol{0}$，$\lambda\neq 0$）的长度与方向规定为：

① $|\lambda\boldsymbol{a}|=|\lambda|\,|\boldsymbol{a}|$.

② 当 $\lambda>0$ 时，$\lambda\boldsymbol{a}$ 与 $\boldsymbol{a}$ 的方向相同；当 $\lambda<0$ 时，$\lambda\boldsymbol{a}$ 与 $\boldsymbol{a}$ 的方向相反.

当 $\lambda=0$ 时，$0\boldsymbol{a}=\boldsymbol{0}$；当 $\boldsymbol{a}=\boldsymbol{0}$ 时，$\lambda\boldsymbol{0}=\boldsymbol{0}$.

数乘向量的几何意义：把向量 $\boldsymbol{a}$ 沿着 $\boldsymbol{a}$ 的方向或 $\boldsymbol{a}$ 的反方向，长度放大或缩小.例如，$2\boldsymbol{a}$ 的几何意义就是沿着向量 $\boldsymbol{a}$ 的方向，长度放大到原来的 2 倍.

数乘向量运算的运算律：设 $\lambda,\mu\in\mathbf{R}$，有

① $(\lambda+\mu)\boldsymbol{a}=\lambda\boldsymbol{a}+\mu\boldsymbol{a}$；

② $\lambda(\mu\boldsymbol{a})=(\lambda\mu)\boldsymbol{a}$；

③ $\lambda(\boldsymbol{a}+\boldsymbol{b})=\lambda\boldsymbol{a}+\lambda\boldsymbol{b}$.

典型例题

例　计算下列各式：

(1) $(\boldsymbol{a}+\boldsymbol{b})-\boldsymbol{a}$；

(2) $\overrightarrow{OA}+\overrightarrow{BC}-\overrightarrow{OC}$；

(3) $2(\boldsymbol{a}+\boldsymbol{b})-3(\boldsymbol{a}-\boldsymbol{b})$.

解:

(1) $(\boldsymbol{a}+\boldsymbol{b})-\boldsymbol{a}=\boldsymbol{b}$.

(2) $\overrightarrow{OA}+\overrightarrow{BC}-\overrightarrow{OC}=\overrightarrow{BA}$.

(3) $2(\boldsymbol{a}+\boldsymbol{b})-3(\boldsymbol{a}-\boldsymbol{b})$

$=2\boldsymbol{a}-3\boldsymbol{a}+2\boldsymbol{b}+3\boldsymbol{b}$

$=(2-3)\boldsymbol{a}+(2+3)\boldsymbol{b}$

$=-\boldsymbol{a}+5\boldsymbol{b}$.

反思提炼: 向量减法在计算时,(1) 当两个向量的起点相同时,两个向量的差是以减向量的终点为起点、被减向量的终点为终点的向量;(2) 减去一个向量等于加上这个向量的相反向量.

7.3 平面向量的坐标表示

1. 平面向量基本定理 ☆☆

(1) 平面向量基本定理:如果$\boldsymbol{e}_1$,$\boldsymbol{e}_2$是同一平面内两个不共线的向量,那么对于这一平面内的任一向量$\boldsymbol{a}$,有且只有一对实数λ_1,λ_2,使$\boldsymbol{a}=\lambda_1\boldsymbol{e}_1+\lambda_2\boldsymbol{e}_2$.我们把不共线的向量$\boldsymbol{e}_1$,$\boldsymbol{e}_2$叫作表示这一平面内所有向量的一组基底.

(2) 向量的正交分解:一个平面向量用一组基底$\boldsymbol{e}_1$,$\boldsymbol{e}_2$表示成$\boldsymbol{a}=\lambda_1\boldsymbol{e}_1+\lambda_2\boldsymbol{e}_2$的形式,我们称它为向量$\boldsymbol{a}$的分解.当$\boldsymbol{e}_1$,$\boldsymbol{e}_2$所在直线互相垂直时,这种分解也称为向量$\boldsymbol{a}$的正交分解.

✽ 小贴士: (1) 基底的选取.平面内的基底不唯一,平面内的基底有无数组,只需作为基底的两个向量不共线即可.

(2) 系数的确定.当基底给定时,向量$\boldsymbol{a}$的分解形式唯一,即实数λ_1,λ_2是唯一确定的.

(3) 由于零向量与任意向量都是共线的,所以零向量不能作为

基底.同样两个非零共线向量也不能作为基底.

(4) 由平面向量基本定理可知，在平面内任取一组基底，平面内的任一向量都可用这组基底线性表示.反过来，由平面向量基本定理可将任一向量$\boldsymbol{a}$在给出基底$\boldsymbol{e}_1$，$\boldsymbol{e}_2$的条件下进行分解，且分解是唯一的.

(5) 特别地，当$\boldsymbol{a}$与$\boldsymbol{e}_1$共线时，$\lambda_2=0$；当$\boldsymbol{a}$与$\boldsymbol{e}_2$共线时，$\lambda_1=0$；当$\boldsymbol{a}=\boldsymbol{0}$时，$\lambda_1=\lambda_2=0$.

(6) 向量正交分解时，两基底为正交基底，正交分解是平面向量基本定理的特殊形式.

2. 平面向量的坐标表示　☆☆

在直角坐标系中，分别取与x轴、y轴方向相同的两个单位向量$\boldsymbol{i}$，$\boldsymbol{j}$，则平面内的任意一个向量$\boldsymbol{a}$可以表示成$\boldsymbol{a}=x\boldsymbol{i}+y\boldsymbol{j}$，因此把$(x,y)$叫作向量$\boldsymbol{a}$的坐标，记作$\boldsymbol{a}=(x,y)$，其中$x$叫作向量$\boldsymbol{a}$的横坐标，$y$叫作向量$\boldsymbol{a}$的纵坐标.

向量的模的大小：若$\boldsymbol{a}=x\boldsymbol{i}+y\boldsymbol{j}$，则$|\boldsymbol{a}|=\sqrt{x^2+y^2}$.

✼ 小贴士：(1) 向量$\boldsymbol{a}$的坐标(x,y)，就表示向量$\boldsymbol{a}$以$\boldsymbol{i}$，$\boldsymbol{j}$为基底的分解，也就是$\boldsymbol{a}=x\boldsymbol{i}+y\boldsymbol{j}$.由此可知，给定一个向量，它的坐标是唯一的；但给定一对实数，由于向量可以平移，以这对实数为坐标的向量却有无穷多个.

(2) 当且仅当向量的起点在原点O时，终点的坐标等于向量本身的坐标.例如，点$A(3,7)$，则$\overrightarrow{OA}=(3,7)$.

3. 向量的坐标运算　☆☆☆

(1) 若$\boldsymbol{a}=(x_1,y_1)$，$\boldsymbol{b}=(x_2,y_2)$，则$\boldsymbol{a}+\boldsymbol{b}=(x_1+x_2,y_1+y_2)$，$\boldsymbol{a}-\boldsymbol{b}=(x_1-x_2,y_1-y_2)$，$\lambda\boldsymbol{a}=(\lambda x_1,\lambda y_1)$.上述向量的坐标运算公式，也可用语言分别表述为：两个向量和与差的坐标分别等于这两个向量相应坐标的和与差；数乘向量积的坐标等于数乘上向量相应坐标的积.

(2) 若 $A=(x_1,y_1)$，$B=(x_2,y_2)$，则$\overrightarrow{AB}=(x_2-x_1,y_2-y_1)$.

(3) 若 $\boldsymbol{a}=(x_1,y_1)$，$\boldsymbol{b}=(x_2,y_2)$，则 $\boldsymbol{a}/\!/\boldsymbol{b}(\boldsymbol{b}\neq\boldsymbol{0})$等价于 $x_1y_2-x_2y_1=0(x_1,x_2,y_1,y_2\in\mathbf{R})$(**一般计算时常表达为两非零向量平行，则对应坐标成比例，比值为正同向，比值为负反向**).

想一想： 已知点 $A(-2,-1)$，$B(0,4)$，向量 $\boldsymbol{a}=(1,y)$，并且$\overrightarrow{AB}/\!/\boldsymbol{a}$，求 $\boldsymbol{a}$ 的纵坐标 y.

解析： 由已知条件得

$$\overrightarrow{AB}=(0,4)-(-2,-1)=(2,5).$$

因为$\overrightarrow{AB}/\!/\boldsymbol{a}$，所以 $1\times5-2\times y=0$，解得

$$y=\frac{5}{2}.$$

典型例题

例 已知$\overrightarrow{AB}=(5,-3)$，$C(-1,3)$，$\overrightarrow{CD}=2\overrightarrow{AB}$，求点 D 的坐标.

解： 设 $D(x,y)$，$\because$ $C(-1,3)$，$\therefore$ $\overrightarrow{CD}=(x+1,y-3)$.

又$\because$ $\overrightarrow{AB}=(5,-3)$，$\overrightarrow{CD}=2\overrightarrow{AB}$，

$\therefore$ $(x+1,y-3)=2(5,-3)=(10,-6)$.

$\therefore$ $\begin{cases}x+1=10,\\y-3=-6,\end{cases}$ 即$\begin{cases}x=9,\\y=-3.\end{cases}$

$\therefore$ $D(9,-3)$.

反思提炼： 通过本题可以得出，在遇到求未知点坐标的时候，结合平行条件可以优先选择用向量解决更为便利.

7.4 平面向量的内积

知识梳理

1. 内积的物理背景 ☆☆

物理学中,一个物体在力 $\boldsymbol{F}$ 的作用下产生位移 $\boldsymbol{s}$,那么该力 $\boldsymbol{F}$ 所做的功为 $W=|\boldsymbol{F}||\boldsymbol{s}|\cos\theta$(其中 θ 是力 $\boldsymbol{F}$ 与位移 $\boldsymbol{s}$ 方向的夹角).力 $\boldsymbol{F}$ 与位移 $\boldsymbol{s}$ 都是我们数学中的向量,而功 W 是数量,这说明两个向量可以进行一种新的运算.

✼ 小贴士: (1) 功 W 是一个数量,不仅与力和位移的大小有关,而且和它们之间夹角的余弦有关.

(2) 当 $0°\leqslant\theta<90°$ 时,$W>0$,即力 $\boldsymbol{F}$ 做正功;当 $\theta=90°$,即力 $\boldsymbol{F}$ 的方向与位移 $\boldsymbol{s}$ 的方向垂直时,$W=0$,力 $\boldsymbol{F}$ 不做功;当 $90°<\theta\leqslant180°$ 时,$W<0$,即力 $\boldsymbol{F}$ 做负功.

2. 两个非零向量夹角的概念 ☆☆

已知非零向量 $\boldsymbol{a}$ 与 $\boldsymbol{b}$,作 $\overrightarrow{OA}=\boldsymbol{a}$,$\overrightarrow{OB}=\boldsymbol{b}$,则 $\angle AOB$ 叫作向量 $\boldsymbol{a}$ 与 $\boldsymbol{b}$ 的夹角.记作 $\langle\boldsymbol{a},\boldsymbol{b}\rangle$,规定 $0°\leqslant\langle\boldsymbol{a},\boldsymbol{b}\rangle\leqslant180°$.

说明:

(1) 当 $\langle\boldsymbol{a},\boldsymbol{b}\rangle=0°$ 时,$\boldsymbol{a}$ 与 $\boldsymbol{b}$ 同向;

(2) 当 $\langle\boldsymbol{a},\boldsymbol{b}\rangle=180°$ 时,$\boldsymbol{a}$ 与 $\boldsymbol{b}$ 反向;

(3) 当 $\langle\boldsymbol{a},\boldsymbol{b}\rangle=90°$ 时,$\boldsymbol{a}$ 与 $\boldsymbol{b}$ 垂直,记作 $\boldsymbol{a}\perp\boldsymbol{b}$;

(4) 在两向量的夹角定义中,两向量必须是同起点的.

3. 向量的内积 ☆☆☆

已知非零向量 $\boldsymbol{a}$ 与 $\boldsymbol{b}$,$\langle\boldsymbol{a},\boldsymbol{b}\rangle$ 为两向量的夹角,则数量 $|\boldsymbol{a}||\boldsymbol{b}|\cos\langle\boldsymbol{a},\boldsymbol{b}\rangle$ 叫作 $\boldsymbol{a}$ 与 $\boldsymbol{b}$ 的内积,记作 $\boldsymbol{a}\cdot\boldsymbol{b}=|\boldsymbol{a}||\boldsymbol{b}|\cos\langle\boldsymbol{a},\boldsymbol{b}\rangle$.

规定: 0 向量与任何向量的内积为 0.

说明: (1) 两个向量的内积是一个实数,不是向量,可以是正数、负数或零，符号由 $\cos\langle \boldsymbol{a},\boldsymbol{b}\rangle$ 的符号所决定；

(2) 两个向量的内积写成 $\boldsymbol{a}\cdot\boldsymbol{b}$，符号"·"在向量运算中不是乘号，既不能省略，也不能用"×"代替.

想一想： 已知 $|\boldsymbol{a}|=3$，$|\boldsymbol{b}|=4$，$\boldsymbol{a}$ 与 $\boldsymbol{b}$ 的夹角为 $60°$，求 $(\boldsymbol{a}+2\boldsymbol{b})\cdot(\boldsymbol{a}-3\boldsymbol{b})$.

解析： $\because$ $|\boldsymbol{a}|=3$，$|\boldsymbol{b}|=4$，$\boldsymbol{a}$ 与 $\boldsymbol{b}$ 的夹角为 $60°$，

$$\begin{aligned}\therefore (\boldsymbol{a}+2\boldsymbol{b})\cdot(\boldsymbol{a}-3\boldsymbol{b})&=\boldsymbol{a}^2-\boldsymbol{a}\cdot\boldsymbol{b}-6\boldsymbol{b}^2\\&=|\boldsymbol{a}|^2-|\boldsymbol{a}||\boldsymbol{b}|\cos 60°-6|\boldsymbol{b}|^2\\&=9-3\times4\times\frac{1}{2}-6\times16\\&=-93.\end{aligned}$$

4. 向量内积的性质 ☆☆

(1) 当 $\boldsymbol{a}$ 与 $\boldsymbol{b}$ 同向时，$\boldsymbol{a}\cdot\boldsymbol{b}=|\boldsymbol{a}||\boldsymbol{b}|$；当 $\boldsymbol{a}$ 与 $\boldsymbol{b}$ 反向时，$\boldsymbol{a}\cdot\boldsymbol{b}=-|\boldsymbol{a}||\boldsymbol{b}|$.

特别地，$\boldsymbol{a}\cdot\boldsymbol{a}=|\boldsymbol{a}|^2$ 或 $|\boldsymbol{a}|=\sqrt{\boldsymbol{a}\cdot\boldsymbol{a}}$.

(2) $\cos\theta=\dfrac{\boldsymbol{a}\cdot\boldsymbol{b}}{|\boldsymbol{a}||\boldsymbol{b}|}$.

(3) $\boldsymbol{a}\perp\boldsymbol{b}\Leftrightarrow \boldsymbol{a}\cdot\boldsymbol{b}=0$.

5. 平面向量内积的运算律 ☆☆☆

交换律： $\boldsymbol{a}\cdot\boldsymbol{b}=\boldsymbol{b}\cdot\boldsymbol{a}$.

数乘结合律： $(\lambda\boldsymbol{a})\cdot\boldsymbol{b}=\lambda(\boldsymbol{a}\cdot\boldsymbol{b})=\boldsymbol{a}\cdot(\lambda\boldsymbol{b})$.

分配律： $(\boldsymbol{a}+\boldsymbol{b})\cdot\boldsymbol{c}=\boldsymbol{a}\cdot\boldsymbol{c}+\boldsymbol{b}\cdot\boldsymbol{c}$.

6. 平面向量内积的坐标运算 ☆☆☆

已知两个非零向量 $\boldsymbol{a}=(x_1,y_1)$，$\boldsymbol{b}=(x_2,y_2)$，则

(1) $\boldsymbol{a}\cdot\boldsymbol{b}=x_1x_2+y_1y_2$；

(2) 两向量夹角 θ $(0\leqslant\theta\leqslant\pi)$ 的余弦：

$$\cos\theta=\frac{\boldsymbol{a}\cdot\boldsymbol{b}}{|\boldsymbol{a}||\boldsymbol{b}|}=\frac{x_1x_2+y_1y_2}{\sqrt{x_1^2+y_1^2}\cdot\sqrt{x_2^2+y_2^2}};$$

(3) 向量垂直：$\boldsymbol{a}\perp\boldsymbol{b}\Leftrightarrow x_1x_2+y_1y_2=0$；

(4) 向量的模：向量 $\boldsymbol{a}=(x,y)$，则 $\boldsymbol{a}^2=x^2+y^2$，即 $|\boldsymbol{a}|=\sqrt{x^2+y^2}$；

(5) 两点间的距离：设 $A(x_1,y_1)$，$B(x_2,y_2)$，则 $AB=|\overrightarrow{AB}|=\sqrt{(x_2-x_1)^2+(y_2-y_1)^2}$.

典型例题

例　已知 $\boldsymbol{a}=(-1,\sqrt{3})$，$\boldsymbol{b}=(\sqrt{3},-1)$，求 $\boldsymbol{a}\cdot\boldsymbol{b}$，$|\boldsymbol{a}|$，$|\boldsymbol{b}|$，$\boldsymbol{a}$ 与 $\boldsymbol{b}$ 的夹角 θ.

解： $\boldsymbol{a}\cdot\boldsymbol{b}=(-1)\times\sqrt{3}+\sqrt{3}\times(-1)=-2\sqrt{3}$.

$|\boldsymbol{a}|=\sqrt{(-1)^2+(\sqrt{3})^2}=2$.

$|\boldsymbol{b}|=\sqrt{(\sqrt{3})^2+(-1)^2}=2$.

$$\cos\theta=\frac{\boldsymbol{a}\cdot\boldsymbol{b}}{|\boldsymbol{a}||\boldsymbol{b}|}=\frac{-2\sqrt{3}}{2\times2}=-\frac{\sqrt{3}}{2}.$$

$\because 0\leqslant\theta\leqslant\pi$，$\therefore \theta=\frac{5\pi}{6}$.

反思提炼： 向量内积公式 $\boldsymbol{a}\cdot\boldsymbol{b}=x_1x_2+y_1y_2$ 与 $\boldsymbol{a}\cdot\boldsymbol{b}=|\boldsymbol{a}||\boldsymbol{b}|\cos\langle\boldsymbol{a},\boldsymbol{b}\rangle$ 要灵活使用，可用于求模、求角、判断位置关系等.

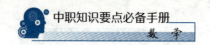

第8章 平面解析几何

8.1 两点间的距离公式及中点公式

知识梳理

1. 两点间距离公式 ☆☆

一般地，设点 $A(x_1,y_1)$，$B(x_2,y_2)$ 为直角坐标平面上的任意两点，我们将向量 $\overrightarrow{AB}$ 的模叫作点 A，B 之间的距离，记作 $|\overrightarrow{AB}|$，则 $|\overrightarrow{AB}|=\sqrt{(x_1-x_2)^2+(y_1-y_2)^2}$，这就是平面上任意两点间的距离公式.

(1) 在 x 轴上，已知点 $A(x_1,0)$，$B(x_2,0)$，那么点 A 与点 B 间的距离为 $AB=|\overrightarrow{AB}|=|x_1-x_2|$；

(2) 在 y 轴上，已知点 $A(0,y_1)$，$B(0,y_2)$，那么点 A 与点 B 间的距离为 $AB=|\overrightarrow{AB}|=|y_1-y_2|$.

想一想： 已知点 $A(2,-4)$，$B(-2,3)$，求 AB.

解析： $AB=\sqrt{(-2-2)^2+[3-(-4)]^2}=\sqrt{16+49}=\sqrt{65}$.

2. 中点公式 ☆☆

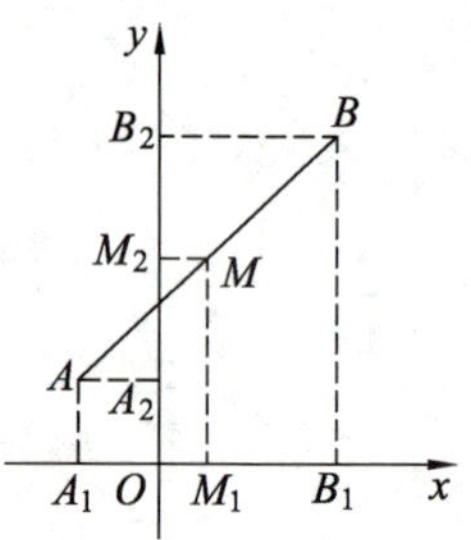

在平面直角坐标系内，已知两点 $A(x_1,y_1)$，$B(x_2,y_2)$，令点 $M(x,y)$ 为线段 AB 的中点. 如右图所示，$A_1(x_1,0)$，$B_1(x_2,0)$，$M_1(x,0)$，因为 $x-x_1=x_2-x$，所以 $x=\dfrac{x_1+x_2}{2}$，同理 $y=\dfrac{y_1+y_2}{2}$.

由此可得线段 $A(x_1,y_1)$,$B(x_2,y_2)$的中点 $M(x,y)$的坐标满足 $x=\dfrac{x_1+x_2}{2}$,$y=\dfrac{y_1+y_2}{2}$.这就是线段中点的坐标公式,简称中点公式.

典型例题

例　已知平行四边形 $ABCD$ 的三个顶点 $A(-3,0)$,$B(2,-2)$,$C(5,2)$,求顶点 D 的坐标.

解: 因为平行四边形的两条对角线的中点相同,所以它们的坐标也相同.设点 D 的坐标为(x,y),则

$$\begin{cases}\dfrac{x+2}{2}=\dfrac{-3+5}{2}=1,\\[2mm] \dfrac{y-2}{2}=\dfrac{0+2}{2}=1,\end{cases}$$

解得

$$\begin{cases}x=0,\\ y=4.\end{cases}$$

所以顶点 D 的坐标为(0,4).

反思提炼: 利用两点间距离公式和线段的中点公式可以解决许多典型问题.例如,已知三角形的三个顶点坐标求三条边的中线的长度,求解垂直平分线,已知两点坐标求一点关于另一点的对称点的坐标等.

8.2　直线的倾斜角和斜率

知识梳理

1. 直线的倾斜角　☆☆

规定:x 轴正向与直线向上的方向所成的最小正角叫作这条直线的倾斜角 α,与 x 轴平行或重合的直线的倾斜角为零度角.直线的倾斜角的取值范围是 $0°\leqslant\alpha<180°$.当直线 l 和 x 轴平行时,倾斜角为 $0°$.

2. 直线的斜率 ☆☆

倾斜角不是90°的直线，它的倾斜角的正切值叫作这条直线的斜率，通常用k表示，即$k=\tan\alpha$ ($0°\leqslant\alpha<180°,\alpha\neq 90°$).

想一想：“斜率是倾斜角的正切值”这句话对吗？

解析：因为90°的直线斜率不存在，所以这句话不对.

答案：不对.

3. 直线的倾斜角与斜率的关系 ☆☆

直线的倾斜角α与斜率k的关系见下表.

α的大小	$\alpha=0°$	$0°<\alpha<90°$	$\alpha=90°$	$90°<\alpha<180°$
k的范围	$k=0$	$k>0$	不存在	$k<0$
k的增减性	—	递增	—	递增

(1) 当直线平行于x轴或与x轴重合，即$\alpha=0°$时，$k=0$；

(2) 当直线的倾斜角为锐角，即$0°<\alpha<90°$时，$k>0$；

(3) 当直线平行于y轴或与y轴重合，即$\alpha=90°$时，k不存在；

(4) 当直线的倾斜角为钝角，即$90°<\alpha<180°$时，$k<0$.

✻ **小贴士：**求直线的倾斜角主要是根据定义来求，解题的关键是根据题意画出图形，找准倾斜角，常见情形有：(1) 0°角；(2) 锐角；(3) 90°角；(4) 钝角.

避坑指南

只由直线的倾斜角不能确定直线的位置，因为倾斜角只反映了直线相对x轴的倾斜程度.

4. 斜率的坐标公式 ☆☆

一般地，若$x_1\neq x_2$，过点$P_1(x_1,y_1)$和$P_2(x_2,y_2)$的直线斜率为$k=\dfrac{y_2-y_1}{x_2-x_1}$.

✽ **小贴士**：求斜率有两种公式.(1) $k=\tan\alpha$；(2) $k=\dfrac{y_2-y_1}{x_2-x_1}$.

在应用斜率公式求斜率时，要注意两点的横坐标是否相等.若相等，则斜率不存在，倾斜角是 90°；若不相等，才能用斜率公式求斜率.

5. 斜率的几何意义　☆☆

在平时的解题中常常会遇到求代数式$\dfrac{y-y_0}{x-x_0}$的最大值、最小值等问题，可以用几何方法解决.例如：将$\dfrac{y-y_0}{x-x_0}$看成是动点 $P(x,y)$ 与定点 $P_0(x_0,y_0)$所在直线的斜率，从而将求代数式$\dfrac{y-y_0}{x-x_0}$的最值问题转化为求直线 PP_0 的斜率的最值问题，即将代数问题转化为几何问题，借助图形来处理.

另外，斜率可以用于证明已知坐标的三点共线，如两直线 AB，BC 的斜率相等，则 A，B，C 三点共线；反之，若 A，B，C 三点共线，则直线 AB，BC 的斜率相等(斜率存在时).

典型例题

例　求以下情况直线的斜率大小：

(1) 已知直线的倾斜角 $\alpha=150°$，则直线的斜率是________；

(2) 已知直线过点 $P_1(4,-3)$与 $P_2(0,1)$，则直线的斜率是________；

(3) 已知直线 $4x+2y+1=0$，则直线的斜率是________.

解：(1) $k=\tan 150°=-\dfrac{\sqrt{3}}{3}$.

(2) $k=\frac{1-(-3)}{0-4}=-1$.

(3) 把直线化成斜截式 $y=-2x-\frac{1}{2}$,则 $k=-2$.

反思提炼: 求斜率时,特别要注意直线的倾斜角为 $90°$ 时,斜率是不存在的.用坐标公式时,分子的坐标差和分母的坐标差要对应.

8.3 直线的方程

知识梳理

1. 直线的点斜式方程 ☆☆☆

若直线 l 经过点 $P_0(x_0,y_0)$,且斜率为 k,任取直线 l 上一点 $P(x,y)$,则有 $k=\frac{y-y_0}{x-x_0}$,可得直线的点斜式方程:$y-y_0=k(x-x_0)$.

过点 $P(x_0,y_0)$ 且与 x 轴垂直的直线没有点斜式,其方程为 $x=x_0$;过点 $P(x_0,y_0)$ 且与 x 轴平行的直线的倾斜角为 $0°$,斜率为 $k=0$,得直线方程为 $y=y_0$.

想一想: (定点问题)已知直线 l 的方程为 $y=mx+m-3$,则不论 m 为何值,直线 l 必过定点____________.

答案: $(-1,-3)$.

✲ 小贴士: 此方程是由直线上的一个定点和直线的斜率确定的,所以称为直线的点斜式方程.如果直线没有斜率,其方程就不能用点斜式表示.

2. 直线的斜截式方程 ☆☆☆

(1) 截距的概念:如果直线 l 与 x 轴和 y 轴的交点分别是 $A(a,0)$ 和 $B(0,b)$,那么 a 叫作直线 l 的横截距,b 叫作直线 l 的纵截距.

(2) 已知直线 l 的斜率为 k,与 y 轴的交点为 $P(0,b)$,则直线 l

的方程是 $y=kx+b$，它是由直线 l 的斜率 k 和它在 y 轴上的截距 b 确定的，所以叫作直线的斜截式方程，简称为斜截式.

注意： 倾斜角是 $90°$ 的直线无斜截式.

其实，斜截式可以看作是点斜式的一种特殊情况，即截距 b 对应点 $(0,b)$.

✻ **小贴士：** 截距不是距离，截距是直线与坐标轴交点的相应坐标，是一个实数，可正、可负、可为零；距离是线段的长度，是非负实数.

3. 直线的两点式方程　☆☆

直线 l 经过两点 $P_1(x_1,y_1)$，$P_2(x_2,y_2)(x_1\neq x_2)$，则直线的斜率 $k=\dfrac{y_2-y_1}{x_2-x_1}$，由直线的点斜式方程可得 $y-y_1=\dfrac{y_2-y_1}{x_2-x_1}(x-x_1)$. 当 $y_1\neq y_2$ 时，记作 $\dfrac{y-y_1}{y_2-y_1}=\dfrac{x-x_1}{x_2-x_1}$，即称为直线的两点式方程.

注意： 与坐标轴垂直的直线没有两点式.

已知直线上两点坐标时，点斜式与两点式皆可用，可优先考虑两点式.

4. 直线的截距式方程　☆☆

直线 l 经过两点 $P(a,0)$，$Q(0,b)$，其中 $ab\neq 0$，由两点式，得 $\dfrac{y-0}{b-0}=\dfrac{x-a}{0-a}$，化简得直线 l 的截距式方程为 $\dfrac{x}{a}+\dfrac{y}{b}=1$.其中 a 为直线 l 在 x 轴上的截距，b 为直线 l 在 y 轴上的截距.

注意： 与坐标轴垂直和过原点的直线均没有截距式.

5. 直线的一般式方程　☆☆☆

关于 x,y 的二元一次方程 $Ax+By+C=0$（A,B 不同时为零）叫作直线的一般式方程.一般式方程可用于表示在平面直角坐标系中的任何一条直线.

对于直线的一般式方程，有如下规定：

(1) 一般按含 x 项、y 项、常数项的顺序排列；

(2) x 项的系数为正，x，y 项的系数和常数项一般不出现分数；

(3) 直线方程的其他形式都可以化成一般式，解题时，如果没有特殊说明，应把最后结果化为一般式.

想一想： 如果 $AC<0$ 且 $BC<0$，那么直线 $Ax+By+C=0$ 不通过第________象限.

答案： 四.

典型例题

例 求满足下列条件的直线的一般式方程：

(1) 过点(1,2)，斜率为 3；

(2) 过点(2,3)，倾斜角为 $\frac{\pi}{3}$；

(3) 过 $P(1,2)$，$Q(2,3)$ 两点；

(4) 过点(1,2)，且与 x 轴平行；

(5) 过点(2,3)，且与 y 轴平行；

(6) 过点(1,4)，且在 y 轴上的截距为 5.

解： (1) $y-2=3(x-1)$，整理得 $3x-y-1=0$.

(2) 斜率 $k=\tan\frac{\pi}{3}=\sqrt{3}$，$y-3=\sqrt{3}(x-2)$，整理得 $\sqrt{3}x-y+3-2\sqrt{3}=0$.

(3) $k_{PQ}=\frac{3-2}{2-1}=1$，$y-2=1\cdot(x-1)$，整理得 $x-y+1=0$.

(4) $k=0$，直线方程为 $y=2$.

(5) 无斜率，不能用点斜式，但可写出方程：$x=2$.

(6) 由题意知直线过点(1,4)，(0,5)，则 $k=\frac{4-5}{1-0}=-1$.

由斜截式得直线方程为 $y=-x+5$，化为一般式为 $x+y-5=0$.

反思提炼: 使用直线方程的点斜式,必须明确直线有斜率且已知直线上一点.已知直线的斜率和直线在 y 轴上的截距时,常用斜截式写出直线方程.斜截式方程不能表示无斜率的直线.

8.4 两条直线的位置关系

1. 两条直线的交点 ☆☆

已知两条直线 l_1: $y=k_1x+b_1$ 和 l_2: $y=k_2x+b_2$,如果点 P 是 l_1 与 l_2 的交点,那么点 P 的坐标必满足方程组 $\begin{cases}y=k_1x+b_1,\\y=k_2x+b_2.\end{cases}$

2. 两条直线的位置关系 ☆☆☆

(1) 判定方法一.

方程组 $\begin{cases}y=k_1x+b_1,\\y=k_2x+b_2\end{cases}$ 有一组解	两条直线有一个公共点	直线 l_1 与 l_2 相交
方程组 $\begin{cases}y=k_1x+b_1,\\y=k_2x+b_2\end{cases}$ 有无数组解	两条直线有无数个公共点	直线 l_1 与 l_2 重合
方程组 $\begin{cases}y=k_1x+b_1,\\y=k_2x+b_2\end{cases}$ 无解	两条直线无公共点	直线 l_1 与 l_2 平行

(2) 判定方法二.

已知直线 l_1: $y=k_1x+b_1$ 和 l_2: $y=k_2x+b_2$,则

l_1 与 l_2 相交 $\Leftrightarrow k_1\neq k_2$;

l_1 与 l_2 平行 $\Leftrightarrow k_1=k_2$ 且 $b_1\neq b_2$;

l_1 与 l_2 重合 $\Leftrightarrow k_1=k_2$ 且 $b_1=b_2$.

(3) 判定方法三.

已知直线方程一般式 l_1: $A_1x+B_1y+C_1=0$ 与 l_2: A_2x+B_2y+

$C_2=0$(A_1,B_1,C_1,A_2,B_2,C_2 都不为零)，则

l_1 与 l_2 相交$\Leftrightarrow \dfrac{A_1}{A_2}\neq\dfrac{B_1}{B_2}$；

l_1 与 l_2 平行$\Leftrightarrow \dfrac{A_1}{A_2}=\dfrac{B_1}{B_2}\neq\dfrac{C_1}{C_2}$；

l_1 与 l_2 重合$\Leftrightarrow \dfrac{A_1}{A_2}=\dfrac{B_1}{B_2}=\dfrac{C_1}{C_2}$.

(4) 相交情况下两直线垂直的判定：

$k_1\cdot k_2=-1$ 或 $A_1A_2+B_1B_2=0$.

(5) 与直线 $Ax+By+C=0$ 平行的直线方程可设为

$Ax+By+C_1=0$.

想一想：已知直线 l_1：$ax+(1-a)y=3$ 与 l_2：$(a-1)x+(2a+3)y=2$ 互相垂直，求 a 的值.

解析：当 $a=1$ 时，l_1 的方程为 $x=3$，l_2 的方程为 $y=\dfrac{2}{5}$，故 $l_1\perp l_2$；

当 $a=-\dfrac{3}{2}$时，l_1 的方程为$-\dfrac{3}{2}x+\dfrac{5}{2}y=3$，$l_2$ 的方程为$-\dfrac{5}{2}x=2$，显然 l_1 与 l_2 不垂直；

当 $a\neq1$ 且 $a\neq-\dfrac{3}{2}$时，由 $k_1\cdot k_2=-1$ 得$\dfrac{a}{a-1}\times\dfrac{1-a}{2a+3}=-1$，解得 $a=-3$.

综上所述，$a=1$ 或 $a=-3$.

避坑指南

问：如何判断两直线平行或垂直？

答：判断两直线平行或垂直时，应先考虑直线有无斜率.若无斜率，则直接确定其位置关系.若有斜率，则把直线方程化为斜截式.当斜率相等、截距不等时，两直线平行；当斜率之积为-1时，两直线垂直.

典型例题

例　判断下列各对直线的位置关系：

(1) l_1：$x-y-3=0$，l_2：$x+2y+1=0$；

(2) l_1：$2x-4y+7=0$，l_2：$x=2y-4$；

(3) l_1：$2x-4y+7=0$，l_2：$2x+y-3=0$.

解：(1) 因为$\frac{1}{1}\neq\frac{-1}{2}$，所以 l_1 与 l_2 相交.

(2) 将 l_2 化成 $x-2y+4=0$，因为$\frac{2}{1}=\frac{-4}{-2}\neq\frac{7}{4}$，所以 l_1 与 l_2 平行.

(3) 因为 $k_1=\frac{1}{2}$，$k_2=-\frac{1}{2}$，所以 $k_1\cdot k_2=-1$，则 l_1 与 l_2 垂直.

反思提炼：通过方程形式判断直线之间的关系，一定要观察方程形式是否统一为斜截式或一般式，在判断重合、平行时一定要注意区别，判断相交时要明确是不是垂直.

8.5　点到直线的距离公式

知识梳理

1. 点到直线的距离公式　☆☆

已知直线 l：$Ax+By+C=0$（A，B 不同时为零），点 $M(x_0$，$y_0)$，则点 M 到直线 l 的距离 $d=\frac{|Ax_0+By_0+C|}{\sqrt{A^2+B^2}}$.

✽ **小贴士：**使用公式前需要把直线方程化成一般式.特别地：① 点 $M(x_0,y_0)$到 x 轴的距离 $d=|y_0|$；② 点 $M(x_0,y_0)$到 y 轴的距离 $d=|x_0|$.

2. 两平行直线间的距离公式　☆☆

已知两条平行直线 l_1：$Ax+By+C_1=0$ 与 l_2：$Ax+By+C_2=$

$0(C_1 \neq C_2)$，则 l_1 与 l_2 的距离 $d=\frac{|C_1-C_2|}{\sqrt{A^2+B^2}}$.

求平行线间的距离，除了可以直接用以上公式，也可以转化成其中一条直线上的一点到另一条直线的距离，且两平行线间的距离与在其中一条直线上的点的选取无关.

如果用斜截式表示直线的方程，如直线 l_1：$y=kx+b_1$ 和 l_2：$y=kx+b_2$，那么两平行线间的距离 $d=\frac{|b_1-b_2|}{\sqrt{1+k^2}}$.

✲ **小贴士**：利用公式时，要注意 x，y 的系数相等.

典型例题

例 求点 $P(2,3)$ 到直线 l：$2x+y=5$ 的距离 d.

解：把直线 l 化成一般式 $2x+y-5=0$，则

$$d=\frac{|2\times 2+3-5|}{\sqrt{2^2+1^2}}=\frac{2\sqrt{5}}{5}.$$

反思提炼：在运用公式求距离的时候注意以下两点，一是方程要化成一般式，二是绝对值内代入坐标不能错.

8.6 圆的方程

知识梳理

1. 圆的标准方程 ☆☆☆

以 $C(a,b)$ 为圆心、r 为半径的圆的标准方程为 $(x-a)^2+(y-b)^2=r^2$.

(1) 圆的标准方程 $(x-a)^2+(y-b)^2=r^2 \Leftrightarrow$ 圆心为 (a,b)、半径为 r.圆的标准方程体现了圆的几何性质，可直接得出圆心坐标和半径长.

(2) 常用圆：圆心在坐标原点时，标准方程为 $x^2+y^2=r^2(r\neq 0)$.

（3）确定圆的标准方程需要三个独立的条件，一般运用待定系数法求 a,b,r.

2. 圆的一般方程　　☆☆☆

（1）圆的一般方程为 $x^2+y^2+Dx+Ey+F=0$ 且 $D^2+E^2-4F>0$，其中圆心为 $\left(-\frac{D}{2},-\frac{E}{2}\right)$，半径 $r=\frac{\sqrt{D^2+E^2-4F}}{2}$.

$D^2+E^2-4F>0$	方程 $x^2+y^2+Dx+Ey+F=0$ 表示圆
$D^2+E^2-4F=0$	方程 $x^2+y^2+Dx+Ey+F=0$ 表示一个点
$D^2+E^2-4F<0$	方程 $x^2+y^2+Dx+Ey+F=0$ 不表示任何图象

（2）方程 $Ax^2+Bxy+Cy^2+Dx+Ey+F=0$ 表示圆的条件为：① $A=C\neq0$；② $B=0$；③ $D^2+E^2-4F>0$.

典型例题

例　求满足以下条件的圆的方程：

（1）过点 $A(6,0)$，且圆心 B 的坐标为 $(3,2)$；

（2）过点 $O(0,0)$，$M(1,1)$，$N(4,2)$；

（3）圆心在直线 $2x-y-3=0$ 上，且过点 $(5,2)$ 和点 $(3,-2)$.

解：（1）因为圆的半径 $r=AB=\sqrt{(6-3)^2+(0-2)^2}=\sqrt{13}$，所以所求圆的方程是 $(x-3)^2+(y-2)^2=13$.

（2）设所求圆的方程为 $x^2+y^2+Dx+Ey+F=0$，由题意得

$$\begin{cases}F=0,\\D+E+F+2=0,\\4D+2E+F+20=0.\end{cases}$$

解得　$D=-8,E=6,F=0.$

于是所求圆的方程为 $x^2+y^2-8x+6y=0$.

（3）设圆的标准方程为 $(x-a)^2+(y-b)^2=r^2$，则

$$\begin{cases}2a-b-3=0,\\(5-a)^2+(2-b)^2=r^2,\\(3-a)^2+(-2-b)^2=r^2.\end{cases}$$

解得 $\begin{cases}a=2,\\b=1,\\r=\sqrt{10}.\end{cases}$

所以所求圆的方程为$(x-2)^2+(y-1)^2=10$.

反思提炼：无论是圆的标准方程，还是一般方程的求解，都需要解决三个未知量，所以可用待定系数法列出方程组求解.

8.7 点、直线、圆与圆的位置关系

知识梳理

1. 点与圆的位置关系 ☆☆

把点$P(x_0,y_0)$代入圆的方程$(x-a)^2+(y-b)^2=r^2$中：

当$(x_0-a)^2+(y_0-b)^2>r^2$时，点P在圆外；

当$(x_0-a)^2+(y_0-b)^2<r^2$时，点P在圆内；

当$(x_0-a)^2+(y_0-b)^2=r^2$时，点P在圆上.

2. 直线与圆的位置关系 ☆☆☆

(1) 位置关系：相离、相切、相交.

(2) 判定方法见下表：

位置关系	示意图象	代数方法		几何方法
		方程组	判别式	
相交	相交、相切、相离	有两个解	$\Delta>0$	$d<r$
相切		有一个解	$\Delta=0$	$d=r$
相离		无解	$\Delta<0$	$d>r$

① 判定方法一：图象法.

建立平面直角坐标系，画出圆和直线的图象，观察图象有几个公共点：图象没有公共点，则直线和圆相离；图象有且只有一个公共点，则直线和圆相切；图象有两个公共点，则直线和圆相交.

② 判定方法二：Δ 判别法.

联立方程 $\begin{cases} y=kx+b, \\ (x-a)^2+(y-b)=r^2 \end{cases}$，消元后得一元二次方程，

$\Delta<0$ 表示无公共点，则直线与圆相离；

$\Delta=0$ 表示只有一个公共点，则直线与圆相切；

$\Delta>0$ 表示有两个公共点，则直线与圆相交.

代数方法步骤：

1° 将直线方程与圆的方程联立成方程组.

2° 利用消元法，得到关于另一个元的一元二次方程.

3° 求出其判别式 Δ 的值.

4° 比较 Δ 与 0 的大小关系，若 $\Delta>0$，则直线与圆相交；若 $\Delta=0$，则直线与圆相切；若 $\Delta<0$，则直线与圆相离.反之也成立.

③ 判定方法三：$d-r$ 判别法.

设圆心到直线的距离为 d，半径为 r.

当 $d>r$ 时，直线与圆相离；

当 $d=r$ 时，直线与圆相切；

当 $d<r$ 时，直线与圆相交.

几何方法步骤：

1° 把直线方程化为一般式，求出圆心和半径.

2° 利用点到直线的距离公式求圆心到直线的距离.

3° 作判断：当 $d>r$ 时，直线与圆相离；当 $d=r$ 时，直线与圆相切；当 $d<r$ 时，直线与圆相交.

✲ **小贴士：**(1) 相离，常考“圆上点到直线的最远距离”；(2) 相交，常考“弦长问题”；(3) 相切，常考“切线方程”.

想一想： 判断直线 l：$y=x+2$ 和圆 C：$(x-1)^2+(y+2)^2=4$ 的位置关系.

解析： 把直线化成一般式 $x-y+2=0$.圆心 $C(1,-2)$,则圆心到直线的距离为 $d=\dfrac{|1-(-2)+2|}{\sqrt{1^2+(-1)}}=\dfrac{5\sqrt{2}}{2}$.因为 $r=2$,所以 $d>r$,则直线与圆相离.

3. 圆与圆的位置关系 ☆☆

(1) 圆与圆的位置关系：相离、外切、相交、内切、内含.

(2) 圆与圆的位置关系的判断方法：设两圆的半径分别为 r_1，r_2,圆心距为 d,则两圆的位置关系的判断方法见下表.

位置关系	图　示	d 与 r_1,r_2 的关系
相离	r_1 r_2 C_1 d C_2	$d>r_1+r_2$
外切	r_1 r_2 C_1 d C_2	$d=r_1+r_2$
相交	r_1 r_2 C_1 d C_2	$\|r_1-r_2\|<d<r_1+r_2$
内切	r_1 r_2 C_1 d C_2	$d=\|r_1-r_2\|$
内含	r_1 r_2 C_1 d C_2	$d<\|r_1-r_2\|$

典型例题

例 已知直线 l 经过点 $A(4,-3)$，且与圆 C：$(x-3)^2+(y-1)^2=1$ 相切，求直线 l 的方程.

解： 由点 A 到圆心 C 的距离 $\sqrt{(4-3)^2+(-3-1)^2}=\sqrt{17}>1$，所以点 A 在圆外.

(1) 若所求直线的斜率存在，设切线斜率为 k，则切线方程为 $y+3=k(x-4)$. 因为圆心 $C(3,1)$ 到切线的距离等于半径 1，所以 $\frac{|3k-1-3-4k|}{\sqrt{k^2+1}}=1$，即 $|k+4|=\sqrt{k^2+1}$.

所以 $k^2+8k+16=k^2+1$，解得 $k=-\frac{15}{8}$.

所以切线方程为 $y+3=-\frac{15}{8}(x-4)$，即 $15x+8y-36=0$.

(2) 若切线斜率不存在，圆心 $C(3,1)$ 到直线 $x=4$ 的距离也为 1，这时直线与圆也相切，所以另一条切线方程是 $x=4$.

综上，所求切线方程为 $15x+8y-36=0$ 或 $x=4$.

反思提炼： 过一点求圆的切线问题，先判断此点是否在圆上. 若在圆上，可先求出切线的垂线的斜率，进而求出切线斜率与切线方程；若点在圆外，则判断切线斜率是否存在，若存在斜率，则设出点斜式方程，利用圆心到直线的距离等于半径求出斜率，进而求出切线方程.

想一想： 求圆的切线方程时，应注意什么问题？

答案： 注意讨论直线斜率是否存在.

8.8 椭圆的标准方程和性质

1. 椭圆的第一定义 ☆☆☆

平面内与两个定点 F_1,F_2 的距离之和为 $2a(2a>F_2F_2)$的动点 P 的轨迹叫椭圆,其中两个定点 F_1,F_2 叫椭圆的焦点,$F_1F_2=2c$.

当 $PF_1+PF_2=2a>F_1F_2$时,动点 P 的轨迹为椭圆;

当 $PF_1+PF_2=2a<F_1F_2$时,动点 P 的轨迹不存在;

当 $PF_1+PF_2=2a=F_1F_2$时,动点 P 的轨迹为以 F_1,F_2 为端点的线段.

2. 椭圆的第二定义 ☆☆☆

平面内到定点 F 与定直线 l(定点 F 不在定直线 l 上)的距离之比是常数 $e(0<e<1)$的点的轨迹为椭圆.

✲ **小贴士:** 利用第二定义,可以实现椭圆上的动点到焦点的距离与到相应准线的距离相互转化.

3. 椭圆的方程与几何性质 ☆☆

标准方程	$\frac{x^2}{a^2}+\frac{y^2}{b^2}=1(a>b>0)$	$\frac{y^2}{a^2}+\frac{x^2}{b^2}=1(a>b>0)$
图象	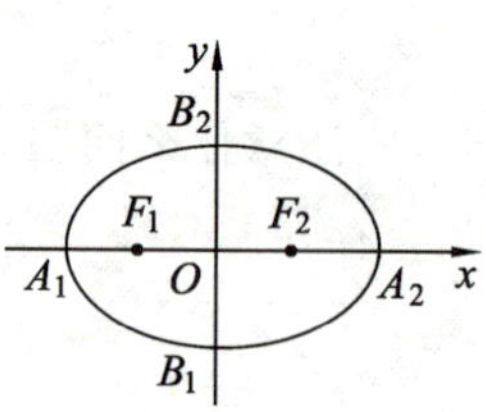 y, x, O, A_1, A_2, B_1, B_2, F_1, F_2	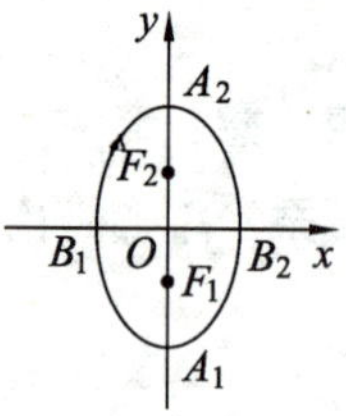 y, x, O, A_1, A_2, B_1, B_2, F_1, F_2

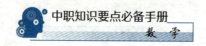

续表

<table>
<tr><td colspan="2">标准方程</td><td>$\frac{x^2}{a^2}+\frac{y^2}{b^2}=1(a>b>0)$</td><td>$\frac{y^2}{a^2}+\frac{x^2}{b^2}=1(a>b>0)$</td></tr>
<tr><td rowspan="11">性质</td><td>焦点</td><td>焦点在 x 轴上，
$F_1(-c,0),F_2(c,0)$</td><td>焦点在 y 轴上，
$F_1(0,-c),F_2(0,c)$</td></tr>
<tr><td>焦距</td><td colspan="2">$2c$</td></tr>
<tr><td>参数关系</td><td colspan="2">$a^2=b^2+c^2$</td></tr>
<tr><td>范围</td><td>$-a\leqslant x\leqslant a,-b\leqslant y\leqslant b$</td><td>$-a\leqslant y\leqslant a,-b\leqslant x\leqslant b$</td></tr>
<tr><td>顶点</td><td>$(-a,0),(a,0),(0,-b),(0,b)$</td><td>$(0,-a),(0,a),(-b,0),(b,0)$</td></tr>
<tr><td>轴长</td><td colspan="2">长轴长$=2a$，短轴长$=2b$</td></tr>
<tr><td>范围</td><td>$|x|\leqslant a,|y|\leqslant b$</td><td>$|y|\leqslant a,|x|\leqslant b$</td></tr>
<tr><td>对称性</td><td colspan="2">关于 x 轴、y 轴和原点对称</td></tr>
<tr><td>离心率</td><td colspan="2">$e=\frac{c}{a}\in(0,1)$</td></tr>
<tr><td>准线</td><td>$x=\pm\frac{a^2}{c}$</td><td>$y=\pm\frac{a^2}{c}$</td></tr>
</table>

✲ 小贴士： 标准方程中的两个参数 a 和 b，确定了椭圆的形状和大小，是椭圆的定形条件．a,b,c 三者之中 a 最大，b,c 大小不确定，且满足 $a^2=b^2+c^2$．当椭圆焦点在 x 轴上时，含 x 项的分母大；当椭圆焦点在 y 轴上时，含 y 项的分母大．已知椭圆的方程解题时，应特别注意 $a>b>0$ 这个条件．

4. 点与椭圆的位置关系　☆

把点 $P(x_0,y_0)$代入椭圆方程$\frac{x^2}{a^2}+\frac{y^2}{b^2}=1(a>b>0)$中：

当$\frac{x_0^2}{a^2}+\frac{y_0^2}{b^2}>1$ 时，点 P 在椭圆外；

当$\frac{x_0^2}{a^2}+\frac{y_0^2}{b^2}<1$ 时，点 P 在椭圆内；

当$\frac{x_0^2}{a^2}+\frac{y_0^2}{b^2}=1$ 时，点 P 在椭圆上．

典型例题

例 写出适合下列条件的椭圆的标准方程：

(1) 两个焦点坐标分别是$(-3,0)$，$(3,0)$，椭圆上一点P到焦点的距离之和等于10；

(2) 两个焦点坐标分别是$(0,-2)$和$(0,2)$，且过$\left(-\frac{3}{2},\frac{5}{2}\right)$.

解：(1) 因为椭圆的焦点在x轴上，所以设它的标准方程为

$$\frac{x^2}{a^2}+\frac{y^2}{b^2}=1(a>b>0).$$

因为$a=5$，$c=3$，所以$b^2=a^2-c^2=5^2-4^2=9$，

所以所求椭圆的标准方程为$\frac{x^2}{25}+\frac{y^2}{9}=1$.

(2) 因为椭圆的焦点在y轴上，所以设它的标准方程为$\frac{y^2}{a^2}+\frac{x^2}{b^2}=1(a>b>0)$. 由椭圆的定义知

$$2a=\sqrt{\left(-\frac{3}{2}\right)^2+\left(\frac{5}{2}+2\right)^2}+\sqrt{\left(-\frac{3}{2}\right)^2+\left(\frac{5}{2}-2\right)^2}$$

$$=\frac{3}{2}\sqrt{10}+\frac{1}{2}\sqrt{10}=2\sqrt{10},$$

所以$a=\sqrt{10}$.又$c=2$，所以$b^2=a^2-c^2=10-4=6$.

所以所求标准方程为$\frac{y^2}{10}+\frac{x^2}{6}=1$.

反思提炼：第(2)题的另一种解法.

因为$b^2=a^2-c^2=a^2-4$，所以可设所求方程$\frac{y^2}{a^2}+\frac{x^2}{a^2-4}=1$，将点$\left(-\frac{3}{2},\frac{5}{2}\right)$的坐标代入可求出$a$，从而求出椭圆方程.

求椭圆标准方程的一般步骤

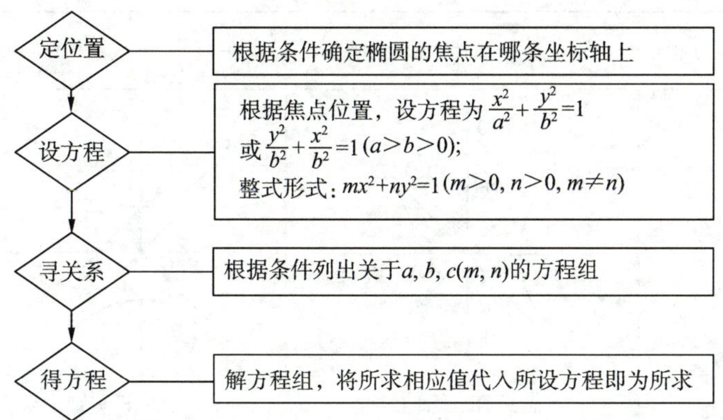

8.9　双曲线的标准方程和性质

知识梳理

1. 双曲线的第一定义　☆☆☆

平面内与两个定点 F_1,F_2 的距离之差的绝对值为 $2a$（$2a<F_2F_2$）的动点 P 的轨迹叫双曲线,其中两个定点 F_1,F_2 叫双曲线的焦点,$F_1F_2=2c$.

当 $|PF_1-PF_2|=2a>F_1F_2$时,动点 P 的轨迹不存在;

当 $|PF_1-PF_2|=2a<F_1F_2$时,动点 P 的轨迹为双曲线;

当 $|PF_1-PF_2|=2a=F_1F_2$时,动点 P 的轨迹为两条射线.

2. 双曲线的第二定义　☆☆☆

平面内到定点 F 与定直线 l（定点 F 不在定直线 l 上）的距离之比是常数 e（$e>1$）的点的轨迹为双曲线.

✲ **小贴士:** 利用第二定义,可以实现双曲线上的动点到焦点的距离与到相应准线的距离相互转化.

3. 双曲线的方程与几何性质 ☆☆☆

标准方程	$\frac{x^2}{a^2}-\frac{y^2}{b^2}=1(a>0,b>0)$	$\frac{y^2}{a^2}-\frac{x^2}{b^2}=1(a>0,b>0)$
图象		
焦点	焦点在 x 轴上，$F_1(-c,0),F_2(c,0)$	焦点在 y 轴上，$F_1(0,-c),F_2(0,c)$
焦距	$2c$	
a,b,c 的关系	$a^2+b^2=c^2$	
范围	$x\geqslant a$ 或 $x\leqslant -a,y\in\mathbf{R}$	$y\geqslant a$ 或 $y\leqslant -a,x\in\mathbf{R}$
顶点	$(\pm a,0)$	$(0,\pm a)$
轴长	实轴长 $=2a$，虚轴长 $=2b$	
对称性	关于 x 轴、y 轴成轴对称，关于原点成中心对称	
渐近线	$y=\pm\frac{b}{a}x$	$y=\pm\frac{a}{b}x$
离心率	$e=\frac{c}{a}(>1)$	
准线	$x=\pm\frac{a^2}{c}$	$y=\pm\frac{a^2}{c}$
等轴双曲线：$x^2-y^2=a^2(a\neq 0)$，它的渐近线方程为 $y=\pm x$，离心率 $e=\sqrt{2}$		

想一想：求双曲线 $9y^2-4x^2=-36$ 的顶点坐标、焦点坐标、实轴长、虚轴长、离心率和渐近线方程.

解析：由 $9y^2-4x^2=-36$，得 $\frac{x^2}{9}-\frac{y^2}{4}=1$，

所以 $a^2=9,b^2=4,c^2=a^2+b^2=13$，得 $c=\sqrt{13}$.

所以顶点坐标为$(-3,0),(3,0)$.

焦点坐标为$(-\sqrt{13},0),(\sqrt{13},0)$.

实轴长为 $2a=6$，虚轴长为 $2b=4$.

离心率为 $e=\dfrac{c}{a}=\dfrac{\sqrt{13}}{3}$.

渐近线方程为 $y=\pm\dfrac{2}{3}x$.

4. 直线与双曲线的位置关系　☆☆

直线与双曲线有两个交点，相交$\Leftrightarrow\Delta>0$；直线与双曲线有一个交点，相交(直线平行于渐近线)或相切$\Leftrightarrow\Delta=0$；直线与双曲线没有交点，相离$\Leftrightarrow\Delta<0$.

5. 共轭双曲线与等轴双曲线　☆☆

(1) 共轭双曲线是以已知双曲线的虚轴为实轴，实轴为虚轴的双曲线，也可以看作把原方程中的正负号交换了位置后得到的新方程.例如：$\dfrac{x^2}{a^2}-\dfrac{y^2}{b^2}=1$ 的共轭双曲线为$\dfrac{y^2}{b^2}-\dfrac{x^2}{a^2}=1$.

(2) 实轴与虚轴等长的双曲线叫作等轴双曲线，其方程是 $x^2-y^2=\lambda(\lambda\neq0)$，其离心率为 $e=\sqrt{2}$，渐近线方程为 $y=\pm x$.

典型例题

例　求出过点 $P(3,-\sqrt{2})$，离心率 $e=\dfrac{\sqrt{5}}{2}$ 的双曲线的标准方程.

解：依题意，双曲线的焦点可能在 x 轴上，也可能在 y 轴上，分别讨论如下.

(1) 若双曲线的焦点在 x 轴上，设$\dfrac{x^2}{a^2}-\dfrac{y^2}{b^2}=1$ 为所求.

由 $e=\frac{\sqrt{5}}{2}$，得$\frac{c^2}{a^2}=\frac{5}{4}$. ①

由点 $P(3,-\sqrt{2})$在双曲线上，得

$$\frac{9}{a^2}-\frac{2}{b^2}=1. ②$$

又 $a^2+b^2=c^2$，由①②，得

$$a^2=1, b^2=\frac{1}{4}. ③$$

(2) 若双曲线的焦点在 y 轴上，设$\frac{y^2}{a^2}-\frac{x^2}{b^2}=1$ 为所求.

同理有$\frac{c^2}{a^2}=\frac{5}{4}, \frac{2}{a^2}-\frac{9}{b^2}=1, a^2+b^2=c^2$.

解之，得 $b^2=-\frac{17}{2}$(不合，舍去).

所以双曲线的实轴只能在 x 轴上，所求双曲线方程为 $x^2-4y^2=1$.

反思提炼：求双曲线的标准方程应注意两个问题，一是正确判断焦点的位置，二是设出标准方程后，运用待定系数法求解.

8.10 抛物线的标准方程和性质

知识梳理

1. 抛物线的定义(唯一) ☆☆☆

平面内到一定点 F 和一条定直线 l 的距离相等的点的轨迹称为抛物线.定点 F 不在定直线 l 上，否则点的轨迹是过点 F 垂直于直线 l 的垂线.

2. 抛物线的方程与几何性质　☆☆☆

图象	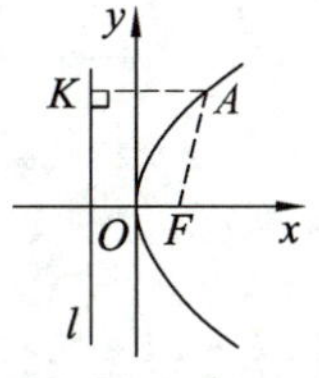	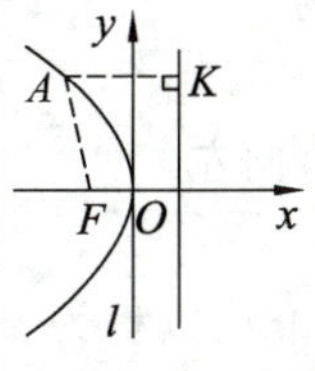	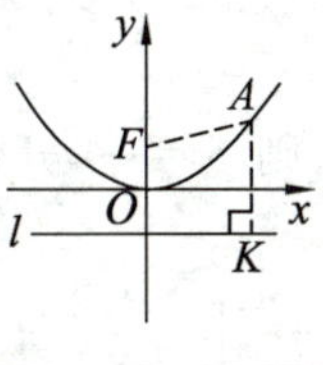	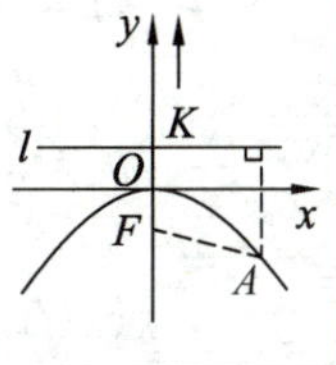
参数 p 的几何意义	参数 p 表示焦点到准线的距离，p 越大，开口越阔			
开口方向	右	左	上	下
标准方程	$y^2=2px(p>0)$	$y^2=-2px(p>0)$	$x^2=2py(p>0)$	$x^2=-2py(p>0)$
焦点位置	x 轴正半轴	x 轴负半轴	y 轴正半轴	y 轴负半轴
焦点坐标	$\left(\frac{p}{2},0\right)$	$\left(-\frac{p}{2},0\right)$	$\left(0,\frac{p}{2}\right)$	$\left(0,-\frac{p}{2}\right)$
顶点	原点$(0,0)$			
准线方程	$x=-\frac{p}{2}$	$x=\frac{p}{2}$	$y=-\frac{p}{2}$	$y=\frac{p}{2}$
范围	$x\geqslant0,y\in\mathbf{R}$	$x\leqslant0,y\in\mathbf{R}$	$y\geqslant0,x\in\mathbf{R}$	$y\leqslant0,x\in\mathbf{R}$
对称轴	x 轴	x 轴	y 轴	y 轴
离心率	$e=1$			
通径	$2p$			
焦半径 $A(x_1,y_1)$	$\|AF\|=x_1+\frac{p}{2}$	$\|AF\|=-x_1+\frac{p}{2}$	$\|AF\|=y_1+\frac{p}{2}$	$\|AF\|=-y_1+\frac{p}{2}$
焦点弦长 $\|AB\|$	$(x_1+x_2)+p$	$-(x_1+x_2)+p$	$(y_1+y_2)+p$	$-(y_1+y_2)+p$

想一想：已知抛物线的方程如下，分别求其焦点坐标和准线方程.

(1) $x^2=4y$；　　　　(2) $2y^2+5x=0$.

解析：(1) 依题意，由抛物线标准方程知抛物线焦点在 y 轴正半轴上，开口向上.

$\because p=2$，$\therefore$ 焦点坐标为$(0,1)$，准线方程为 $y=-1$.

(2) 将 $2y^2+5x=0$ 变形为 $y^2=-\dfrac{5}{2}x$，

$\therefore 2p=\dfrac{5}{2}$，则 $p=\dfrac{5}{4}$，开口向左.

$\therefore$ 焦点坐标为$\left(-\dfrac{5}{8},0\right)$，准线方程为 $x=\dfrac{5}{8}$.

典型例题

例 分别求满足下列条件的抛物线的方程：

(1) 过点 $B(-3,2)$；　　　　(2) 焦点在直线 $x-2y-4=0$ 上.

解：(1)依题意，设所求抛物线的方程为 $y^2=-2px$ 或 $x^2=2py$ $(p>0)$.

抛物线过点 $B(-3,2)$，代入 $y^2=-2px$，得 $p=\dfrac{2}{3}$.

代入 $x^2=2py$，得 $p=\dfrac{9}{4}$.

所以所求抛物线的方程为 $y^2=-\dfrac{4}{3}x$ 或 $x^2=\dfrac{9}{2}y$.

(2) 令 $x=0$，得 $y=-2$；令 $y=0$，得 $x=4$.

所以抛物线的焦点坐标为$(0,-2)$或$(4,0)$.

当焦点坐标为$(0,-2)$时，抛物线的方程为 $x^2=-8y$；

当焦点坐标为$(4,0)$时，抛物线的方程为 $y^2=16x$.

反思提炼：抛物线的开口方向有四种，相应的标准方程的形式也就有四种.因此，在解题时要利用图形全面分析，防止遗漏符合题设条件的某个开口方向，从而防止遗漏符合题设条件的抛物线的标准方程.

8.11 直线和圆锥曲线的位置关系

知识梳理

1. 直线与圆锥曲线的位置关系 ☆☆☆

(1) 直线与圆锥曲线有三种位置关系：① 相交；② 相切；③ 相离.

(2) 判定方法：将直线的方程与圆锥曲线方程联立消去一个未知数，得到一个一元二次方程：① $\Delta>0\Leftrightarrow$两个公共点；② $\Delta=0\Leftrightarrow$一个公共点；③ $\Delta<0\Leftrightarrow$没有公共点.

✼ **小贴士：** $\Delta=0\Leftrightarrow$直线与椭圆相切；$\Delta=0\Leftrightarrow$直线与双曲线相交(直线平行于渐近线)或相切；$\Delta=0\Leftrightarrow$直线与抛物线相交(直线与抛物线焦点所在坐标轴平行)或相切.

2. 直线与圆锥曲线相交的弦长公式 ☆☆☆

设直线为 $y=kx+b$ 与圆锥曲线交于 $A(x_1,y_1)$，$B(x_2,y_2)$两点，则 A，B 间距离可表示为

$$|AB|=\sqrt{1+k^2}\cdot|x_2-x_1|\text{或 }|AB|=\sqrt{1+\frac{1}{k^2}}\cdot|y_2-y_1|\ (k\neq0).$$

$|x_2-x_1|$，$|y_2-y_1|$的求法通常使用韦达定理，变形为

$$|AB|=\sqrt{1+k^2}\cdot\sqrt{(x_1+x_2)^2-4x_1\cdot x_2}$$

或 $$|AB|=\sqrt{1+\frac{1}{k^2}}\cdot\sqrt{(y_1+y_2)^2-4y_1\cdot y_2}.$$

3. 直线与圆锥曲线的位置关系、弦长问题常用方法

(1) 联立方程法：联立直线和圆锥曲线的方程，借助于一元二次方程的根的判别式、根与系数的关系.

因为直线的方程是一次的，圆锥曲线的方程是二次的，所以直线与圆锥曲线的问题常转化为方程组关系问题，最终转化为一元二次方程问题，故用韦达定理及判别式是解决圆锥曲线问题的重点方法

之一.尤其是弦中点问题、弦长问题,可用韦达定理直接解决,但应注意不要忽视判别式的作用.

(2) 点差法:设交点坐标为 $A(x_1,y_1)$,$B(x_2,y_2)$,弦中点 $M(x_0,y_0)$,其中 $x_0=\dfrac{x_1+x_2}{2}$,$y_0=\dfrac{y_1+y_2}{2}$.

代入圆锥曲线方程,得 $\begin{cases}y_1=f(x_1),\\ y_2=f(x_2),\end{cases}$ 将两式相减,可以得到弦所在直线的斜率与弦中点坐标的关系.

与圆锥曲线的弦的中点有关的问题,称为圆锥曲线的中点弦问题.解圆锥曲线的中点弦问题一般采用点差法,结合中点坐标公式及参数法求解.

若设直线与圆锥曲线的交点(弦的端点)坐标为 $A(x_1,y_1)$,$B(x_2,y_2)$,将这两点代入圆锥曲线的方程并对所得两式作差,得到一个与弦 AB 的中点和斜率有关的式子,所以采用点差法可以大大减少运算量.

想一想: 过椭圆 $\dfrac{x^2}{16}+\dfrac{y^2}{4}=1$ 内一点 $M(2,1)$ 引一条弦,使弦被 M 点平分,求这条弦所在直线的方程.

解析: 设直线与椭圆的交点为 $A(x_1,y_1)$,$B(x_2,y_2)$.

$\because$ $M(2,1)$ 为 AB 的中点,

$\therefore$ $x_1+x_2=4$,$y_1+y_2=2$.

$\because$ A,B 两点在椭圆上,

$x_1^2+4y_1^2=16$,$x_2^2+4y_2^2=16$.

两式相减得 $(x_1{}^2-x_2^2)+4(y_1^2-y_2^2)=0$,

于是 $(x_1+x_2)(x_1-x_2)+4(y_1+y_2)(y_1-y_2)=0$.

$\therefore$ $\dfrac{y_1-y_2}{x_1-x_2}=-\dfrac{x_1+x_2}{4(y_1+y_2)}=-\dfrac{4}{4\times 2}=-\dfrac{1}{2}$,即 $k_{AB}=-\dfrac{1}{2}$.

故所求直线的方程为 $y-1=-\dfrac{1}{2}(x-2)$,即 $x+2y-4=0$.

典型例题

例　已知椭圆 $4x^2+y^2=1$ 及直线 $y=x+m$.

(1) 当 m 为何值时，直线与椭圆有公共点？

(2) 若直线被椭圆截得的弦长为$\frac{2\sqrt{10}}{5}$，求直线的方程.

解：(1) 联立直线与椭圆方程$\begin{cases}4x^2+y^2=1,\\ y=x+m,\end{cases}$ 得 $4x^2+(x+m)^2=1$，

即
$$5x^2+2mx+m^2-1=0.$$
$$\Delta=(2m)^2-4\times5\times(m^2-1)=-16m^2+20\geqslant0,$$

解得$-\frac{\sqrt{5}}{2}\leqslant m\leqslant\frac{\sqrt{5}}{2}$.

(2) 设直线与椭圆的两个交点的横坐标为 x_1,x_2.

由(1)得 $x_1+x_2=-\frac{2m}{5}$，$x_1x_2=\frac{m^2-1}{5}$.

根据弦长公式得$\sqrt{1+1^2}\cdot\sqrt{\left(-\frac{2m}{5}\right)^2-4\times\frac{m^2-1}{5}}=\frac{2\sqrt{10}}{5}$.

解得 $m=0$，故直线的方程为 $y=x$.

反思提炼：选择合适的方法解决直线与圆锥曲线的关系问题，熟练掌握弦长公式.

8.12　坐标轴平移与参数方程

知识梳理

1. 坐标轴平移　☆☆

(1) 坐标轴的平移(简称移轴)：只改变坐标原点位置，而不改变坐标轴的方向和单位长度的坐标系的变换.

(2) 坐标轴平移公式：在坐标系 xOy 中，把原坐标系 xOy 平移

至新坐标系 $x'O'y'$，设点 P 和点 O' 在原坐标系 xOy 中的坐标分别为 (x,y)，(x_0,y_0)，在新坐标系 $x'O'y'$ 中点 P 的坐标为 (x',y').

根据向量加法的三角形法则有 $\overrightarrow{OP}=\overrightarrow{OO'}+\overrightarrow{O'P}$.

所以 $(x,y)=(x_0,y_0)+(x',y')$.

于是，得到坐标轴平移公式

$$\begin{cases}x=x_0+x',\\ y=y_0+y'\end{cases} \text{或} \begin{cases}x'=x-x_0,\\ y'=y-y_0.\end{cases}$$

坐标轴平移的坐标变换公式	$\begin{cases}x=x_0+x',\\ y=y_0+y'\end{cases}$	$\begin{cases}x'=x-x_0,\\ y'=y-y_0\end{cases}$
适用方向	已知新坐标求原坐标或已知原方程求新方程	已知原坐标求新坐标或已知新坐标求原方程
说明	公式中的 (x_0,y_0) 为新坐标系原点 O' 在原坐标系中的坐标，(x,y)，(x',y') 分别是一点在原坐标系、新坐标系中的坐标	

想一想： 平移坐标轴，化简圆的方程 $x^2+y^2-2x+4y+1=0$.

解析： 将圆的方程左边配方并整理得 $(x-1)^2+(y+2)^2=4$.

这是以点 $(1,-2)$ 为圆心、2 为半经的圆.

将坐标平移，使新坐标原点在点 $O'(1,-2)$.

坐标变换公式为 $x'=x-1$，$y'=y+2$.

在新坐标系中，圆的方程为 $x'^2+y'^2=4$.

2. 参数方程 ☆☆

(1) 直线的参数方程：一般地，过点 $P(x_0,y_0)$、倾斜角为 θ 的直线的参数方程为 $\begin{cases}x=x_0+t\cos\theta,\\ y=y_0+t\sin\theta\end{cases}$ (t 为参数).

(2) 圆的参数方程：圆心坐标为 (a,b)、半径为 r 的圆的参数方程为 $\begin{cases}x=a+r\cos\alpha,\\ y=b+r\sin\alpha\end{cases}$ (α 为参数).

(3) 椭圆的参数方程：① 已知椭圆 $\dfrac{x^2}{a^2}+\dfrac{y^2}{b^2}=1$，则参数方程为

$\begin{cases}x=a\cos\alpha,\\y=b\sin\alpha\end{cases}$（$\alpha$ 为参数）；② 已知椭圆 $\frac{y^2}{a^2}+\frac{x^2}{b^2}=1$，则参数方程为

$\begin{cases}x=b\cos\alpha,\\y=a\sin\alpha\end{cases}$（$\alpha$ 为参数）.

典型例题

例　求解下列各题：

(1) 化方程 $\begin{cases}x=-1+t\cos30^\circ,\\y=2+t\sin30^\circ\end{cases}$（$t$ 为参数）为普通方程；

(2) 写出圆 $(x-1)^2+(y-2)^2=4$ 的参数方程.

解：(1) 将方程化为 $\frac{x+1}{\cos30^\circ}=\frac{y-2}{\sin30^\circ}$.

可得 $y-2=\frac{\sqrt{3}}{3}(x+1)$，即 $y=\frac{\sqrt{3}}{3}x+\frac{\sqrt{3}}{3}+2$.

所以这是一条过点$(-1,2)$且倾斜角为 30° 的直线.

(2) 这是以点$(1,2)$为圆心、2 为半经的圆.

所以参数方程为 $\begin{cases}x=1+2\cos\alpha,\\y=2+2\sin\alpha\end{cases}$（$\alpha$ 为参数）.

反思提炼：直线的参数方程和圆的参数方程相类似，区别在于参数的不同.在审题的时候把条件审清楚即可.

第 9 章 立体几何

9.1 平面的基本性质

知识梳理

1. 平面的概念 ☆

平面的特征	没有边界,没有厚薄,是无限延展的
平面的画法	通常用平行四边形来表示平面,当平面水平放置时,通常把平行四边形的锐角画成 45°,横边画成邻边的 2 倍长
平面的表示	① 一个平面通常用小写希腊字母 α,β,γ……表示,记作平面 α,平面 β,平面 γ…… ② 用表示平面的平行四边形对角的两个大写英文字母标明,记作平面 AC 或平面 BD,当然也可记作平面 $ABCD$

2. 点、直线、平面的基本位置关系 ☆☆

文字语言	符号表示	图形表示
点 A 在直线 a 上	$A\in a$	A a
点 A 不在直线 a 上	$A\notin a$	A a
点 A 在平面 α 上	$A\in\alpha$	A α
点 A 不在平面 α 上	$A\notin\alpha$	A α

续表

文字语言	符号表示	图形表示
直线 a，b 交于 A 点	$a\cap b=A$	
直线 a 在平面 α 内	$a\subset\alpha$	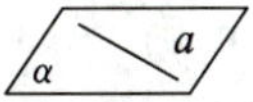
直线 a 在平面 α 外	$a\not\subset\alpha$	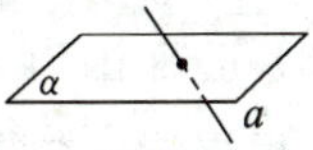 或 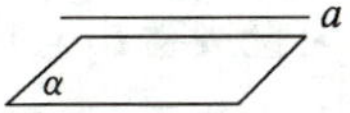

3. 平面的基本性质 ☆

平面内有无数个点，平面可以看成点的集合.点在平面内和点在平面外分别可以用元素与集合的属于、不属于来表示.

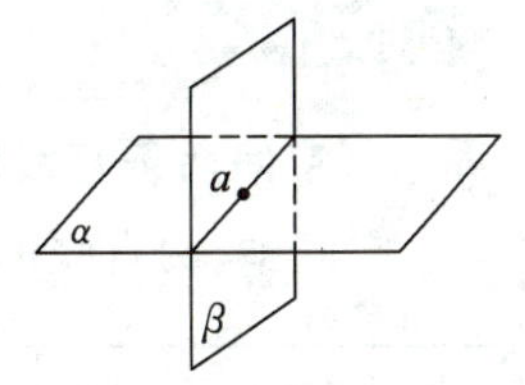

基本性质1：如果 $A\in\alpha$，$B\in\alpha$，那么直线 $AB\subset\alpha$. 利用这个性质，可以判断一条直线是否在一个平面内.

基本性质2：如果两个不重合的平面有一个公共点，那么它们有且只有一条过该点的公共直线.

基本性质3：过不在一条直线上的三点，有且只有一个平面.

推论1 经过一条直线和直线外的一点，有且只有一个平面.

推论2 经过两条相交直线，有且只有一个平面.

推论3 经过两条平行直线，有且只有一个平面.

典型例题

例 在正方体 $ABCD-A_1B_1C_1D_1$ 中，O 是 AC 的中点，判断下列命题是否正确，并说明理由：

(1) 由点 A，O，C 可以确定一个平面；

(2) 由 A,C_1,B_1确定的平面是平面 ADC_1B_1;

(3) 由 A,C_1,B_1确定的平面与由 A,D,C_1确定的平面是同一个平面.

解:(1) 错误.这三点共线,一条直线无法确定一个平面.

(2) 正确. A,C_1,B_1三点不共线,过 A,C_1,B_1三点的平面有且只有一个.

(3) 正确.因为 $AD /\!/ C_1B_1$,所以过 AD 与 C_1B_1的平面只有一个.

反思提炼:本题考查证明点线共面的基本方法.由基本性质 3 及三个推论直接得出其中的三个点、一点与一直线、两条相交直线或两条平行直线共面,然后再由基本性质 1 证明其余直线也在该平面内.

9.2 空间两条直线的位置关系

知识梳理

1. 空间两条直线的位置关系 ☆☆

空间中,两直线的位置关系:平行、相交或异面.

两直线的位置关系	两直线是否在同一平面	两直线的交点情况
两直线平行	两直线在同一平面	没有交点
两直线相交	两直线在同一平面	有且只有一个交点
两直线异面	两直线异面	没有交点

2. 空间直线平行 ☆☆

(1) 空间平行直线的定义.

空间中,在同一平面内不相交的两条直线平行.该定义与平面内直线平行相一致.

(2) 空间平行直线的性质.

基本性质 4:平行于同一条直线的两条直线互相平行(空间直线

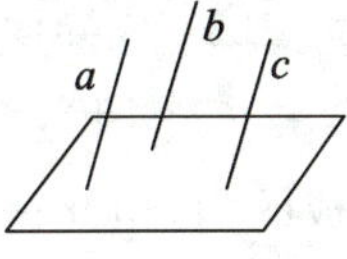

平行的传递性).即若 $a /\!/ b$,$b /\!/ c$,则 $a /\!/ c$.

判断两个角相等:如果一个角的两边和另一个角的两边分别平行且方向相同,则这两个角相等.

3. 空间直线异面 ☆☆☆

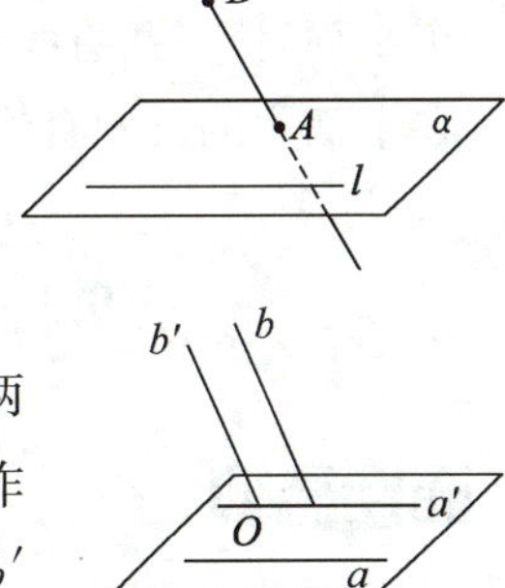

(1) 异面直线的定义:我们把不同在任何一个平面内的两条直线叫作异面直线.

(2) 异面直线的判定定理:连接平面内一点与平面外一点的直线和这个平面内不经过该点的任意直线是异面直线,如右图所示.

(3) 异面直线的夹角:如图,已知空间中两条不平行的直线 a,b,经过空间中任一点 O,作直线 $a' /\!/ a$,$b' /\!/ b$,根据角平移的性质,a' 和 b' 所成角的大小和点 O 的选择无关.我们把 a' 和 b' 所成的锐角(或直角)叫作直线 a,b 所成的角或夹角.

说明:(1) 如果两条直线平行,那么它们所成的角或夹角为 $0°$.

(2) 如果两条异面直线所成的角是直角,我们就说两条异面直线互相垂直.两条异面直线 a,b 互相垂直,记作 $a \perp b$.

(3) 异面直线所成的角必须是锐角或直角,其范围是 $0° < \alpha \leqslant 90°$.

典型例题

例 如右图所示的是正方体 $ABCD\text{-}A'B'C'D'$:

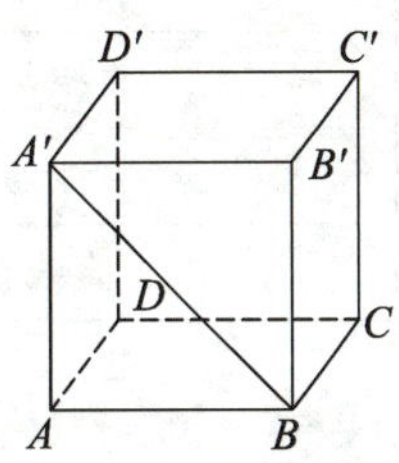

(1) 哪些棱所在的直线与直线 BA' 是异面直线?

(2) 求直线 BA' 与 CC' 所成的角的度数.

(3) 哪些棱所在的直线与直线 AA' 垂直?

解 (1) 由异面直线的判定方法可知,与直

线 BA' 成异面直线的有直线 $B'C'$,AD,CC',DC,$D'C'$,DD'.

(2) 因为 $BB'/\!/CC'$,所以$\angle B'BA'$等于异面直线 BA'与 CC'所成的角,由此得 BA'与 CC'所成的角为 $45°$.

(3) 直线 AB,BC,CD,DA,$A'B'$,$B'C'$,$C'D'$,$D'A'$都与直线 AA'垂直.

反思提炼: 利用判定定理判断两直线异面时,关键就是要找到一个平面,使一条直线在这个平面内,另一条直线与平面相交且交点不在平面内的已知直线上.

9.3 直线与平面的位置关系

1. 直线和平面的位置关系 ☆☆

(1) 直线与平面平行:如果一条直线 a 和一个平面 α 没有公共点,我们就说直线 a 和平面 α 平行.

(2) 直线与平面相交:如果一条直线 a 和一个平面 α 有且只有一个公共点,我们就说直线 a 和平面 α 相交.

(3) 直线在平面内:如果一条直线 a 和一个平面 α 有无数个公共点,我们就说直线 a 在平面 α 内.实际上要判定直线在平面内,只要说明直线上两点在平面内即可.

(4) 公共点情况见下表:

直线与平面的位置关系	公共点的情况
直线与平面平行	没有公共点
直线与平面相交	有且只有一个公共点
直线在平面内	有无数个公共点

2. 直线和平面的位置关系的表示方法 ☆☆

文字表示	直线 a 在平面 α 内	直线 a 和平面 α 相交（直线不在平面内）	直线 a 和平面 α 平行（直线不在平面内）
符号表示	$a\subset\alpha$	$a\cap\alpha=A$	$a/\!/\alpha$
图形表示			

3. 直线与平面平行 ☆☆

（1）直线与平面平行的判定定理.

判定定理： 如果一个平面外的一条直线和平面内的一条直线平行，那么这条直线和这个平面平行.此定理可简记成：线线平行，则线面平行.

文字表示	如果一个平面外的一条直线和平面内的一条直线平行，那么这条直线和这个平面平行
图形表示	
符号表示	若 $a\not\subset\alpha$，$b\subset\alpha$ 且 $a/\!/b$，则 $a/\!/\alpha$.

直线与平面平行的判定定理具备三个条件：① 直线 a 在平面 α 外；② 直线 a 在平面 α 内；③ 两直线 a，b 平行.三个条件缺一不可.

（2）直线与平面平行的性质定理.

性质定理： 如果一条直线和一个平面平行，经过这条直线的平面和这个平面相交，那么这条直线就和两平面的交线平行.此定理可简记成：线面平行，则线线平行.

文字表示	如果一条直线和一个平面平行,经过这条直线的平面和这个平面相交,那么这条直线就和两平面的交线平行
图形表示	
符号表示	若 $l /\!/ \alpha, l \subset \beta, \alpha \cap \beta = m$,则 $l /\!/ m$

定理中三个条件:$l /\!/ \alpha, l \subset \beta, \alpha \cap \beta = m$,缺一不可.该定理可以作为证明线线平行的依据,也可以作为画一条直线与已知直线平行的依据.

4. 直线与平面垂直 ☆☆

(1) 直线与平面垂直的定义.

如果一条直线和一个平面内的任何直线都垂直,那么我们就说这条直线与这个平面互相垂直,直线叫作平面的垂线,平面叫作直线的垂面,交点叫作垂足.垂线上任意一点到垂足间的线段,叫作这个点到这个平面的垂线段.

画直线与平面垂直时,通常要把直线画成和表示平面的平行四边形的一边垂直.如右图所示,直线 l 与平面 α 互相垂直,记作 $l \perp \alpha$.

(2) 直线与平面垂直的判定.

判定定理: 如果一条直线与一个平面内的两条相交直线垂直,那么该直线与此平面垂直.

文字表示	如果一条直线与一个平面内的两条相交直线垂直,那么该直线与此平面垂直
图形表示	
符号表示	若 $l \perp m, l \perp n, m \cap n = A, m \subset \alpha, n \subset \alpha$,则 $l \perp \alpha$.

推论：如果在一组平行直线中，有一条直线垂直于平面，那么另外的直线也都垂直于这个平面.

（3）直线与平面垂直的性质.

性质定理：如果两条直线同时垂直于一个平面，那么这两条直线平行.

文字表示	如果两条直线同时垂直于一个平面，那么这两条直线平行
图形表示	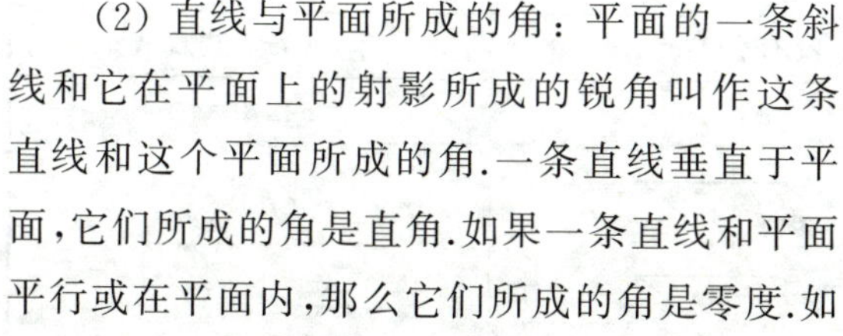
符号表示	若 $l\perp\alpha$，$m\perp\alpha$，则 $l/\!/m$.

想一想：三角形的两边可以都垂直于同一个平面吗？

答案：不能.

4. 直线与平面所成的角 ☆☆

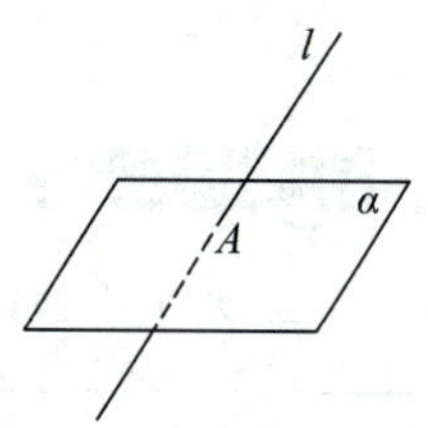

（1）平面的斜线的定义：一条直线和一个平面相交，但不和这个平面垂直，这条直线叫作这个平面的斜线.直线和平面的交点叫作斜足.如图，l 是平面 α 的斜线，斜足为 A.

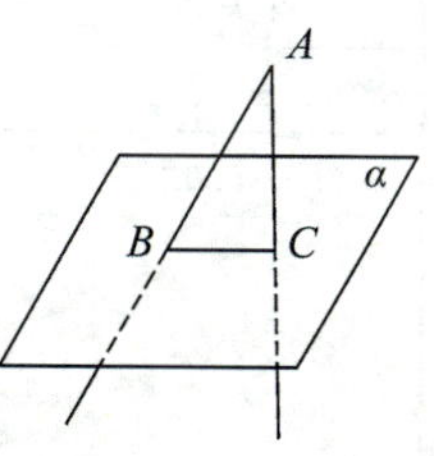

（2）直线与平面所成的角：平面的一条斜线和它在平面上的射影所成的锐角叫作这条直线和这个平面所成的角.一条直线垂直于平面，它们所成的角是直角.如果一条直线和平面平行或在平面内，那么它们所成的角是零度.如图，AB 是平面 α 的斜线，B 是斜足，AC 是平面 α 的垂线，C 是垂足，连接垂足与斜足的直线 BC 是斜线 AB 在平面 α 内的射影.直线与平面所成角的范围：$\left[0,\frac{\pi}{2}\right]$.

典型例题

例 已知空间四边形 $ABCD$，E，F 分别是 AB，AD 的中点，如右图所示.求证：$EF // $平面 BCD.

解： 连接 BD，在$\triangle ABD$ 中，

因为 E，F 分别是 AB，AD 的中点，

所以 $EF // BD$.

又因为 BD 是平面 ABD 与平面 BCD 的交线，$EF \not\subset$平面 BCD，

所以 $EF //$ 平面 BCD.

反思提炼：(1) 直线与平面平行的判定定理的实质；

(2) 定理的三个条件(面内、面外、平行)缺一不可；

(3) 运用定理证明的关键是在面内找一条直线和已知直线平行.

9.4 平面与平面的位置关系

知识梳理

1. 两个平面的位置关系 ☆☆

位置关系	两平面平行	两平面相交
公共点	没有公共点	有一条公共直线
符号表示	$\alpha // \beta$	$\alpha \cap \beta = a$
图形表示	β α	β α a

想一想： 如果在两个平面内分别有一条直线，这两条直线互相平行，那么这两个平面的位置关系是__________.

答案： 平行或相交.

2. 平面与平面平行　☆☆

(1) 两个平面平行的判定定理.

判定定理: 如果一个平面内有两条相交直线分别平行于另一个平面,那么这两个平面平行.

文字表示	如果一个平面内有两条相交直线分别平行于另一个平面,那么这两个平面平行
图形表示	
符号表示	若 $a\subset\alpha, b\subset\alpha, a\cap b=P, a\parallel\beta, b\parallel\beta$,则 $\alpha\parallel\beta$

说明: 证明面面平行的基本思路,线线平行⇒线面平行⇒面面平行.注意说明两直线交于一点.

(2) 两个平面平行的性质定理.

性质定理: 如果两个平行平面同时与第三个平面相交,那么它们的交线平行.

文字表示	如果两个平行平面同时与第三个平面相交,那么它们的交线平行
图形表示	
符号表示	若 $\alpha\parallel\beta, \gamma\cap\alpha=a, \gamma\cap\beta=b$,则直线 $a\parallel b$

想一想: 观察长方体的教室,天花板面与地面是________的.一个墙面分别与天花板面、地面相交所得到的两条直线是________的.

答案：平行，平行.

(3) 两个平行平面间的距离.

与两个平行平面都垂直的直线，叫作这两个平行平面的公垂线.它夹在这两个平行平面间的线段，叫作这两个平行平面的公垂线段.

把公垂线段的长度叫作两个平行平面间的距离.两平行平面间的距离也等于其中一平面上任意一点到另一平面的距离.

3. 平面与平面垂直 ☆☆

如果两个相交平面组成的二面角为直角，那么称这两个相交平面互相垂直.平面 α 与 β 垂直记作 $\alpha\perp\beta$.

判定定理：如果一个平面经过另一个平面的一条垂线，那么这两个平面互相垂直.

文字表示	如果一个平面经过另一个平面的一条垂线，那么这两个平面互相垂直
图形表示	β l α
符号表示	$l\perp\alpha, l\subset\beta\Rightarrow\beta\perp\alpha$.

性质定理：如果两个平面互相垂直，那么在一个平面内垂直于它们交线的直线垂直于另一个平面.

文字表示	如果两个平面互相垂直，那么在一个平面内垂直于它们交线的直线垂直于另一个平面
图形表示	α A l O β
符号表示	如果平面 $\alpha\perp$ 平面 β，$\alpha\cap\beta=l$，$OA\subset\alpha$，$OA\perp l$，那么 $OA\perp\beta$

想一想：长方体教室里的墙面之间是否垂直？

解析：相邻墙面是垂直的，上与下、前与后、左与右墙面是平行的.

9.5 柱、锥、球及其组合体

1. 棱柱 ☆☆

(1) 多面体的定义.

由若干个多边形围成的封闭的空间图形叫作多面体.

围成多面体的各个多边形叫作多面体的面，两个相邻面的公共边叫作多面体的棱，棱和棱的公共点叫作多面体的顶点，连接不在同一面上的两个顶点的线段叫作多面体的对角线.

一个多面体至少有四个面，多面体依照它的面数分别叫作四面体、五面体、六面体等.

(2) 棱柱的定义.

一个多面体，如果有两个面互相平行，其余每相邻两个面的交线都互相平行，那么这样的多面体叫作棱柱.

两个互相平行的面叫作棱柱的底面(简称底)；其余各面叫作棱柱的侧面；两个侧面的公共边叫作棱柱的侧棱；两个底面所在平面的公垂线段或它的长度，叫作棱柱的高.

(3) 棱柱的表示.

用棱柱两底面的字母表示，如棱柱 $ABC\text{-}A'B'C'$.

(4) 棱柱的分类.

侧棱不垂直于底面的棱柱叫作斜棱柱；侧棱垂直于底面的棱柱叫作直棱柱；底面是正多边形的直棱柱叫作正棱柱.

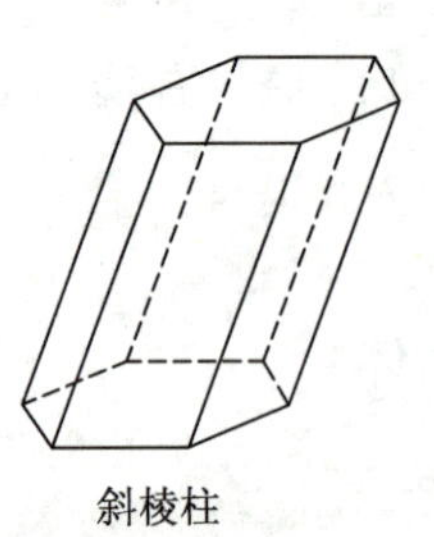
斜棱柱

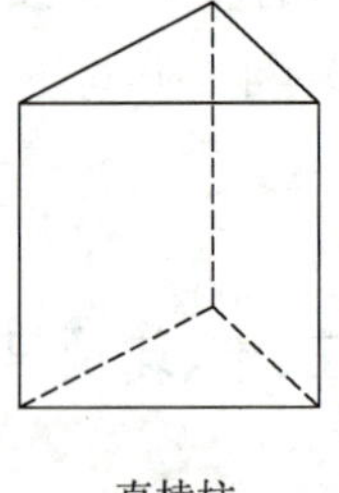
直棱柱

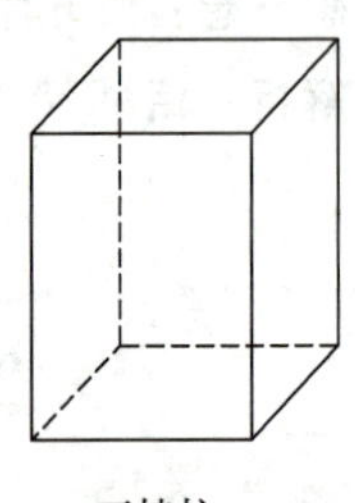
正棱柱

棱柱的底面可以是三角形、四边形、五边形……这样的棱柱分别叫作三棱柱、四棱柱、五棱柱……

(5) 棱柱的性质.

① 侧面：侧面都是平行四边形；

② 底面：两个底面是全等的多边形，且对应边互相平行；

③ 截面：与底面平行的截面是与底面全等的多边形，与侧棱平行的截面都是平行四边形；

④ 侧棱：侧棱互相平行且相等.

(6) 直棱柱的侧面积.

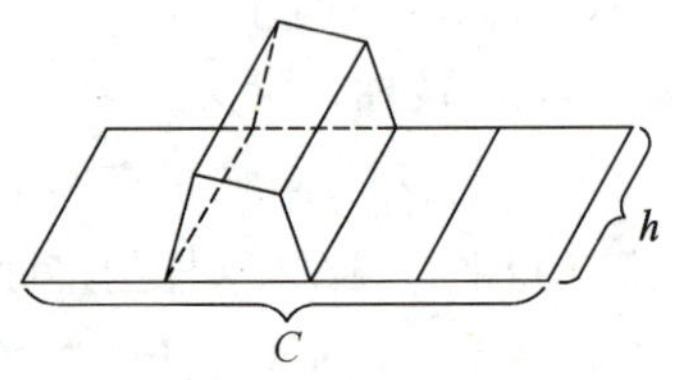

把直棱柱的侧面沿一条侧棱剪开后展在一个平面上，展开图的面积就是棱柱的侧面积.

直棱柱的侧面展开图是矩形，这个矩形的长等于直棱柱的底面周长 C，宽等于直棱柱的高 h，因此直棱柱的侧面积是

$$S_{\text{直棱柱侧}}=Ch.$$

特别地，我们把底面是正多边形的直棱柱称为正棱柱.

2. 棱锥 ☆☆

(1) 棱锥的定义.

如果一个多面体有一个面是多边形，其余各面都是有一个公共顶点的三角形，那么这个多面体就叫作棱锥.

在棱锥中有公共顶点的各三角形叫作棱锥的侧面；多边形面叫作棱锥的底面或底；两个相邻侧面的公共边叫作棱锥的侧棱，各侧面的公共顶点叫作棱锥的顶点，由顶点所引的底面所在平面的垂线段，叫作棱锥的高(垂线段的长也简称高).

(2) 棱锥的表示.

棱锥用顶点和底面各顶点的字母，或用顶点和底面一条对角线端点的字母来表示.

棱锥可表示为 $S\text{-}ABCDE$ 或 $S\text{-}AC$.

(3) 棱锥的分类.

棱锥按底面多边形的边数分类，可以分别称底面是三角形、四边形、五边形……的棱锥为三棱锥、四棱锥、五棱锥……

(4) 棱锥的性质.

① 底面：底面是多边形；

② 侧面：侧面均为三角形，且侧面有且仅有一个公共顶点.

(5) 正棱锥的侧面积公式.

如果正 n 棱锥的底面边长为 a，周长为 C，斜高为 h'，那么它的侧面积是

$$S_{\text{正棱锥侧}}=\frac{1}{2}nah'=\frac{1}{2}Ch'.$$

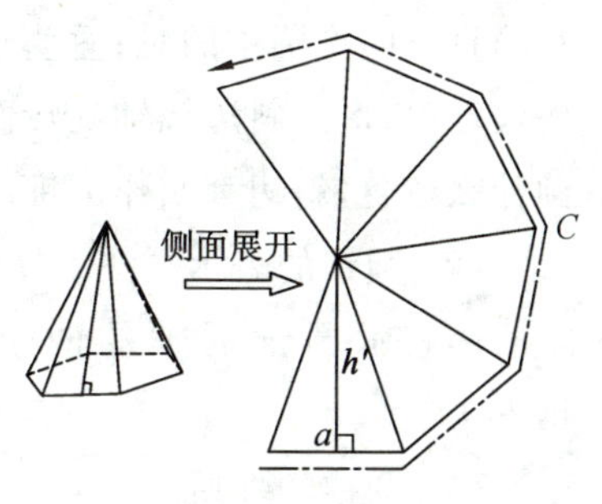

3. 圆柱　☆☆

(1) 圆柱的定义.

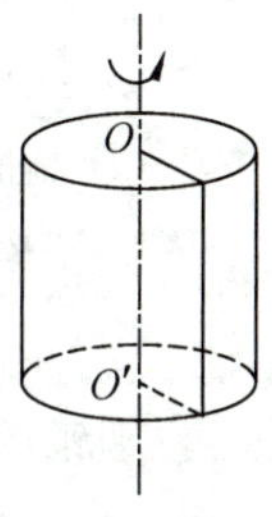

以矩形的一边所在的直线为旋转轴，将矩形旋转一周形成的曲面所围成的几何体叫作圆柱.这条直线叫作圆柱的轴，在轴上的这条边(或它的长度)叫作圆柱的高；垂直于轴的边旋转而成的圆面叫作圆柱的底面；不垂直于轴的边旋转而成的曲面叫作圆柱的侧面，无论旋转到什么位置，这条边都叫作侧面的母线.

(2) 圆柱的表示方法.

用表示圆柱的轴的两个字母表示,可记作圆柱 OO'.

(3) 圆柱的性质.

① 圆柱有两个互相平行的面,且这两个面是等圆面;

② 圆柱有无数条母线,其长度都相等,且都与轴平行;

③ 圆柱的侧面是曲面,其展开图是矩形.

(4) 圆柱的侧面积公式.

圆柱的侧面展开图是矩形,这个矩形的长等于圆柱的底面周长 C,宽等于圆柱的母线长 l,则

$$S_{圆柱侧}=Cl=2\pi rl.$$

4. 圆锥 ☆☆

(1) 圆锥的定义.

以直角三角形的一直角边所在的直线为旋转轴,将直角三角形分别旋转一周形成的曲面所围成的几何体叫作圆锥.这条直角边所在的直线叫作圆锥的轴;垂直于轴的边旋转而成的圆面叫作圆锥的底面;三角形的斜边绕轴旋转而成的曲面叫作圆锥的侧面;无论旋转到什么位置,斜边都叫作圆锥的母线.

(2) 圆锥的表示方法.

用表示圆锥的轴的两个字母表示,可记作圆锥 SO.

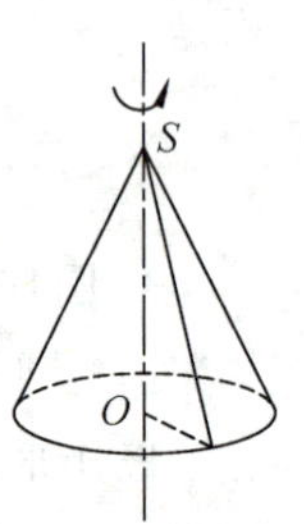

(3) 圆锥的性质.

① 底面是圆面;

② 侧面是曲面,其展开图是扇形;

③ 母线有无数条,其长度都相等且交于同一点.

(4) 圆锥的侧面积公式.

圆锥的侧面展开图是扇形,这个扇形的弧长等于圆锥的底面周长 C,半径等于圆锥的母线长 l,因此圆锥的侧面积是

$$S_{圆锥侧}=\frac{1}{2}Cl=\pi rl.$$

5. 柱、锥的体积公式　☆☆☆

(1) 棱柱、圆柱的体积公式.

$$V_{柱体}=Sh.$$

其中 $V_{柱体}$ 表示柱体的体积，S 表示柱体底面的面积，h 表示柱体的高.

(2) 棱锥、圆锥的体积公式.

$$V_{锥体}=\frac{1}{3}Sh.$$

其中 $V_{锥体}$ 表示锥体的体积，S 表示锥体底面的面积，h 表示锥体的高.

6. 球　☆☆

(1) 球的定义.

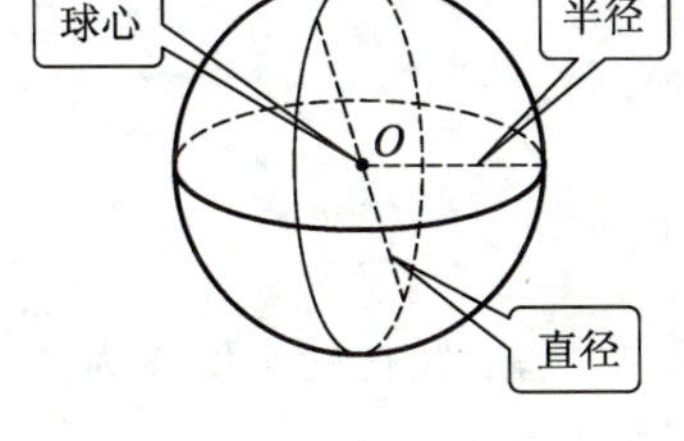

半圆以它的直径为旋转轴，旋转一周所形成的曲面叫作球面.球面所围成的几何体叫作球体，简称球.

球的各个元素如图所示：① 球心；② 球的半径；③ 球的直径.

(2) 球的表示方法.

用表示球心的字母表示，可记作球 O.

(3) 球的性质.

① 用一个平面去截一个球，截面是圆面. 球面被经过球心的平面截得的圆叫作球的大圆，被不经过球心的平面截得的圆叫作球的小圆.

② 球心和截面圆心的连线垂直于截面；

③ 球心到截面的距离 d 与球的半径 r，有下面的关系：

$$d=\sqrt{R^2-r^2}.$$

典型例题

例 如右图，已知圆柱的侧面展开图是一个矩形 $ABCD$，其中 AD 是一条母线，且矩形的对角线 $AC=8$ cm，$\angle BAC=30°$，求圆柱的全面积.

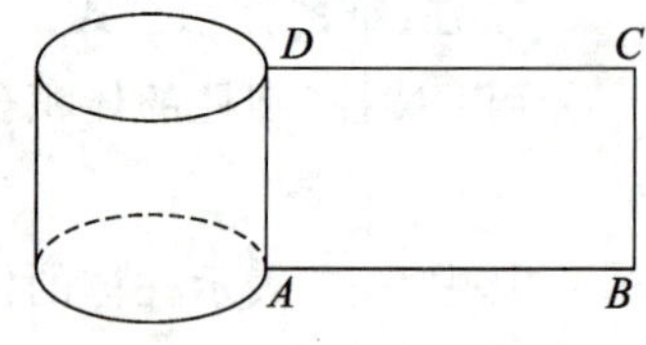

解： 由题意，得 $BC=AC\times\sin 30°=8\times\frac{1}{2}=4$ (cm)，$AB=AC\times\cos 30°=8\times\frac{\sqrt{3}}{2}=4\sqrt{3}$ (cm).

令圆柱底面圆的半径为 r，则 $AB=2\pi r$，解得 $r=\frac{4\sqrt{3}}{2\pi}$.

所以圆柱的全面积 $S=2S_{底}+S_{侧}=2\pi r^2+AB\times BC$

$$=2\pi\left(\frac{4\sqrt{3}}{2\pi}\right)^2+4\sqrt{3}\times 4$$

$$=\left(\frac{24}{\pi}+16\sqrt{3}\right)\ (\text{cm}^2).$$

答：圆柱的全面积为 $\left(\frac{24}{\pi}+16\sqrt{3}\right)\text{cm}^2$.

反思提炼： 圆柱的侧面展开图为矩形，计算其侧面积即求矩形的长和宽.圆柱的底面为两个全等的圆，求圆的面积即求半径大小.

第 10 章　排列组合与概率统计

10.1　计数原理

知识梳理

1. 分类计数原理　　☆☆

完成一件事,有 n 类办法,在第 1 类办法中有 m_1 种不同的方法,在第 2 类办法中有 m_2 种不同的方法,…,在第 n 类办法中有 m_n 种不同的方法,那么完成这件事共有 $N=m_1+m_2+\cdots+m_n$ 种不同的方法.

想一想: 书架上层有不同的数学书 15 本,中层有不同的语文书 18 本,下层有不同的物理书 7 本.现从中任取一本书,问有多少种不同的取法?

解析: 15+18+7=40(种).

2. 分步计数原理　　☆☆

完成一件事,需要分成 n 个步骤,做第 1 步有 m_1 种不同的方法,做第 2 步有 m_2 种不同的方法,…,做第 n 步有 m_n 种不同的方法,那么完成这件事共有 $N=m_1\times m_2\times\cdots\times m_n$ 种不同的方法.

想一想: 书架上层有不同的数学书 15 本,中层有不同的语文书 18 本,下层有不同的物理书 7 本.现从中取出数学、语文、物理书各一本,问有多少种不同的取法?

解析: 15×18×7=1 890(种).

3. 对两个计数原理的理解　　☆☆

(1) 分类计数原理又称加法原理,即完成这件事的方法总数等于各类方法数之和;分步计数原理又称乘法原理,即完成这件事的方法总数等于各步方法数之积.

(2) 两个计数原理的区别:**分类计数原理——一步完成;分步计数原理——一步不能完成,需多个步骤才能完成.**

典型例题

例 甲班有三好学生 8 人,乙班有三好学生 6 人,丙班有三好学生 9 人.

(1) 从这 3 个班中任选 1 名三好学生出席三好学生表彰会,有多少种不同的选法?

(2) 从这 3 个班中各选 1 名三好学生出席三好学生表彰会,有多少种不同的选法?

解:(1) 依分类计数原理,不同的选法种数是 $N=8+6+9=23$.

(2) 依分步计数原理,不同的选法种数是 $N=8\times6\times9=432$.

反思提炼: 分步计数原理针对的是“分步”问题,完成一件事要分为若干步,各个步骤相互依存,缺少任何其中的一步都不能完成该件事,只有当各个步骤都完成后,才算完成这件事.

10.2 排列组合

知识梳理

1. 排列 ☆☆☆

(1) 排列的概念.

从 n 个不同元素中,任取 $m(m\leqslant n)$ 个元素(这里的被取元素各不相同)按照一定的顺序排成一列,叫作从 n 个不同元素中取出 m 个元素的一个排列.

注: 当 $m<n$ 时,称排列为选排列;当 $m=n$ 时,称排列为全

排列.

(2) 排列数的概念.

从 n 个不同元素中,任取 $m(m\leqslant n)$个元素的所有排列的个数叫作从 n 个元素中取出 m 个元素的排列数,用符号 A_n^m 表示.

(3) 排列数公式.

$$A_n^m=n(n-1)(n-2)\cdots(n-m+1)$$

或

$$A_n^m=\frac{n!}{(n-m)!}(其中\ m\leqslant n,m,n\in\mathbf{Z}).$$

规定: $0!=1$.

想一想: 由数字 1,2,3,4 可以组成多少个无重复数字的三位数?

答案: $A_4^3=24$ 种.

(4) 排列问题的基本解题方法.

对有约束条件的排列问题,应注意如下类型: ① 某些元素不能在或必须排列在某一位置;② 某些元素要求连排(必须相邻);③ 某些元素要求分离(不能相邻).

基本的解题方法:

① 有特殊元素或特殊位置的排列问题,通常是先排特殊元素或特殊位置,称为优先处理特殊元素(位置)法(优先法);

② 某些元素要求必须相邻时,可以先将这些元素看作一个元素,与其他元素排列后,再考虑相邻元素的内部排列,这种方法称为"捆绑法";

③ 某些元素不相邻排列时,可以先排其他元素,再将这些不相邻元素插入已排好元素的间隙或两端位置,这种方法称为"插空法";

④ 在处理排列问题时,一般可采用直接和间接两种思维形式,从而寻求有效的解题途径,这是学好排列问题的根基.

2. 组合　☆☆☆

(1) 组合的概念.

一般地,从 n 个不同元素中取出 $m(m\leqslant n)$个元素并成一组,叫

作从 n 个不同元素中取出 m 个元素的一个组合.

说明:(1) 不同元素;(2)“只取不排”——无序性;(3) 相同组合:元素相同.

想一想:判断下列问题哪个是排列问题,哪个是组合问题.

(1) 从 A,B,C,D 四个景点选出 2 个进行游览;

(2) 从甲、乙、丙、丁四个学生中选出 2 人分别担任班长和团支部书记.

解析:(1)是组合问题;(2)是排列问题.

(2) 组合数的概念.

从 n 个不同元素中取出 $m(m\leqslant n)$ 个元素的所有组合的个数,叫作从 n 个不同元素中取出 m 个元素的组合数,用符号 C_n^m 表示.

(3) 组合数的公式.

$$C_n^m=\frac{A_n^m}{A_m^m}=\frac{n(n-1)(n-2)\cdots(n-m+1)}{m!}$$

或

$$C_n^m=\frac{n!}{m!\ (n-m)!}\ (n,m\in \mathbf{N}_+,m\leqslant n).$$

(4) 推广.

一般地,求从 n 个不同元素中取出 m 个元素的排列数 A_n^m,可以分如下两步:① 求从 n 个不同元素中取出 m 个元素的组合数 C_n^m;② 求每一个组合中 m 个元素的全排列数 A_m^m,根据分步计数原理得 $A_n^m=C_n^m\cdot A_m^m$.

(5) 组合数的性质.

① 性质 1:$C_n^m=C_n^{n-m}$.

说明:1° 我们规定 $C_n^0=1$.

2° 等式特点:等式两边下标同,上标之和等于下标.

3° 此性质作用:当 $m>\frac{n}{2}$时,计算 C_n^m 可变为计算 C_n^{n-m},能够使运算简化.

4° $C_n^x = C_n^y \Rightarrow x = y$ 或 $x + y = n$.

② 性质 2：$C_{n+1}^m = C_n^m + C_n^{m-1}$.

说明：1° 公式特征：下标相同而上标差 1 的两个组合数之和，等于下标比原下标多 1 而上标与大的相同的一个组合数.

2° 此性质的作用：恒等变形，简化运算.在今后学习二项式定理时，我们会看到它的主要应用.

推广：$C_n^0 + C_n^1 + C_n^2 + \cdots + C_n^{n-1} + C_n^n = 2^n$.

常用的等式：$C_k^0 = C_{k+1}^0 = C_k^k = C_{k+1}^{k+1} = 1$.

10.3　二项式定理

知识梳理

1. 二项式定理　☆☆☆

$(a+b)^n = C_n^0 a^n + C_n^1 a^{n-1} b^1 + C_n^2 a^{n-2} b^2 + \cdots + C_n^n b^n \ (n \in \mathbf{N}_+)$ 叫作二项式定理，右边的多项式叫作 $(a+b)^n$ 的二项展开式，它一共有 $n+1$ 项.

完全平方和公式：$(a+b)^2 = a^2 + 2ab + b^2$.

完全立方和公式：$(a+b)^3 = a^3 + 3a^2b + 3ab^2 + b^3$.

2. 二项展开式的通项　☆☆☆

$C_n^r a^{n-r} b^r$ 叫作二项展开式的第 $r+1$ 项（也称通项），用 T_{r+1} 表示，即 $T_{r+1} = C_n^r a^{n-r} b^r$.

想一想：请尝试写出 $(a+b)^4$ 的展开式.

答案：$(a+b)^4 = a^4 + 4a^3b + 6a^2b^2 + 4ab^3 + b^4$.

3. 二项式系数的性质　☆☆☆

$C_n^r\ (r = 0, 1, 2, \cdots, n)$ 叫作第 $r+1$ 项的二项式系数.

$(a+b)^n$ 的展开式的二次式系数，当 n 取正整数时可以表示成如下形式：

$(a+b)^1$ ………………………………… 1 1

$(a+b)^2$ ……………………………… 1 2 1

$(a+b)^3$ …………………………… 1 3 3 1

$(a+b)^4$ ………………………… 1 4 6 4 1

$(a+b)^5$ ……………………… 1 5 10 10 5 1

$(a+b)^6$ …………………… 1 6 15 20 15 6 1

…………

性质1：在二项展开式中，与首末两端“等距离”的两项的二项式系数相等，即 $C_n^m=C_n^{n-m}$，其中 $m=0,1,2,3,\cdots,n$.

性质2：如果二项式的幂指数是偶数，那么中间一项的二项式系数最大；如果二项式的幂指数是奇数，那么中间两项的二项式系数最大.

性质3：$C_n^0+C_n^1+C_n^2+\cdots+C_n^k+\cdots+C_n^n=2^n$.

性质4：$(a+b)^n$ 的展开式中，奇数项的二项式系数的和等于偶数项的二项式系数和，即

$$C_n^0+C_n^2+C_n^4+\cdots=C_n^1+C_n^3+C_n^5+\cdots=2^{n-1}.$$

✽ **小贴士**：(1) $(a+b)^n$ 中，$n\in\mathbf{N}_+$，a，b 为任意实数.

(2) 二项展开式中各项之间用“+”连接.

(3) 二项式系数依次为组合数 $C_n^0,C_n^1,\cdots,C_n^r,\cdots,C_n^n$.

(4) $(a+b)^n$ 的二项展开式中，字母 a 的幂指数按降幂排列，从第一项开始，次数由 n 逐次减1直至0；字母 b 的幂指数按升幂排列，从第一项开始，次数由0逐次加1直至 n.

典型例题

例 已知二项式 $\left(x^2+\dfrac{1}{2\sqrt{x}}\right)^{10}$，求展开式中的第5项.

解：$\left(x^2+\dfrac{1}{2\sqrt{x}}\right)^{10}$ 的展开式的第5项为

$$T_5=C_{10}^4\cdot(x^2)^6\cdot\left(\frac{1}{2\sqrt{x}}\right)^4$$

$$=C_{10}^{4}\cdot\left(\frac{1}{2}\right)^{4}\cdot x^{12}\cdot\left(\frac{1}{\sqrt{x}}\right)^{4}=\frac{105}{8}x^{10}.$$

反思提炼： 直接利用通项公式 $T_{r+1}=C_n^r a^{n-r}b^r$ 求解，令 $r=4$，即可求出.

10.4　随机事件和概率

1. 随机事件　☆

(1) 随机试验：如果一个试验在相同的条件下可以重复进行，且每次试验的结果事先不可预知，则称此试验为随机试验，简称试验.

(2) 古典概型：在随机试验中，如果其可能出现的结果只有有限个，且它们出现的机会是均等的，我们称这样的随机试验为古典概型.

(3) 样本空间：我们把一个随机试验的一切可能结果构成的集合叫作这个试验的样本空间.通常用大写字母 Ω 表示.

(4) 随机事件：我们把样本空间的子集叫作随机事件，简称为事件.常用大写字母 A,B,C 等表示.

2. 事件的分类及表示方法　☆

(1) 基本事件：只含有一个元素的事件叫作基本事件.

(2) 不可能事件：我们把某一试验中不可能发生的事件叫作不可能事件.

(3) 必然事件：在做某一试验时，必然发生的事件叫作必然事件.

其中，必然事件与不可能事件统称为一定条件下的确定事件，简称确定事件.

(4) 用 A,B,C 等大写英文字母表示随机事件，分别用 $\varnothing$ 和 Ω

表示不可能事件和必然事件.

3. 频率和概率 ☆

(1) 在相同的条件下做试验,重复试验 n 次,把随机事件 A 出现的次数 μ 叫作频数,把比值 $\frac{\mu}{n}$ 叫作频率.

(2) 在相同的条件下重复进行 n 次试验,若事件 A 发生的频率 $\frac{\mu}{n}$ 随着试验次数 n 的增加而稳定地在某个常数 P_0 附近摆动,则称 P_0 为事件 A 出现的概率,记作 $P(A)$. 事件 A 出现的概率大小范围: $0 \leqslant P(A) \leqslant 1$.

(3) 频率和概率之间的关系.

① 频率是概率的近似值,随着试验次数的增加,频率会越来越接近概率.在实际问题中,随机事件的概率未知,常用大量重复试验中事件发生的频率作为它的估计值.

② 频率是随机的,是一个变量,在试验前不能确定,且可能会随着试验次数的改变而改变,它反映的是某一随机事件出现的频繁程度,反映了随机事件出现的可能性大小,近似反映了概率的大小.比如,全班同学都做了 5 次掷硬币的试验,但得到正面向上的频率可以是不同的.

③ 概率是一个确定的常数,是客观存在的,它是频率的科学抽象,与每次试验无关,不随试验结果的改变而改变,从数量上反映随机事件发生的可能性大小.例如,如果一枚硬币质地均匀,则掷一枚硬币出现正面向上的概率是 0.5,与做多少次试验无关.

典型例题

例 在以下事件中,哪些是必然事件,哪些是不可能事件,哪些是随机事件?

① 三角形的内角和是 $180°$;

② 某出租车司机驾车通过几个交通路口都将遇到绿灯；

③ 掷一颗骰子，点数为 3；

④ 期末数学测试，你得 95 分；

⑤ 掷一颗骰子两次，朝上一面的数字之和大于 12；

⑥ $4-3>2$.

解： ①⑤是必然事件；⑥是不可能事件；②③④是随机事件.

反思提炼： 随机事件、不可能事件、必然事件的判断问题，主要依据的是三类事件的概念，判断的关键是弄清各个事件的条件与结果.

10.5　概率的简单性质

知识梳理

1. 互斥事件　☆☆

(1) 互斥事件：如果事件 A 与事件 B 不能同时发生，即 $A\cap B=\varnothing$，那么称 A 与 B 为互斥事件.

一般地，事件 A 与事件 B 至少有一个发生的事件称为事件 A 与事件 B 的和，记为 $A\cup B$. $P(A\cup B)$表示事件 A 或事件 B 发生的概率.

一般地，如果事件 $A_1,A_2,\cdots,A_n$ 彼此互斥，那么事件 $A_1\cup A_2\cup\cdots\cup A_n$ 发生($A_1,A_2,\cdots,A_n$ 中至少有一个发生)的概率，等于这些事件分别发生的概率的和.

(2) 互斥事件的概率加法公式：在一个随机试验中，如果事件 A,B 互斥，那么事件 $A\cup B$ 发生的概率等于事件 A,B 分别发生的概率的和，即 $P(A\cup B)=P(A)+P(B)$，这就是互斥事件的概率加法公式.

如果事件 $A_1,A_2,\cdots,A_n$ 两两互斥，那么 $P(A_1\cup A_2\cup\cdots\cup A_n)=P(A_1)+P(A_2)+\cdots+P(A_n)$.

2. 对立事件　☆☆

若两个互斥事件必有一个发生，则称这两个事件为对立事件.即如果 A,B 为互斥事件，$A\cap B=\varnothing$ 且 $A\cup B=\Omega$，那么称 A,B 为对立事件.若 B 为 A 的对立事件，则记 $B=\bar{A}$.

因为 $P(A\cup\bar{A})=P(A)+P(\bar{A})=1$，所以 $P(\bar{A})=1-P(A)$ **(反概率公式)**.

3. 互斥事件与对立事件的关系　☆☆

对立事件一定是互斥事件，而互斥事件不一定是对立事件.

(1) 事件 A 与事件 B 对立是指事件 A 与事件 B 在一次试验中有且仅有一个发生，事件 A 与事件 B 在一次试验中不会同时发生.

(2) 对立事件是针对两个事件来说的.一般地，两个事件是对立事件，则两个事件必是互斥事件；反之，两个事件是互斥事件，但未必是对立事件.

(3) 对立事件是一种特殊的互斥事件，若事件 A 与事件 B 是对立事件，则事件 A 与 B 互斥且 $A+B$ 为必然事件.对立事件是一次试验中“非此即彼”的两个事件.

(4) 从集合的角度来看，事件 A 的对立事件是全集中由事件 A 所含结果组成的集合的补集 $\bar{A}$，如右图所示.

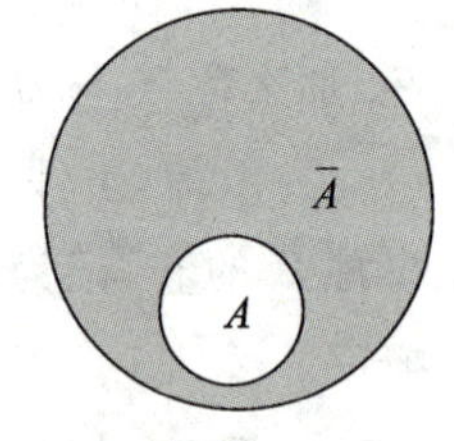

典型例题

例　一射手命中 10 环、9 环、8 环的概率分别为 0.45，0.35，0.1.求他至多命中 7 环的概率.

解： 设事件 $A=\{$命中 10 环$\}$，事件 $B=\{$命中 9 环$\}$，

事件 $C=\{$命中 8 环$\}$，事件 $D=\{$至多命中 7 环$\}$.

则事件 A,B,C 两两互斥，事件 D 与和事件 $E=A+B+C$ 为对立事件.

$$P(D)=1-P(E)=1-(0.45+0.35+0.1)=0.1.$$

反思提炼：互斥事件主要看两者是否同时发生，若不能同时发生，则为互斥事件；对立事件既要判断两者是否同时发生，也要判断必有一个发生，然后用公式求解概率.

10.6　等可能事件的概率

1. 等可能事件　　☆☆☆

在一个试验中，有那么一些随机事件 $A_1, A_2, \cdots, A_n$，它们是试验的最基本结果，表现在：① 每次试验的结果总是 $A_1, A_2, \cdots, A_n$ 之一，不可能出现这 n 个随机事件之外的情况；② 它们彼此之间互斥；③ 它们发生的可能性相等.

我们把具有以上特征的随机事件 $A_i(i=1,2,3,\cdots,n)$ 叫作等可能基本事件(或基本事件).

全体等可能基本事件构成的集合 $\Omega=\{A_1, A_2, \cdots, A_n\}$ 为这个试验的全集.

2. 古典概型　　☆☆☆

若试验出现的结果即基本事件只有有限个，且发生每一个基本事件，即出现每一个试验结果的可能性是相同的，需要计算概率的随机事件是由基本事件全集中某些元素合成的，则这类概率问题属于古典概型.

一般地，在古典概型中，如果基本事件的总数为 n，那么任一基本事件 $A_i(i=1,2,3,\cdots,n)$ 发生的概率为 $P(A_i)=\frac{1}{n}$；而包含 m 个基本事件的事件 A 的概率为

$$P(A)=\frac{m}{n}=\frac{\text{事件 }A\text{ 包含的基本事件数}}{\text{基本事件总数}},$$

这种概率叫作古典概率.

3. 几何概型　☆☆☆

(1) 几何概型的定义.

对于一个随机试验,我们将每个基本事件理解为从某个特定的几何区域内随机地取一点,该区域中每一点被取到的机会都一样;而一个随机事件的发生则理解为恰好取到上述区域内的某个指定区域中的点,这个区域可以是线段、平面图形、立体图形等,用这种方法处理随机试验,称为几何概型.

(2) 几何概型的特点.

试验中所有可能出现的基本事件有无限多个;每个基本事件出现的可能性相等.

(3) 几何概型求事件 A 的概率公式.

$$P(A)=\frac{\text{构成事件 } A \text{ 的区域长度(面积或体积)}}{\text{试验的全部结果构成的区域长度(面积或体积)}}.$$

注: ① 公式中的“长度”并不是实际意义上的长度,有些书上把它叫作“测度”,测度的意义依试验的全部结果构成的区域而定,当区域是线段、平面图形和立体图形时,相应的“测度”分别是长度、面积和体积等;② 当试验的全部结果所构成的区域长度一定时,事件 A 的概率只与构成 A 的区域长度有关,而与 A 的位置和形状无关.

想一想: 在 500 mL 的水中有一条草履虫,现在从中随机取出 2 mL 水样放到显微镜下观察,则发现草履虫的概率是__________.

答案: 0.004.

典型例题

例　一个盒子内放有 10 个大小相同的小球,其中有 7 个红球,2 个绿球,1 个黄球.现从中任取一个球,求取到红球的概率.

解: 10 个球中任取 1 个,共有 10 种不同结果,基本事件总数 n 为 10,假设把取得红球记为事件 A,那么事件 A 相当于从 7 个红球

中任取 1 个，有 7 种情况，即组成事件 A 的基本事件个数 m 为 7，所以 $P(A)=0.7$.

反思提炼： 解决古典概型题型的关键就是确定事件之间的关系，特别是对立事件，时常选择从反面考虑更为简单.

10.7　总体、样本和抽样方法

知识梳理

1. 总体、个体、样本及样本容量　☆☆

（1）普查与抽样调查.

调查是收集数据的一种重要方法，调查方法包括普查与抽样调查.

普查是为一特定目的而对所有考察对象所作的全面调查.

抽样调查是为一特定目的而对部分考察对象所作的调查.

普查与抽样调查的优、缺点比较见下表.

调查方法	优点	缺点
普查	调查结果精确	耗费大量的人力、物力、财力和时间，浪费资源
抽样调查	调查范围小，节省人力、物力、财力和时间	调查结果不如普查精确，受样本容量大小及其代表性影响较大

（2）总体、个体、样本及样本容量.

总体： 所要考察对象的全体.

个体： 组成总体的每一个考察对象.

样本： 从总体中所抽取的一部分个体.

样本容量： 样本中所含个体的数目（样本容量一般占总体的 1%～20%）.

2. 简单随机抽样 ☆

（1）抽签法.

用抽签法从个数为 N 的总体中不重复地取出一个容量为 $k(k<N)$ 的样本的步骤是：

① 将总体中的所有个体编号(号码从 1 到 N)；

② 将 1 到 N 这 N 个号码写在形状、大小相同的号签上；

③ 将号签放入同一个箱子中，并搅拌均匀；

④ 从箱子中每次抽 1 个号签，并记录其号码，连续取出 k 次；

⑤ 从总体中将与抽到的签的编号相一致的个体取出.

（2）随机数表法.

随机数表的制作本身就保证了每个位置上的数字是等可能出现的(一般由计算机随机生成)，用随机数表抽取样本时，先从表中随意选定一个数作为开始，再任意确定读数的方向(向左、向右、向上或向下等)，这都保证了抽样的客观性和公平性.

简单随机抽样必须具备下列特点：

① 简单随机抽样要求被抽取的总体个数 N 是有限的；

② 简单随机抽样样本数 k 小于等于总体的个数 N；

③ 简单随机样本是从总体中逐个抽取的；

④ 简单随机抽样是一种不放回的抽样；

⑤ 简单随机抽样的每个个体入样的可能性均为$\frac{k}{N}$.

3. 系统抽样与分层抽样 ☆☆

（1）系统抽样：把总体中的每一个个体编上号(学号)，按照某种相等的间隔抽取样本的方法叫作系统抽样，系统抽样又称为等距离抽样或机械抽样.

具体操作方法是：

① 将总体中的每一个个体编上号；

② 确定样本组距，当总体中的个体的总数为 n，样本容量为 k

时，以最接近$\frac{n}{k}$的整数为间隔；

③ 确定起始号码；

④ 用简单随机抽样法依次将个体抽出.

（2）分层抽样：一般地，若个体之间有着明显的层次差异，用简单随机抽样的方式抽取样本，可能会使样本中各层次的比例与其在总体的比例产生较大的差距，特别在样本容量较小时差距就更易发生.这时，为了使样本在宏观上具有更好的代表性，常常将总体中的个体按不同的特点分成层次分明的几个部分，然后按各部分在总体中所占比例进行抽样，这样抽样的方法称分层抽样.

分层抽样的一般操作步骤如下：

① 将总体按一定的标准分成几部分（或几类）；

② 计算各部分个体数与总体的个体数的比；

③ 按各部分个体数所占比例确定各部分应抽取的样本容量；

④ 在每一部分进行抽样（用简单随机抽样或系统抽样）.

（3）简单随机抽样、系统抽样与分层抽样的适用范围及优点归纳见下表.

类型	适用范围	优点
简单随机抽样	总体中个体个数较少	简单易行
系统抽样	总体中个体个数较多	样本分布均匀
分层抽样	总体由差异明显的几部分组成	样本有较强的代表性

典型例题

例　某公司共有 300 名职工，其中决策层有 10 人，管理层有 50 人，中层有 80 人，一般职工有 160 人，从中选出 60 名代表召开职工代表大会，问这 60 名代表应如何产生？

解：因为总体 $N=300$，样本 $k=60$，

所以$\frac{k}{N}=\frac{60}{300}=\frac{1}{5}$为每个个体被抽到的可能性大小，于是：

决策层代表为 $10\times\frac{1}{5}=2$(人)；

管理层代表为 $50\times\frac{1}{5}=10$(人)；

中层代表为 $80\times\frac{1}{5}=16$(人)；

一般职工代表为 $160\times\frac{1}{5}=32$(人).

反思提炼： 分层抽样是按比例抽样，相互之间的比值是相等的.

10.8 总体分布估计

知识梳理

1. 频率分布表及频率分布直方图 ☆☆

(1) 频数、频率、极差、组距的定义.

频数：总体中个体在某区间或某组内的个数；

频率：总体中各组个体数占总体个数的百分比；

极差：样本中最大值与最小值之差；

组距：组间数据跨度.

(2) 频数、频率分布表及频率分布直方图的制作步骤.

第一步：将样本中的数据排序，确定极差；

第二步：决定组距(分成的区间的长度)、确定分组数和分组点，分组数=极差/组距；

第三步：确定各组分点，既要把全部数据包括在内，又要使每个数据在一个确定的组内，一般取比数据多一位小数，且把第一组起点减小一点；

第四步：统计各组中样本数据出现的频数并计算相应的频率，制作频数、频率分布表；

第五步：绘制频率分布直方图(建立直角坐标系，以横轴表示数据，纵轴表示$\frac{频率}{组距}$).

2. 通过样本的频率分布估计总体分布 ☆

(1) 当总体中的个数取不同数值且很少时，其频率分布表由所取样本的不同数值及其相应的频率来表示，其几何表示就是相应的直方图(建立直角坐标系，以横轴表示数据，纵轴表示$\frac{频率}{组距}$)，如射击的环数，掷单粒骰子时出现的点数等.

(2) 当总体中的个体取不同值且较多甚至无限时，此时需要对样本数据进行整理，其频率分布表列出的是在各个不同区间内取值的频率，相应的直方图是用图形面积的大小来表示在各个区间内取值的频率.

画第二种情况频率分布直方图的步骤是：

① 计算最大值与最小值的差；

② 决定组距与组数；

③ 决定分点，通常使分点比数据多一位小数且把第一小组的起点稍微减小一点，如减少 0.5；

④ 列出频率分布表；

⑤ 画出频率分布直方图.

频率直方图的性质：

① 各矩形面积的和为 1；

② 任取两个组分点 $a,b(a<b)$构成区间$[a,b)$，则样本中落在这个区间内的数据个数所占比率正好等于该区间上各矩形面积之和.

(3) 频率分布将随着样本容量的增大而更加接近总体分布，当样本容量无限增大且分组的组距无限缩小时，频率分布直方图就会演变成一条光滑曲线——反映总体分布的概率密度曲线.正因为频率分布与相应的总体分布的这个关系，通常是从总体中抽取一个样本，用样本的频率分布去估计相应的总体分布.

例 为了了解某地区高三学生的身体发育情况，抽查了地区内100名年龄为17.5岁～18岁的男生的体重情况，结果如下(单位：kg)：

56.5	69.5	65	61.5	64.5	66.5	64	64.5	76	58.5
72	73.5	56	67	70	57.5	65.5	68	71	75
62	68.5	62.5	66	59.5	63.5	64.5	67.5	73	68
55	72	66.5	74	63	60	55.5	70	64.5	58
64	70.5	57	62.5	65	69	71.5	73	62	58
76	71	66	63.5	56	59.5	63.5	65	70	74.5
68.5	64	55.5	72.5	66.5	68	76	57.5	60	71.5
57	69.5	74	64.5	59	61.5	67	68	63.5	58
59	65.5	62.5	69.5	72	64.5	75.5	68.5	64	62
65.5	58.5	67.5	70.5	65	66	66.5	70	63	59.5

请列出频率分布表以及画出频率分布直方图.

解： 第一步(计算极差).求最大值与最小值的差.在上述数据中，最大值是76，最小值是55，它们的差(又称为极差)是76－55＝21(所得的差告诉我们，这组数据的变动范围有多大).

第二步(确定组距与组数).如果将组距定为2，那么由21÷2＝10.5，确定组数为11，这个组数是适合的.于是组距为2，组数为11.

第三步(决定分点).根据本例中数据的特点，第1小组的起点可取为54.5，第1小组的终点可取为56.5，为了避免一个数据既是起点，又是终点，从而造成重复计算，我们规定分组的区间是“左闭右开”

的.这样,所得到的分组是[54.5,56.5),[56.5,58.5),…,[74.5,76.5).

第四步(列频率分布表).频率分布表如下:

分组	频数	频率
[54.5,56.5)	2	0.02
[56.5,58.5)	6	0.06
[58.5,60.5)	10	0.10
[60.5,62.5)	10	0.10
[62.5,64.5)	14	0.14
[64.5,66.5)	16	0.16
[66.5,68.5)	13	0.13
[68.5,70.5)	11	0.11
[70.5,72.5)	8	0.08
[72.5,74.5)	7	0.07
[74.5,76.5)	3	0.03
合计	100	1.00

第五步(绘制频率分布直方图).频率分布直方图如下图所示.

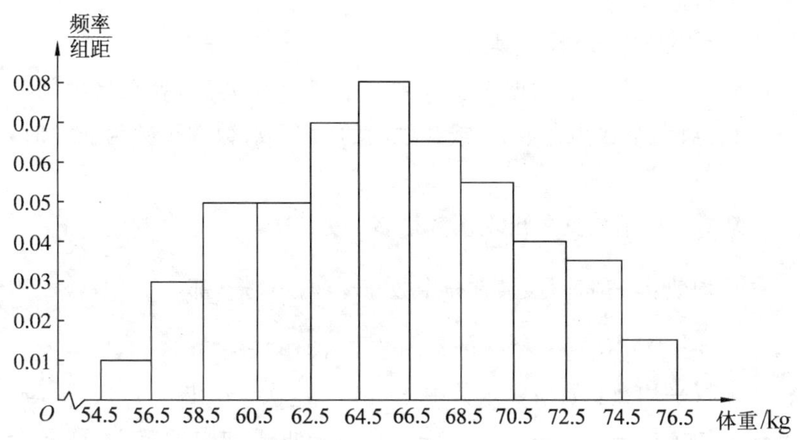

由于图中各小长方形的面积等于相应各组的频率,这个图形的面积的形式反映了数据落在各个小组的频率的大小.在反映样本的频率分布方面,频率分布表比较确切,频率分布直方图比较直观,它们起着相互补充的作用.

反思提炼:在画频率分布直方图时,纵向坐标应是$\frac{频率}{组距}$.通过制作频率分布表,可加强解决某些实际问题的意识.

10.9 总体特征值估计

1. 中位数、众数、平均数 ☆

(1) 总体特征数.

通常把能反映总体某种特征的量称为总体特征数.总体特征数一般包括中位数、众数、平均数、方差与标准差.

总体特征数能刻画总体的水平、特征,但是描述角度有所不同.

实际中通过收集数据、整理分析数据,可以用样本的特征数估计总体的特征数.

(2) 中位数、众数、平均数.

中位数:将一组数据按从大到小的顺序排列后,处在最中间的一个数(数据个数为奇数时)或最中间的两个数(数据个数为偶数时)的平均数.

众数:样本数据中出现次数最多的数.

平均数:一般地,如果有 n 个数 $x_1, x_2, \cdots, x_n$,那么 $\bar{x}=\frac{1}{n}(x_1+x_2+\cdots+x_n)$叫作这 n 个数的平均数 $\bar{x}$,读作"x 拔".

加权平均数:如果 n 个数中,x_1出现 f_1次, x_2出现 f_2次,$\cdots$,x_n出现 f_n次($f_1+f_2+\cdots+f_n=n$),那么根据平均数的定义,这 n 个

数的平均数可以表示为 $\bar{x}=\frac{1}{n}(x_1f_1+x_2f_2+\cdots+x_nf_n)$，这样求得的平均数 $\bar{x}$ 叫作加权平均数，其中 $f_1,f_2,\cdots,f_n$ 叫作权.

样本平均数：样本中所有个体的平均数.

总体平均数：总体中所有个体的平均数.在统计中，通常用样本平均数估计总体平均数.

(3) 平均数的计算方法.

① 定义法：当所给数据 $x_1,x_2,\cdots,x_n$ 比较分散时，一般采用定义法，公式 $\bar{x}=\frac{1}{n}(x_1+x_2+\cdots+x_n)$.

② 新数据法：当所给数据都在某一常数 a 的上下波动时，一般选用简化公式 $\bar{x}=\bar{x}'+a$，其中常数 a 通常取接近于这组数据的平均数的较“整”的数，$x_1'=x_1-a$，$x_2'=x_2-a$，$\cdots$，$x_n'=x_n-a$，$\bar{x}'=\frac{1}{n}(x_1'+x_2'+\cdots+x_n')$.

③ 加权平均数法：当所给数据重复出现时，一般选用加权平均数公式 $\bar{x}=\frac{1}{n}(x_1f_1+x_2f_2+\cdots+x_nf_n)$.

④ 频率法：一般地，若取值为 $x_1,x_2,\cdots,x_n$ 的频率分别为 p_1，$p_2,\cdots,p_n$，则其平均数 $\bar{x}=x_1p_1+x_2p_2+\cdots+x_np_n$.

⑤ 组中值法：若样本为 n 组连续型数据，则样本的平均数＝组中值与对应频率之积的和.

(4) 平均数的意义.

平均数反映了一组数据的集中趋势，它是一组数据的“重心”，是度量一组数据波动大小的基准.

说明：① 用平均数估计样本特征的优点.一组数据的平均数能够使各数与平均数的差的平方和最小，因而能较好地反映数据的波动情况，即反映了一组数据的集中趋势.平均数与每一个样本数据都有关，所以任何一个样本数据的改变都会引起平均数的改变.因此，平均数可以反映出更多关于样本数据全体的信息.

② 用平均数估计样本特征的缺点.平均数受样本中的每一个数据的影响.当样本数据比较差时,使用平均数描述数据的中心位置可能与实际情况产生较大的误差.

2. 方差与标准差 ☆☆

(1) 极差.

把一组数据的最大值与最小值的差称为极差.

极差较大,数据点较分散;极差较小,数据点较集中、较稳定.运用极差对两组数据进行比较,操作简单方便,适合于两组数据集中程度差异较大的样本.

(2) 方差、标准差.

一般地,设一组样本数据 $x_1,x_2,\cdots,x_n$,其平均数为 $\bar{x}$,则称

$$s^2=\frac{1}{n}[(x_1-\bar{x})^2+(x_2-\bar{x})^2+\cdots+(x_n-\bar{x})^2]=\frac{1}{n}\sum_{i=1}^{n}(x_i-\bar{x})^2$$

为这个样本的方差,其算术平方根 $s=\sqrt{\frac{1}{n}\sum_{i=1}^{n}(x_i-\bar{x})^2}$ 为样本的标准差,分别简称为样本方差、样本标准差.

说明: ① 方差、标准差描述了一组数据围绕平均数波动的大小.方差、标准差越大,数据的离散程度越大;方差、标准差越小,数据的离散程度越小.

② 方差、标准差的取值范围为$[0,+\infty)$.方差、标准差为0时,样本各数据全相等,表明数据没有波动幅度,数据没有离散性.

③ 方差、标准差是以平均数为中心来描述数据离散程度的,所以平均数是求方差、标准差的前提.

④ 因为方差与原始数据的单位不同,且平方后可能夸大了偏差的程度,所以虽然方差与标准差在刻画样本数据的离散程度上是一样的,但在解决实际问题时,一般采用标准差.

典型例题

例 甲、乙两种棉花苗中各抽 10 株，测得它们的株高分别如下：(单位：cm)

甲：25 41 40 37 22 14 19 39 21 42

乙：27 16 44 27 44 16 40 40 16 40

估计两种棉花苗总体的长势：

(1) 哪种棉花的苗长得高一些；

(2) 哪种棉花的苗长得整齐一些.

解：(1) $\bar{x}_{甲}=30$，$\bar{x}_{乙}=31$.

从棉花株长样本的平均值来看，乙种棉花的苗长得高一些.

(2) $s_{甲}{}^2=\frac{1}{10}[(25-30)^2+(41-30)^2+\cdots+(42-30)^2]=104.2$，

$s_{乙}{}^2=\frac{1}{10}[(27-31)^2+(16-31)^2+\cdots+(40-31)^2]=128.8$.

因为 $s_{甲}{}^2<s_{乙}{}^2$，所以甲种棉花苗的株高比较平稳，即苗的长势比较整齐.

反思提炼：均值是反映样本的水平，而方差是反映样本的稳定性，数值越小越稳定.

第11章 选 修

11.1 逻辑代数初步

知识梳理

1. 数位、基数、位权数 ☆

数位：数码所在的位置叫数位.例如，个位、十位.

基数：每个数位上可以使用的数码的个数叫作计数制的基数.

位权数：每个位数所代表的数叫作位权数.

十进制位权数见下表：

位置	整数部分				小数部分		
	…	第 3 位	第 2 位	第 1 位	第 1 位	第 2 位	第 3 位
位权数	…	10^2	10^1	10^0	10^{-1}	10^{-2}	…

二进制位权数见下表：

位置	整数部分			
	…	第 3 位	第 2 位	第 1 位
位权数	…	2^2	2^1	2^0

按权展开式：各个数位的数码与其位权数相乘再相加.

例如：十进制数 $365=3\times10^2+6\times10^1+5\times10^0$，

$2.68=2\times10^0+6\times10^{-1}+8\times10^{-2}$.

想一想：$(101011)_2$ 如何用按权展开式展开？

解析：与十进制数按权展开的区别在于位权数不同.

$(101011)_2=1\times2^5+0\times2^4+1\times2^3+0\times2^2+1\times2^1+1\times2^0$

2. 十进制数与二进制数的互换 ☆☆

十进制数转化为二进制数：除 2 倒取余数法.

二进制数转化为十进制数：按权展开法.

想一想：$(101)_2=($________$)_{10}$；$(38)_{10}=($________$)_2$.

解析：$(101)_2=1\times2^2+1\times2^0=(5)_{10}$.

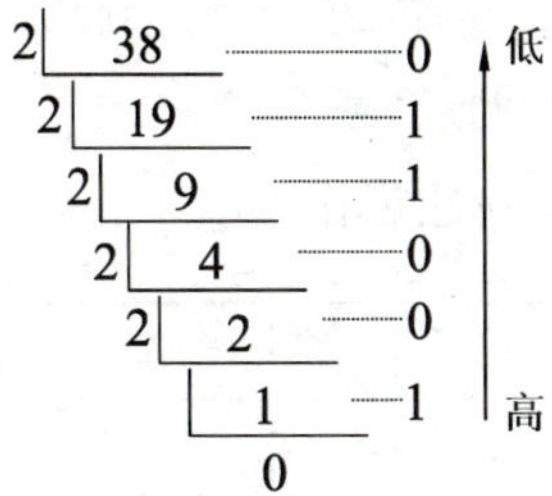

$(38)_{10}=(100110)_2$.

答案：5，100110.

✻ 小贴士：

(1) 利用按权展开法得到十进制数时，数位上的数为 0 时该项可以不写，不影响数值，要注意 $2^0=1$，整数第 1 位的数为 1 时，该项不能省略；

(2) 十进制转化为二进制时，最后要“倒”取余数.

3.命题、真命题、假命题 ☆

命题：能够判断真假的语句，通常用小写字母 p,q,r 等表示.

真命题：正确的命题.

假命题：错误的命题.

✻ 小贴士：只有能判断真假的陈述句才是命题，无所谓真假的句子，如感叹句、疑问句、祈使句等都不是命题.

想一想：下列句子中，哪些是命题？如果是，指出它是真命题还是假命题.

(1) $3>5$;

(2) 太阳从东方升起;

(3) $x=y$;

(4) 今天天气真好呀!

(5) 今天买彩票会中奖.

(6) 2 是最小的质数.

解析: (1)(2)(6)是命题,其中(1)是假命题,(2)(6)是真命题.

4. 常用联结词"非""且""或"　☆☆

"非":命题 p 的非命题记作 $\neg p$.

p	$\neg p$
真	假
假	真

"且":p 且 q 的复合命题记作 $p\wedge q$.

p	q	$p\wedge q$
真	真	真
真	假	假
假	真	假
假	假	假

"或":p 或 q 的复合命题记作 $p\vee q$.

p	q	$p\vee q$
真	真	真
真	假	真
假	真	真
假	假	假

5. “与”“或”“非”运算 ☆☆

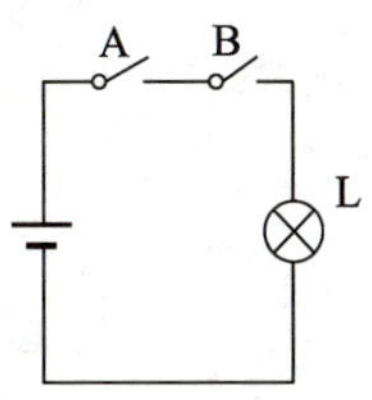

“与”运算：一个事件的发生依赖于两个条件，当且仅当这两个条件同时成立时，这个事件才发生，我们称这种逻辑关系为“与”逻辑.右图中灯 L 与开关 A，B 的关系就是逻辑与（也叫作逻辑乘），记作 L＝A·B.“与”运算的真值表如下：

A	B	A·B
1	1	1·1=1
1	0	1·0=0
0	1	0·1=0
0	0	0·0=0

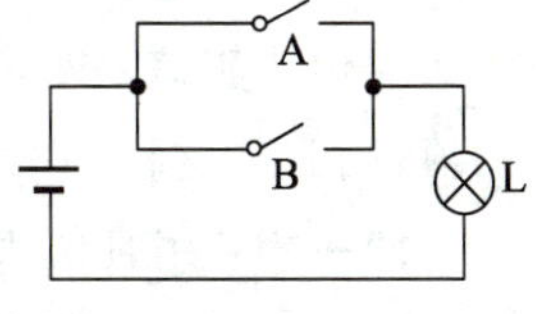

“或”运算：一个事件的发生依赖于两个条件，当这两个条件中至少有一个成立时，这个事件发生，我们称这种逻辑关系为“或”逻辑关系.右图中灯 L 与开关 A，B 的关系就是逻辑或（也叫逻辑加），记作 L＝A＋B.“或”运算的真值表如下：

A	B	A+B
1	1	1+1=1
1	0	1+0=1
0	1	0+1=1
0	0	0+0=0

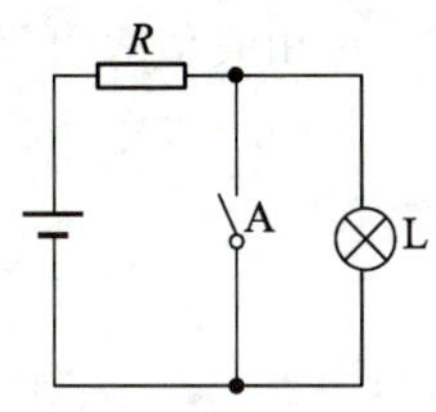

“非”运算：一个事件的发生依赖于一个条件，当这个条件成立时，这个事件不发生；反之，当这个条件不成立时，这个事件发生.我们称这种逻辑关系为“非”逻辑关系.右图中灯 L 与开

关 A 的关系就是逻辑非，记作 $L=\overline{A}$."非"运算的真值表如下：

A	$\overline{A}$
1	0
0	1

"与""或""非"运算的运算优先级：先算"非"，再算"与"，最后算"或".

6. 逻辑式、真值表、等值逻辑式 ☆

逻辑式：由常量 1,0 以及逻辑变量经逻辑运算构成的式子叫作逻辑代数式，简称逻辑式.

真值表：列出逻辑变量的一切可能取值与相应的逻辑式的值的表，叫作逻辑式的真值表.

等值逻辑式：如果对于逻辑变量的任何一组取值，两个逻辑式的值都相等，这样的两个逻辑式叫作等值逻辑式.

想一想：用真值表验证 $\overline{A+B}=\overline{A}\cdot\overline{B}$ 是否成立.

解析：列出真值表.

A	B	$A+B$	$\overline{A+B}$	$\overline{A}$	$\overline{B}$	$\overline{A}\cdot\overline{B}$
1	1	1	0	0	0	0
1	0	1	0	0	1	0
0	1	1	0	1	0	0
0	0	0	1	1	1	1

由真值表可得 $\overline{A+B}=\overline{A}\cdot\overline{B}$ 成立.

7. 常用逻辑运算律 ☆☆☆

运算律名称	运算律公式表示	
0—1 律	$0 \cdot A=0$	$1+A=1$
自等律	$1 \cdot A=A$	$0+A=A$
重叠律	$A \cdot A=A$	$A+A=A$
互补律	$A \cdot \overline{A}=0$	$A+\overline{A}=1$
交换律	$A \cdot B=B \cdot A$	$A+B=B+A$
结合律	$A \cdot (B \cdot C)=(A \cdot B) \cdot C$	$A+(B+C)=(A+B)+C$
分配律	$A \cdot (B+C)=A \cdot B+A \cdot C$	$A+(B \cdot C)=(A+B) \cdot (A+C)$
吸收律	$A+A \cdot B=A$	$A \cdot (A+B)=A$
反演律	$\overline{A \cdot B}=\overline{A}+\overline{B}$	$\overline{A+B}=\overline{A} \cdot \overline{B}$
还原律	$\overline{\overline{A}}=A$	

✻ **小贴士：** 运用上述运算律化简逻辑式时，一般需要以下几个步骤：

(1) 去括号；

(2) 使得项数最少；

(3) 使基本逻辑变量出现的次数最少.

典型例题

例 化简：(1) $\overline{ABC}+\overline{AB}C$；(2) $\overline{\overline{A}BC}+\overline{A\overline{B}}$.

分析： 运用逻辑运算律求解.

解： (1) $\overline{ABC}+\overline{AB}C=\overline{A}+\overline{B}+\overline{C}+(\overline{A}+\overline{B})C$（反演律）

$=(\overline{A}+\overline{A}C)+(\overline{B}+\overline{B}C)+\overline{C}$

$=\overline{A}+\overline{B}+\overline{C}$（吸收律）.

(2) $\overline{\overline{A}BC}+\overline{A\,\overline{B}}=A+\overline{B}+\overline{C}+\overline{A}+B$(反演律)

$=(A+\overline{A})+(B+\overline{B})+\overline{C}$

$=1+1+\overline{C}$(互补律)

$=1$(0－1 律).

反思提炼: 分析式子结构,选择合适的逻辑运算律.逻辑式的运算顺序是先逻辑“非”,再逻辑“与”,后逻辑“或”,有括号的先算括号内的逻辑式.

11.2　算法与程序框图

1.算法的概念　☆

算法是指用来解决问题的一系列明确而有效的步骤,是解决问题的清晰指令.也就是说,能够对一定规范的输入,在有限的时间内获得所要求的输出.在解决问题的过程中,可以取不同数值的量叫作变量.给变量赋值的一般格式为:变量名＝表达式.

一个有效的算法应该具有以下特征:

① 有穷性;

② 可行性(有效性);

③ 确切性;

④ 有 0 个、1 个或多个输入;

⑤ 有 1 个或多个输出.

想一想: 给出下面描述的算法.

第一步:$X=2,Y=5$;

第二步:$X=X+2$;

第三步:$Y=Y+X$;

第四步:输出 X,Y.

该算法输出的结果为________.

解析： 赋值语句中，"="右边的值将替代左边的值.

第一步：$X=2, Y=5$；

第二步：$X=X+2=4$；

第三步：$Y=Y+X=5+4=9$；

第四步：输出 X, Y.

所以输出的结果为 4,9.

2. 程序框图 ☆☆☆

定义：用规定的框、带箭头的线（也称为流程线或指向线）以及说明文字来准确、直观地表示算法的图形，叫作算法的程序框图.

常用图形符号见下表：

图形符号	名称	意义
（圆角矩形）	起止框	表示一个算法的开始或结束
（平行四边形）	输入输出框	表示算法中数据的输入或者结果的输出
（矩形）	处理框	赋值，执行计算语句，传送结果
（菱形）	判断框	根据给定的条件判断.当条件成立时，程序沿"是"或"Y"方向执行；当条件不成立时，程序沿"否"或"N"方向执行
↓	流程线	流程进行的方向

在用程序框图表示算法时，必须遵循以下规则：

① 使用标准的图形符号；

② 程序框图一般按从上到下、从左到右次序画；

③ 在程序框图中，任意两个程序框之间都存在流程线；

④ 一般开始框只有一个出口，结束框只有一个进口，判断框有一个进口和两个出口，其他框有一个进口、一个出口；

⑤ 在图形符号内使用的语言要简洁明了.

算法与程序框图的三种逻辑结构：

① 顺序结构：由若干个依次执行的步骤组成的.它是最简单的算法结构，条件框图可用以下框图表示.

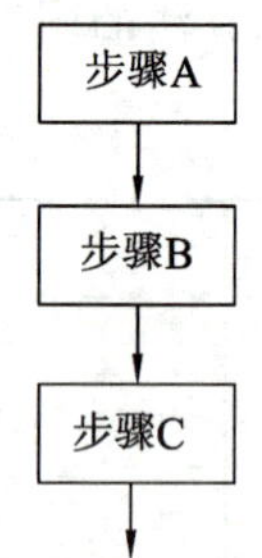

② 条件结构：算法的流程根据条件是否成立有不同的流向，条件结构就是处理这种过程的结构.条件框图可用以下框图表示.

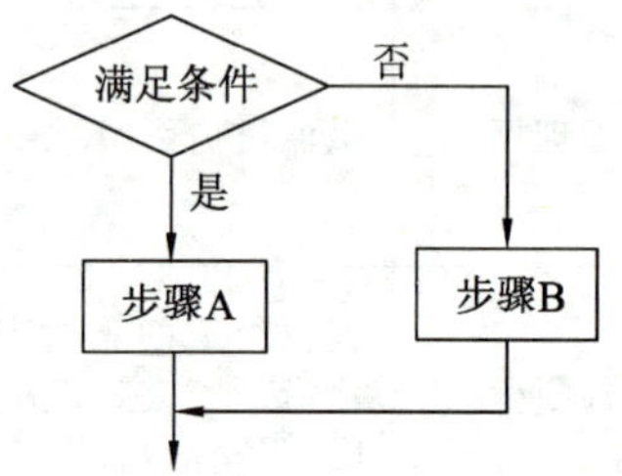

想一想： 如下图程序框图，输出量 y 与输入量 x 满足的关系式为____________.

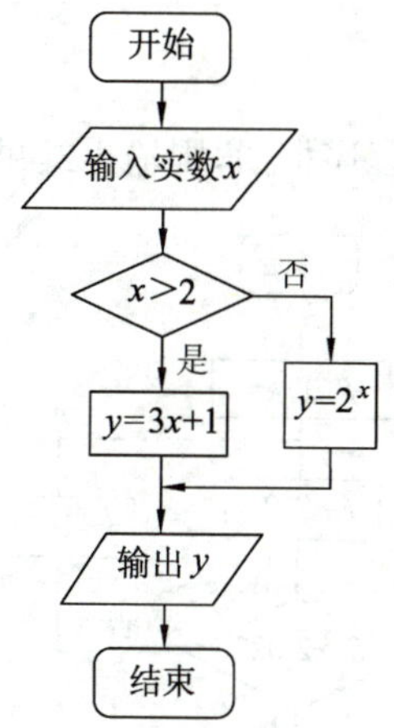

解析： 该程序框图为条件结构，由判断框可知当 $x>2$ 时，$y=3x+1$；当 $x\leqslant 2$ 时，$y=2^x$. 由此可知，该函数为分段函数，所以输出量 y 与输入量 x 满足的关系式为 $y=\begin{cases}3x+1, & x>2,\\ 2^x, & x\leqslant 2.\end{cases}$

③ 循环结构：在算法中，有时会出现从某处开始，按照一定的条件反复执行某些步骤的情况，这就是循环结构. 反复执行的步骤全体称为循环体，可用以下框图表示.

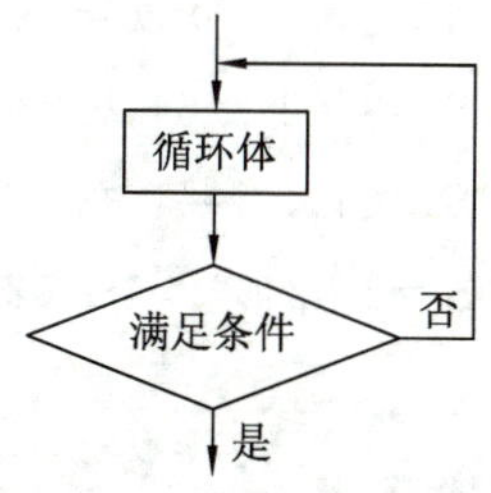

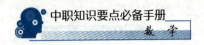

典型例题

例 执行下图所示程序框图,则输出结果为________.

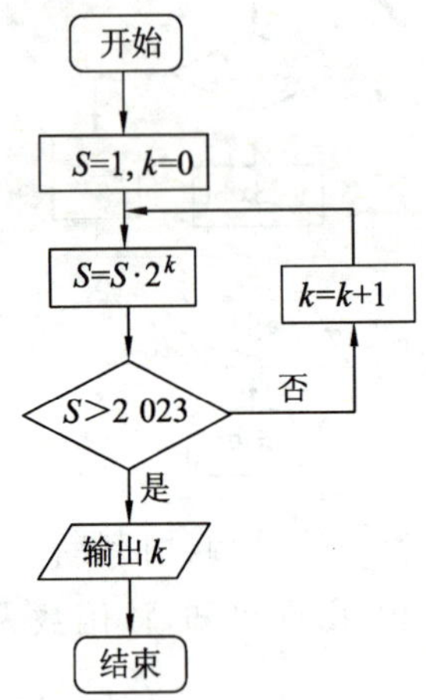

解: 该程序框图为循环结构.

初始值 $S=1,k=0$.

第一次进入循环体,$S=2^0=1,k=1$;

第二次进入循环体,$S=1\times2^1=2,k=2$;

第三次进入循环体,$S=2\times2^2=8,k=3$;

第四次进入循环体,$S=8\times2^3=64,k=4$;

第五次进入循环体,$S=64\times2^4=1\ 024,k=5$;

第六次进入循环体,$S=1\ 024\times2^5>2\ 023$,输出 k.

所以输出结果为 5.

答案: 5.

反思提炼: 循环体中的语句顺序很重要,要严格按照语句顺序赋值给变量,原来的值将被新的值替代.

11.3　数据表格信息处理

知识梳理

1. 数据表格的组成　☆

表号(表序)	表格的序号,位于表格顶线上方
表题	表格的名字,位于表格顶线上方,紧随表号
栏目行	表格横排的第一行
栏目列	表格竖排的第一列
表头	对表格各行和各列单元格内容进行概括和提示的栏目
表身	收集的数据信息

以下图为例:

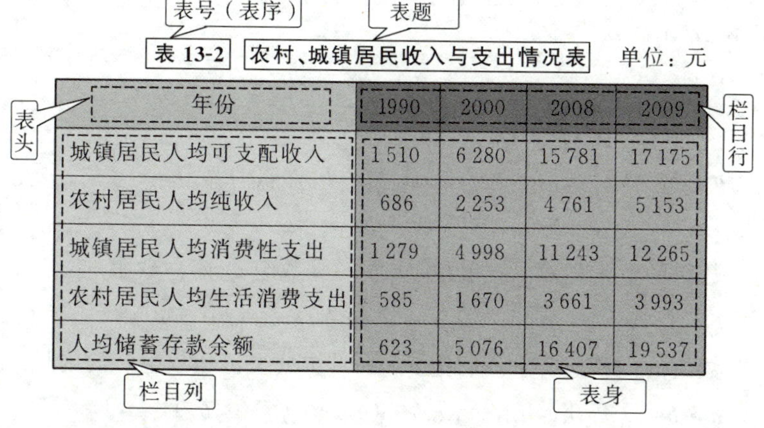

表 13-2　农村、城镇居民收入与支出情况表　单位：元

年份	1990	2000	2008	2009
城镇居民人均可支配收入	1 510	6 280	15 781	17 175
农村居民人均纯收入	686	2 253	4 761	5 153
城镇居民人均消费性支出	1 279	4 998	11 243	12 265
农村居民人均生活消费支出	585	1 670	3 661	3 993
人均储蓄存款余额	623	5 076	16 407	19 537

2. 数组的概念　☆

数组：表格中每一个栏目下一组依次排列的数据叫作数组.

用黑体字母表示.数组中的每一个数据叫作数组的元素,用带有下标的字母表示.例如,数组 $\boldsymbol{a}$ 可表示为

$$\boldsymbol{a}=(a_1,a_2,\cdots,a_n).$$

数组有文字数组(或字符串数组)、数字数组和混合数组.

规定:两个数组相等,当且仅当这两个数组的元素个数相等,且按顺序对应的各元素也相等.

✲ **小贴士:** 比较数组和集合的区别.

(1) 数组中数据的顺序不能改变,而列举法表示的集合中的元素顺序可以改变;

(2) 数组中数据可重复排列,而列举法表示的集合中的元素不能重复出现.

(3) 数组的数据由小括号括起来,而列举法表示的集合中的元素由大括号括起来.

3. 数组的运算 ☆☆

数组的维数:数组中元素的个数.

数组的加减运算:设数组 $\boldsymbol{a}=(a_1,a_2,a_3,\cdots,a_n)$,$\boldsymbol{b}=(b_1,b_2,b_3,\cdots,b_n)$.

$$\begin{aligned}\boldsymbol{a}+\boldsymbol{b}&=(a_1,a_2,a_3,\cdots,a_n)+(b_1,b_2,b_3,\cdots,b_n)\\&=(a_1+b_1,a_2+b_2,a_3+b_3,\cdots,a_n+b_n),\end{aligned}$$

$$\begin{aligned}\boldsymbol{a}-\boldsymbol{b}&=(a_1,a_2,a_3,\cdots,a_n)-(b_1,b_2,b_3,\cdots,b_n)\\&=(a_1-b_1,a_2-b_2,a_3-b_3,\cdots,a_n-b_n).\end{aligned}$$

数组的数乘运算:一般地,实数 k 乘数组 $\boldsymbol{a}$,简称数乘.

$k\boldsymbol{a}=k(a_1,a_2,a_3,\cdots,a_n)=(ka_1,ka_2,ka_3,\cdots,ka_n)$.

数组的内积运算:我们把 $\boldsymbol{a}\cdot\boldsymbol{b}$ 叫作数组 $\boldsymbol{a}$ 和数组 $\boldsymbol{b}$ 的内积.

$$\begin{aligned}\boldsymbol{a}\cdot\boldsymbol{b}&=(a_1,a_2,a_3,\cdots,a_n)\cdot(b_1,b_2,b_3,\cdots,b_n)\\&=a_1b_1+a_2b_2+a_3b_3+\cdots+a_nb_n.\end{aligned}$$

✲ **小贴士:** (1) 必须是同维数组才能进行加减和内积运算;

(2) 因为平面向量坐标就是二维数字数组,所以数组的运算法则和平面向量的坐标运算法则一致.

数组的运算律：n 维数字数组的加法、数乘、内积有下列运算律（$\lambda,\mu\in\mathbf{R}$）：

（1）$\boldsymbol{a}+\mathbf{0}=\boldsymbol{a},\boldsymbol{a}+(-\boldsymbol{a})=\mathbf{0}$.

其中 $\mathbf{0}=(0,0,\cdots,0)$ 是 n 维数字数组.

（2）结合律：$(\boldsymbol{a}+\boldsymbol{b})+\boldsymbol{c}=\boldsymbol{a}+(\boldsymbol{b}+\boldsymbol{c})$,

$\lambda(\mu\boldsymbol{a})=(\lambda\mu)\boldsymbol{a}=\mu(\lambda\boldsymbol{a})$,

$\lambda(\boldsymbol{a}\cdot\boldsymbol{b})=(\lambda\boldsymbol{a})\cdot\boldsymbol{b}=\boldsymbol{a}\cdot(\lambda\boldsymbol{b})$.

（3）交换律：$\boldsymbol{a}+\boldsymbol{b}=\boldsymbol{b}+\boldsymbol{a},\boldsymbol{a}\cdot\boldsymbol{b}=\boldsymbol{b}\cdot\boldsymbol{a}$.

（4）分配律：$(\lambda+\mu)\boldsymbol{a}=\lambda\boldsymbol{a}+\mu\boldsymbol{a}$,

$\lambda(\boldsymbol{a}+\boldsymbol{b})=\lambda\boldsymbol{a}+\lambda\boldsymbol{b}$,

$(\boldsymbol{a}+\boldsymbol{b})\cdot\boldsymbol{c}=\boldsymbol{a}\cdot\boldsymbol{c}+\boldsymbol{b}\cdot\boldsymbol{c}$.

（1）$\boldsymbol{a}+(-\boldsymbol{a})=0$ 是错误的，应该等于 $\mathbf{0}$；

（2）$(\boldsymbol{a}\cdot\boldsymbol{b})\cdot\boldsymbol{c}\neq\boldsymbol{a}\cdot(\boldsymbol{b}\cdot\boldsymbol{c})$.

4. 数据的图示 ☆

饼图	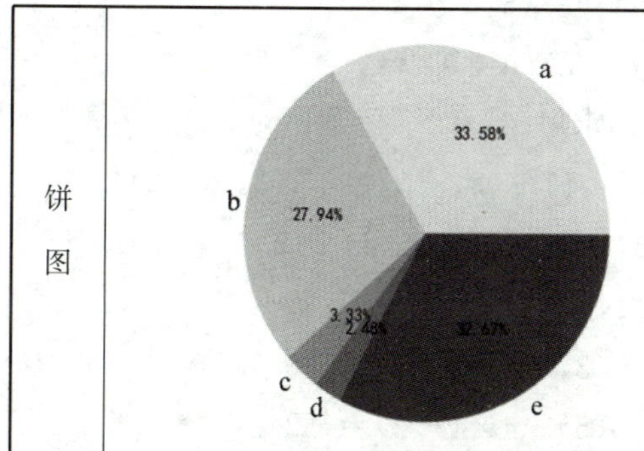	饼图又称圆形图，将圆作为总体，通过圆上扇形面积的大小来反映某个数据或某个项目在总体中所占的比例

续表

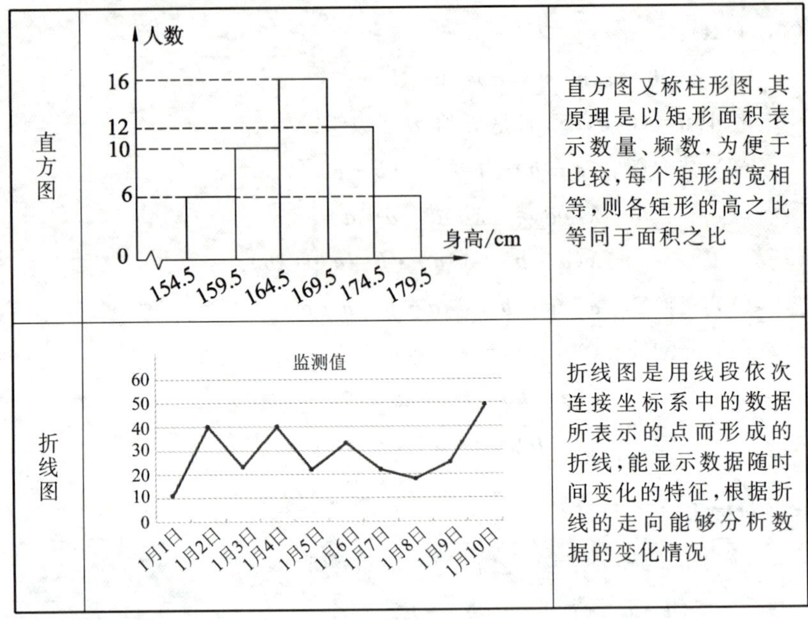

直方图		直方图又称柱形图，其原理是以矩形面积表示数量、频数，为便于比较，每个矩形的宽相等，则各矩形的高之比等同于面积之比
折线图		折线图是用线段依次连接坐标系中的数据所表示的点而形成的折线，能显示数据随时间变化的特征，根据折线的走向能够分析数据的变化情况

典型例题

例 设数组 $\boldsymbol{a}=(2,1,5)$，$\boldsymbol{b}=(3,-5,4)$，$\boldsymbol{c}=(3,5,-2)$，求：

(1) $\boldsymbol{a}+\boldsymbol{b}+2\boldsymbol{c}$；(2) $\boldsymbol{b}\cdot\boldsymbol{c}$；(3) $(\boldsymbol{a}-\boldsymbol{b})\cdot\boldsymbol{c}$.

分析： 运用数组运算法则求解.

解： (1) $\boldsymbol{a}+\boldsymbol{b}+2\boldsymbol{c}=(2,1,5)+(3,-5,4)+2(3,5,-2)$

$=(2,1,5)+(3,-5,4)+(6,10,-4)$

$=(11,6,5)$.

(2) $\boldsymbol{b}\cdot\boldsymbol{c}=(3,-5,4)\cdot(3,5,-2)$

$=3\times3+(-5\times5)+4\times(-2)=-24$.

(3) $(\boldsymbol{a}-\boldsymbol{b})\cdot\boldsymbol{c}=(-1,6,1)\cdot(3,5,-2)=25$.

反思提炼： 数组加减、内积运算的前提是维数相同.数组的运算律和向量坐标的运算律是一致的，数组加减的结果仍为数组，而数组内积的结果是数值.

11.4 编制计划的原理与方法

知识梳理

1. 编制计划的有关概念 ☆

工作明细表：通常包含工作代码、工序、工期、紧前工作、紧后工作等，如下表所示.

工作代码	工序	工期/h
A	收拾房间	2
B	做饭	1
C	用餐	0.5
D	洗碗	0.5

工作流程图如下图所示.

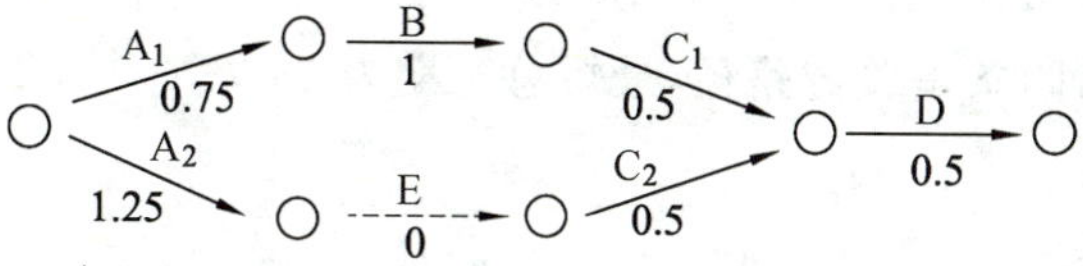

图中的小圆圈(有时会在圆圈内加上编号)叫作**节点**，两个节点之间的**箭线**表示一项工作，通常会在箭线的上方标上工作或工作代码，在下方标上工时(工期).A_1 是 B 的**紧前工作**，B 则是 A_1 的**紧后工作**，A_1，A_2 可以同时进行，叫作**平行工作**，E 叫作**虚设工作**，用**虚箭线**表示，工期标为 0.

2. 关键路径法 ☆☆☆

路径：在工作流程图中，从开始节点到终止节点的一条路，叫作一条路径.

关键路径：一条路径上各工序工期的和叫作路径的长度，长度最长的那条路径叫作关键路径.关键路径上的每一件工作都叫作关键工作,表示关键工作的两个节点叫作关键节点,关键路径的长度就是工程的总工期.

想一想: 写出下图中从开始节点到终止节点的所有路径,指出哪条是关键路径,并确定完成该工程的最短总工期.

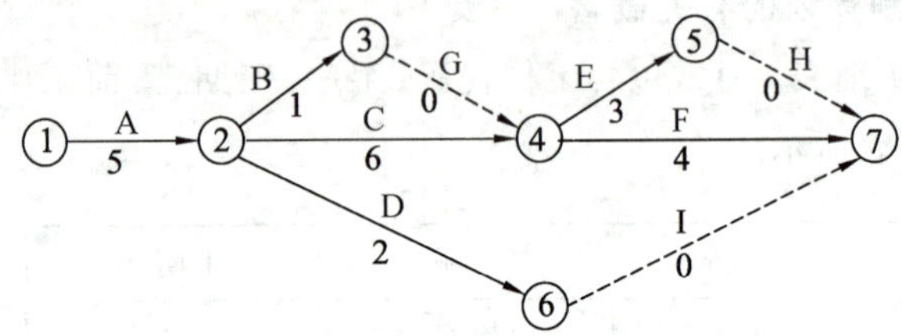

解析: 从开始节点到终止节点共有四条路径.

第一条路径:A→B→G→E→H,工期为 9;

第二条路径:A→B→G→F,工期为 10;

第三条路径:A→C→E→H,工期为 14;

第四条路径:A→C→F,工期为 15;

第五条路径:A→D→I,工期为 7.

其中第四条是关键路径,最短总工期为 15.

避坑指南

最短总工期是关键路径的总工时,因而是所有路径中用时最长的,而非最短工时.

3. 网络图 ☆☆☆

网络图有以下特征:

① 每一项工作用编有号码的两个节点表示;

② 两个工作间按它们的内在逻辑关系连接,在表示每一项工作的箭线的上方和下方分别标有工作名称和工期.这样的图叫作双代号逻辑网络图,简称网络图.

网络图遵循的基本规则:

① 从左向右，避免逆向；

② 两节点间一条箭线，箭尾编号小于箭头；

③ 箭线上下方标记，虚设工作工期为 0.

想一想： 判断下列网络图的绘制是否符合规则：

(1) 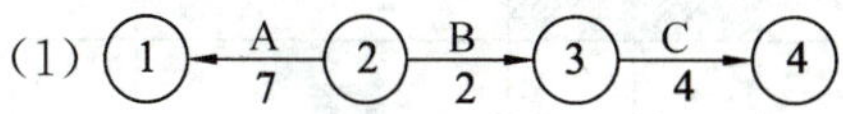

(2) 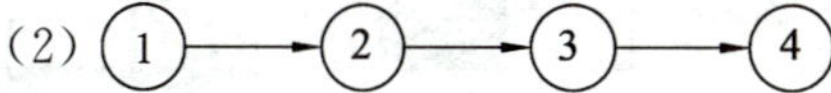

(3) 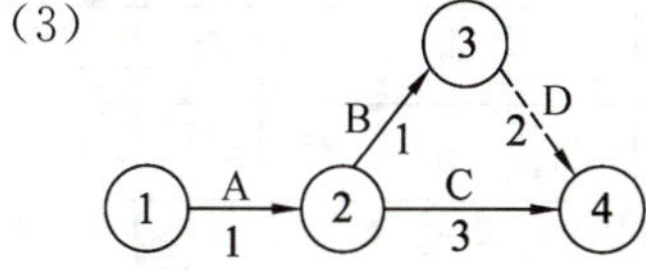

解析： (1)中出现逆向箭线，不符合网络图的规则；

(2)中箭线的上方没有标明工作代码，下方没有标明工期，不符合网络图的规则；

(3)中 D 不是虚设工作，不能用虚箭线.

绘制网络图的基本步骤：

① 编排工作明细表，列出各项工作间的紧前关系；

② 按照工作明细表构造网络图；

③ 节点统一编号，号码由小到大.

4. 横道图 ☆

横道图也叫作甘特图，左边是工作明细表，显示每项工作的代号、工作名称与工期，右边则用横道显示工作流程的信息：由于与工期时间相关，每一个横道表示一项工作及其工期，横道的长度表示一项工作的工期，并通过图中上方的工程标尺(顺计时)与下方的进度标尺(倒计时)表示每项工作的开始时间与完成时间.一般地，工程中的关键工作用红色横道表示，非关键工作用斜纹横道表示.如下图所示.

工作代码	工时/天	1	2	3	4	5	6	7	8	9
A	2									
B	3									
C	2									
D	1									
E	1									
F	3									
进度标尺		9	8	7	6	5	4	3	2	1
星期		一	二	三	四	五	六	日	一	二
工程周		一							二	

想一想：根据上面的横道图，写出关键路径，并计算出最短总工期.

解析：依据关键工作用红色横道表示来确定关键路径.

所以关键路径为 A→B→D→F，最短总工期为 9 天.

例 某工程的工作明细表如下：

工作代码	紧前工作	工期/天
A	无	5
B	无	6
C	A	2
D	B,C	4
E	B,C	5
F	D	2
G	E,F	1

试绘制出相应的网络图，并写出关键路径，计算工程总工期.

分析： 先根据工作明细表区分先后关系、平行关系，再画出网络图.

解：

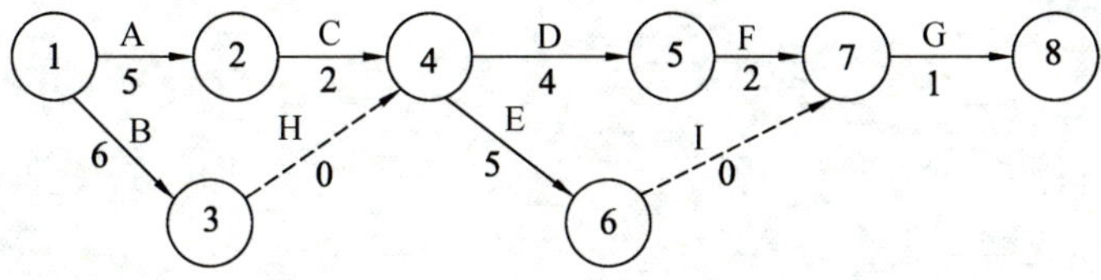

关键路径为 A→C→D→F→G，最短总工期为 14 天.

反思提炼： 绘制网络图时要按照基本步骤，先找出各项工作之间的关系，再绘制网络图，最后节点统一编号，注意箭线的上下方分别标注工作代码和工期，虚设工作要用虚箭线.

附录 数学常用公式及常用结论

1. 元素与集合的关系

$x\in A\Leftrightarrow x\notin \complement_U A$，$x\in \complement_U A\Leftrightarrow x\notin A$

2. 德·摩根公式

$\complement_U(A\cap B)=\complement_U A\cup \complement_U B$；$\complement_U(A\cup B)=\complement_U A\cap \complement_U B$.

3. 包含关系

$A\cap B=A\Leftrightarrow A\cup B=B\Leftrightarrow A\subseteq B\Leftrightarrow \complement_U B\subseteq \complement_U A\Leftrightarrow$

$A\cap \complement_U B=\varnothing\Leftrightarrow \complement_U A\cup B=\mathbf{R}$.

4. 空集

空集是任何集合的子集，空集是任何非空集合的真子集.

5. 集合的子集、真子集、非空子集、非空真子集的个数

集合$\{a_1,a_2,\cdots,a_n\}$的子集个数为2^n；真子集个数为2^n-1；非空子集个数为2^n-1；非空的真子集个数为2^n-2.

6. 二次函数的解析式的三种形式

(1) 一般式：$f(x)=ax^2+bx+c(a\neq 0)$；

(2) 顶点式：$f(x)=a(x-h)^2+k(a\neq 0)$；

(3) 零点式：$f(x)=a(x-x_1)(x-x_2)(a\neq 0)$.

7. 一元二次不等式恒成立

(1) $f(x)=ax^2+bx+c>0$ 恒成立的充要条件是$\begin{cases}a>0,\\ \Delta<0;\end{cases}$

(2) $f(x)=ax^2+bx+c<0$ 恒成立的充要条件是$\begin{cases}a<0,\\ \Delta<0.\end{cases}$

8. 常用不等式

$|a|-|b|\leqslant|a+b|\leqslant|a|+|b|$.

9. 含有绝对值的不等式

当 $a>0$ 时,有

$|x|<a\Leftrightarrow x^2<a^2\Leftrightarrow -a<x<a$;

$|x|>a\Leftrightarrow x^2>a^2\Leftrightarrow x>a$ 或 $x<-a$.

10. 无理不等式

$$\sqrt{f(x)}>\sqrt{g(x)}\Leftrightarrow\begin{cases}f(x)\geqslant 0,\\ g(x)\geqslant 0,\\ f(x)>g(x).\end{cases}$$

11. 基本不等式(均值定理)

若 $a>0,b>0$,则 $a+b\geqslant 2\sqrt{ab}$,当且仅当 $a=b$ 时,等号成立.

注:(1) 若 $a>0,b>0$,则$\dfrac{a+b}{2}$(算术平均数)$\geqslant\sqrt{ab}$(几何平均数);

(2) 若 $a>0,b>0,c>0$,则 $a+b+c\geqslant 3\sqrt{abc}$,当且仅当 $a=b=c$ 时,等号成立

12. 极值定理

已知 x,y 都是正数,则有

(1) 若积 xy 是定值 p,则当 $x=y$ 时,和 $x+y$ 有最小值 $2\sqrt{p}$;

(2) 若和 $x+y$ 是定值 s,则当 $x=y$ 时,积 xy 有最大值$\dfrac{1}{4}s^2$.

13. 真值表

p	q	非 p	p 或 q	p 且 q
真	真	假	真	真
真	假	假	真	假
假	真	真	真	假
假	假	真	假	假

14. 常见结论的否定形式

原结论	反设词	原结论	反设词
是	不是	至少有一个	一个也没有
都是	不都是	至多有一个	至少有两个
大于	不大于	至少有 n 个	至多有$(n-1)$个
小于	不小于	至多有 n 个	至少有$(n+1)$个
对所有 x,成立	存在 x,不成立	p 或 q	$\neg p$ 且 $\neg q$
对任何 x,不成立	存在 x,成立	p 且 q	$\neg p$ 或 $\neg q$

15. 充要条件

(1) 充分条件:若 $p\Rightarrow q$,则 p 是 q 的充分条件;

(2) 必要条件:若 $q\Rightarrow p$,则 p 是 q 的必要条件;

(3) 充要条件:若 $p\Rightarrow q$,且 $q\Rightarrow p$,则 p 是 q 的充要条件.

注:如果甲是乙的充分条件,则乙是甲的必要条件;反之亦然.

16. 函数的单调性

设 $x_1,x_2\in[a,b]$,$x_1\neq x_2$,那么

(1) $(x_1-x_2)[f(x_1)-f(x_2)]>0\Leftrightarrow\dfrac{f(x_1)-f(x_2)}{x_1-x_2}>0\Leftrightarrow$ $f(x)$在$[a,b]$上是增函数;

(2) $\dfrac{f(x_1)-f(x_2)}{x_1-x_2}<0\Leftrightarrow f(x)$在$[a,b]$上是减函数.

17. 函数的奇偶性

(1) 定义域关于原点对称.

(2) 若 $f(-x)=-f(x)$,则 $f(x)$为奇函数;若 $f(-x)=f(x)$,则 $f(x)$为偶函数.

注:① 若奇函数 $f(x)$在 $x=0$ 处有意义,则 $f(0)=0$;

② 常值函数 $f(x)=a(a\neq 0)$为偶函数;

③ $f(x)=0$ 既是奇函数又是偶函数.

18. 奇函数、偶函数的图象特征

奇函数的图象关于原点对称，偶函数的图象关于 y 轴对称.

19. 偶函数的相关结论

(1) 若函数 $y=f(x)$ 是偶函数，则 $f(x+a)=f(-x-a)$；

(2) 若函数 $y=f(x+a)$ 是偶函数，则 $f(x+a)=f(-x+a)$.

20. 函数的周期性

(1) 若存在一非零常数 T，对于定义域内的任意 x，使 $f(x)=f(x+T)$ 恒成立，则 $f(x)$ 叫作周期函数，T 叫作这个函数的一个周期；

(2) 若 $f(x)=-f(x+a)$，则函数 $y=f(x)$ 是周期为 $2a$ 的周期函数.

21. 多项式函数 $p(x)=a_nx^n+a_{n-1}x^{n-1}+\cdots+a_0$ 的奇偶性

(1) 多项式函数 $p(x)$ 是奇函数 $\Leftrightarrow p(x)$ 的偶次项(奇数项)的系数全为零；

(2) 多项式函数 $p(x)$ 是偶函数 $\Leftrightarrow p(x)$ 的奇次项(偶数项)的系数全为零.

22. 函数 $y=f(x)$ 的图象的对称性

函数 $y=f(x)$ 的图象关于直线 $x=a$ 对称 $\Leftrightarrow f(a+x)=f(a-x)\Leftrightarrow f(2a-x)=f(x)$.

23. 函数的对称轴

对于函数 $y=f(x)(x\in\mathbf{R})$，若 $f(x+a)=f(b-x)$ 恒成立，则函数 $y=f(x)$ 的对称轴是 $x=\dfrac{a+b}{2}$.

24. 函数图象的变换

(1) 平移.

$$y=f(x)\xrightarrow[a\text{ 个单位长度}]{\text{向右平移}}y=f(x-a);$$

$$y=f(x)\xrightarrow[a\text{ 个单位长度}]{\text{向左平移}}y=f(x+a);$$

$$y=f(x)\xrightarrow[a\text{个单位长度}]{\text{向上平移}}y=f(x)+a;$$

$$y=f(x)\xrightarrow[a\text{个单位长度}]{\text{向下平移}}y=f(x)-a.$$

若将函数 $y=f(x)$ 的图象右移 a、上移 b 个单位长度，则得到函数 $y=f(x-a)+b$ 的图象；若将函数 $f(x,y)=0$ 的图象右移 a、上移 b 个单位长度，则得到函数 $f(x-a,y-b)=0$ 的图象.

(2) 翻折.

$$y=f(x)\xrightarrow[\text{上、下对折}]{\text{沿}x\text{轴}}y=-f(x);$$

$$y=f(x)\xrightarrow[\text{下方翻折到上方}]{\text{保留}x\text{轴上方图象}}y=|f(x)|;$$

$$y=f(x)\xrightarrow[\text{右边翻折到左边}]{\text{保留}y\text{轴右边图象}}y=f(|x|).$$

25. 几个常见的函数

(1) 正比例函数：$f(x)=kx$（k 为常数，$k\neq0$），$f(x+y)=f(x)+f(y)$，$f(1)=k$；

(2) 指数函数：$f(x)=a^x$（$a>0$，且 $a\neq1$），$f(x+y)=f(x)f(y)$，$f(1)=a$；

(3) 对数函数：$f(x)=\log_a x$（$a>0$，且 $a\neq1$），$f(xy)=f(x)+f(y)$，$f(a)=1$；

(4) 幂函数：$f(x)=x^\alpha$（α 为常数），$f(xy)=f(x)f(y)$，$f'(1)=\alpha$.

26. 分数指数幂

(1) $a^{\frac{m}{n}}=\sqrt[n]{a^m}$（$a>0$，$m,n\in\mathbf{N}_+$，且 $n>1$）；

(2) $a^{-\frac{m}{n}}=\dfrac{1}{a^{\frac{m}{n}}}=\dfrac{1}{\sqrt[n]{a^m}}$（$a>0$，$m,n\in\mathbf{N}_+$，且 $n>1$）.

27. 根式的性质

(1) $(\sqrt[n]{a})^n=a$.

(2) 当 n 为奇数时，$\sqrt[n]{a^n}=a$；

当 n 为偶数时，$\sqrt[n]{a^n}=|a|=\begin{cases}a, & a\geqslant 0,\\ -a, & a<0.\end{cases}$

28. 有理指数幂的运算性质

(1) $a^r\cdot a^s=a^{r+s}(a>0,r,s\in\mathbf{Q})$；

(2) $(a^r)^s=a^{rs}(a>0,r,s\in\mathbf{Q})$；

(3) $(ab)^r=a^rb^r(a>0,b>0,r\in\mathbf{Q})$.

注：若 $a>0$，p 是一个无理数，则 a^p 表示一个确定的实数.上述有理指数幂的运算性质，对于无理数指数幂都适用.

29. 指数式与对数式的互化式

$\log_a N=b\Leftrightarrow a^b=N(a>0,a\neq 1,N>0)$.

30. 对数的基本性质

(1) $\log_a a=1$；(2) $\log_a 1=0$；(3) $a^{\log_a N}=N$；(4) $\log_a a^N=N$；

(5) $\log_a b$ 与 $\log_b a$ 互为倒数$\Leftrightarrow\log_a b\cdot\log_b a=1\Leftrightarrow\log_a b=\dfrac{1}{\log_b a}$.

(6) $\log_{a^m}b^n=\dfrac{n}{m}\log_a b$.

31. 对数的换底公式

$\log_a N=\dfrac{\log_m N}{\log_m a}(a>0,a\neq 1;m>0,m\neq 1,N>0)$.

32. 对数的四则运算法则

若 $a>0,a\neq 1,M>0,N>0$，则

(1) $\log_a(MN)=\log_a M+\log_a N$；

(2) $\log_a\dfrac{M}{N}=\log_a M-\log_a N$；

(3) $\log_a M^n=n\log_a M(n\in\mathbf{R})$.

33. 数列的通项公式与前 n 项的和的关系

$a_n=\begin{cases}S_1, & n=1,\\ S_n-S_{n-1}, & n\geqslant 2\end{cases}$(数列 $\{a_n\}$ 的前 n 项的和为 $S_n=$

$a_1+a_2+\cdots+a_n)$.

34. 等差数列的通项公式

$$a_n=a_1+(n-1)d=dn+a_1-d(n\in\mathbf{N}_+).$$

35. 等差数列的前 n 项和公式

$$S_n=\frac{n(a_1+a_n)}{2}=na_1+\frac{n(n-1)}{2}d=\frac{d}{2}n^2+\left(a_1-\frac{1}{2}d\right)n.$$

36. 等比数列的通项公式

$$a_n=a_1q^{n-1}=\frac{a_1}{q}\cdot q^n(n\in\mathbf{N}_+).$$

37. 等比数列的前 n 项和公式

$$s_n=\begin{cases}\dfrac{a_1(1-q^n)}{1-q}, & q\neq1,\\ na_1, & q=1;\end{cases}$$

或 $s_n=\begin{cases}\dfrac{a_1-a_nq}{1-q}, & q\neq1,\\ na_1, & q=1.\end{cases}$

38. 扇形的弧长公式和面积公式

$l_{扇}=|\alpha|\cdot r$;

$S_{扇}=\frac{1}{2}lr=\frac{1}{2}|\alpha|\cdot r^2$.

注:如果 α 是角度制的可转化为弧度制来计算.

39. 同角三角函数的基本关系式

$$\sin^2\theta+\cos^2\theta=1,\tan\theta=\frac{\sin\theta}{\cos\theta},\tan\theta\cdot\cot\theta=1.$$

40. 正弦、余弦的诱导公式

$$\sin\left(\frac{n\pi}{2}+\alpha\right)=\begin{cases}(-1)^{\frac{n}{2}}\sin\alpha, & n\text{ 为偶数},\\ (-1)^{\frac{n-1}{2}}\cos\alpha, & n\text{ 为奇数};\end{cases}$$

$$\cos\left(\frac{n\pi}{2}+\alpha\right)=\begin{cases}(-1)^{\frac{n}{2}}\cos\alpha, & n\text{ 为偶数},\\ (-1)^{\frac{n+1}{2}}\sin\alpha, & n\text{ 为奇数}.\end{cases}$$

口诀:奇变偶不变,符号看象限.

41. 和角与差角公式

$\sin(\alpha\pm\beta)=\sin\alpha\cos\beta\pm\cos\alpha\sin\beta$;

$\cos(\alpha\pm\beta)=\cos\alpha\cos\beta\mp\sin\alpha\sin\beta$;

$\tan(\alpha\pm\beta)=\dfrac{\tan\alpha\pm\tan\beta}{1\mp\tan\alpha\tan\beta}$;

$\sin(\alpha+\beta)\sin(\alpha-\beta)=\sin^2\alpha-\sin^2\beta$(平方正弦公式);

$\cos(\alpha+\beta)\cos(\alpha-\beta)=\cos^2\alpha-\sin^2\beta$;

$a\sin\alpha+b\cos\alpha=\sqrt{a^2+b^2}\sin(\alpha+\varphi)$$\left(\right.$辅助角 φ 所在象限由点 (a,b)的象限决定,$\left.\tan\varphi=\dfrac{b}{a}\right)$.

42. 二倍角公式

$\sin2\alpha=2\sin\alpha\cos\alpha$;

$\cos2\alpha=\cos^2\alpha-\sin^2\alpha=2\cos^2\alpha-1=1-2\sin^2\alpha$;

$\tan2\alpha=\dfrac{2\tan\alpha}{1-\tan^2\alpha}$.

43. 三角函数的周期公式

(1) 函数 $y=\sin(\omega x+\varphi)$,$x\in\mathbf{R}$ 及函数 $y=\cos(\omega x+\varphi)$,$x\in\mathbf{R}$ (A,ω,φ 为常数,且 $A\neq0$,$\omega>0$)的周期 $T=\dfrac{2\pi}{\omega}$;

(2) 函数 $y=\tan(\omega x+\varphi)$,$x\neq k\pi+\dfrac{\pi}{2}$,$k\in\mathbf{Z}$ (A,ω,φ 为常数,且 $A\neq0$,$\omega>0$)的周期 $T=\dfrac{\pi}{\omega}$.

44. 正弦定理

$\dfrac{a}{\sin A}=\dfrac{b}{\sin B}=\dfrac{c}{\sin c}=2R$($R$ 为$\triangle ABC$ 的外接圆半径).

推广:① $a:b:c=\sin A:\sin B:\sin C$;

② $\frac{a}{\sin A}=\frac{a+b}{\sin A+\sin B}=\frac{a+b+c}{\sin A+\sin B+\sin C}$.

45. 余弦定理

$a^2=b^2+c^2-2bc\cos A$;

$b^2=c^2+a^2-2ca\cos B$;

$c^2=a^2+b^2-2ab\cos C$.

46. 面积定理

$S=\frac{1}{2}ab\sin C=\frac{1}{2}bc\sin A=\frac{1}{2}ca\sin B$.

47. 三角形内角和定理

在$\triangle ABC$中,有$A+B+C=\pi\Leftrightarrow C=\pi-(A+B)\Leftrightarrow$

$\frac{C}{2}=\frac{\pi}{2}-\frac{A+B}{2}\Leftrightarrow 2C=2\pi-2(A+B)$.

48. 实数与向量的积的运算律

设λ,μ为实数,那么

(1) 结合律:$\lambda(\mu\boldsymbol{a})=(\lambda\mu)\boldsymbol{a}$;

(2) 第一分配律:$(\lambda+\mu)\boldsymbol{a}=\lambda\boldsymbol{a}+\mu\boldsymbol{a}$;

(3) 第二分配律:$\lambda(\boldsymbol{a}+\boldsymbol{b})=\lambda\boldsymbol{a}+\lambda\boldsymbol{b}$.

49. 向量的数量积的运算律

(1) $\boldsymbol{a}\cdot\boldsymbol{b}=\boldsymbol{b}\cdot\boldsymbol{a}$(交换律);

(2) $(\lambda\boldsymbol{a})\cdot\boldsymbol{b}=\lambda(\boldsymbol{a}\cdot\boldsymbol{b})=\lambda\boldsymbol{a}\cdot\boldsymbol{b}=\boldsymbol{a}\cdot(\lambda\boldsymbol{b})$;

(3) $(\boldsymbol{a}+\boldsymbol{b})\cdot\boldsymbol{c}=\boldsymbol{a}\cdot\boldsymbol{c}+\boldsymbol{b}\cdot\boldsymbol{c}$.

50. 向量平行的坐标表示

设$\boldsymbol{a}=(x_1,y_1)$,$\boldsymbol{b}=(x_2,y_2)$,且$\boldsymbol{b}\neq\boldsymbol{0}$,则

$$\boldsymbol{a}\parallel\boldsymbol{b}(\boldsymbol{b}\neq\boldsymbol{0})\Leftrightarrow x_1y_2-x_2y_1=0.$$

51. $\boldsymbol{a}$ 与 $\boldsymbol{b}$ 的数量积(或内积)

$\boldsymbol{a}\cdot\boldsymbol{b}=|\boldsymbol{a}||\boldsymbol{b}|\cos\theta$.

52. $\boldsymbol{a}\cdot\boldsymbol{b}$ 的几何意义

数量积 $\boldsymbol{a}\cdot\boldsymbol{b}$ 等于 $\boldsymbol{a}$ 的长度 $|\boldsymbol{a}|$ 与 $\boldsymbol{b}$ 在 $\boldsymbol{a}$ 的方向上的投影 $|\boldsymbol{b}|\cos\theta$ 的乘积.

53. 平面向量的坐标运算

(1) 设 $\boldsymbol{a}=(x_1,y_1)$，$\boldsymbol{b}=(x_2,y_2)$，则 $\boldsymbol{a}+\boldsymbol{b}=(x_1+x_2,y_1+y_2)$；

(2) 设 $\boldsymbol{a}=(x_1,y_1)$，$\boldsymbol{b}=(x_2,y_2)$，则 $\boldsymbol{a}-\boldsymbol{b}=(x_1-x_2,y_1-y_2)$；

(3) 设 $A(x_1,y_1)$，$B(x_2,y_2)$，则 $\overrightarrow{AB}=\overrightarrow{OB}-\overrightarrow{OA}=(x_2-x_1,y_2-y_1)$；

(4) 设 $\boldsymbol{a}=(x,y)$，$\lambda\in\mathbf{R}$，则 $\lambda\boldsymbol{a}=(\lambda x,\lambda y)$；

(5) 设 $\boldsymbol{a}=(x_1,y_1)$，$\boldsymbol{b}=(x_2,y_2)$，则 $\boldsymbol{a}\cdot\boldsymbol{b}=(x_1x_2+y_1y_2)$.

54. 两向量的夹角公式

$$\cos\theta=\frac{x_1x_2+y_1y_2}{\sqrt{x_1^2+y_1^2}\cdot\sqrt{x_2^2+y_2^2}}[\boldsymbol{a}=(x_1,y_1),\boldsymbol{b}=(x_2,y_2)].$$

55. 平面两点间的距离公式

$$d_{A,B}=|\overrightarrow{AB}|=\sqrt{\overrightarrow{AB}\cdot\overrightarrow{AB}}$$

$$=\sqrt{(x_2-x_1)^2+(y_2-y_1)^2}[A(x_1,y_1),B(x_2,y_2)].$$

56. 向量的平行与垂直

设 $\boldsymbol{a}=(x_1,y_1)$，$\boldsymbol{b}=(x_2,y_2)$，且 $\boldsymbol{b}\neq\mathbf{0}$，则

$\boldsymbol{a}/\!/\boldsymbol{b}\Leftrightarrow\boldsymbol{b}=\lambda\boldsymbol{a}\Leftrightarrow x_1y_2-x_2y_1=0$；

$\boldsymbol{a}\perp\boldsymbol{b}(\boldsymbol{a}\neq\mathbf{0})\Leftrightarrow\boldsymbol{a}\cdot\boldsymbol{b}=0\Leftrightarrow x_1x_2+y_1y_2=0$.

57. 点的平移公式

$$\begin{cases}x'=x+h,\\y'=y+k\end{cases}\Leftrightarrow\begin{cases}x=x'-h,\\y=y'-k.\end{cases}$$

58. 斜率公式

$$k=\frac{y_2-y_1}{x_2-x_1}[P_1(x_1,y_1),P_2(x_2,y_2)].$$

59. 直线的五种方程

(1) 点斜式：$y-y_1=k(x-x_1)$[直线 l 过点 $P_1(x_1,y_1)$，且斜率为 k]；

(2) 斜截式：$y=kx+b$(b 为直线 l 在 y 轴上的截距)

(3) 两点式：$\frac{y-y_1}{y_2-y_1}=\frac{x-x_1}{x_2-x_1}(y_1\neq y_2)$[$P_1(x_1,y_1)$，$P_2(x_2,y_2)$，$x_1\neq x_2$]；

(4) 截距式：$\frac{x}{a}+\frac{y}{b}=1$($a,b$ 分别为直线的横、纵截距；$a,b\neq 0$)；

(5) 一般式：$Ax+By+C=0$ (其中 A,B 不同时为 0).

60. 两条直线的位置关系

(1) 斜截式.

$l_1:y=k_1x+b_1$，$l_2:y=k_2x+b_2$.

$l_1 /\!/ l_2 \Leftrightarrow k_1=k_2$ 且 $b_1\neq b_2$.

l_1 与 l_2 重合$\Leftrightarrow k_1=k_2$ 且 $b_1=b_2$.

$l_1\perp l_2\Leftrightarrow k_1\cdot k_2=-1$.

l_1 与 l_2 相交$\Leftrightarrow k_1\neq k_2$.

(2) 一般式.

$l_1:A_1x+B_1x+C_1=0$，$l_2:A_2x+B_2x+C_2=0$.

$l_1 /\!/ l_2\Leftrightarrow\frac{A_1}{A_2}=\frac{B_1}{B_2}\neq\frac{C_1}{C_2}$(相对应系数成比例).

l_1 与 l_2 重合$\Leftrightarrow\frac{A_1}{A_2}=\frac{B_1}{B_2}=\frac{C_1}{C_2}$(相对应系数成比例).

$l_1\perp l_2\Leftrightarrow A_1A_2+B_1B_2=0$(与向量一样，横坐标系数之积加纵坐标系数之积等于 0).

l_1 与 l_2 相交$\Leftrightarrow\frac{A_1}{A_2}\neq\frac{B_1}{B_2}$.

注：系数为 0 的情况可画图象来判定.

61. 点到直线的距离

$d=\dfrac{|Ax_0+By_0+C|}{\sqrt{A^2+B^2}}$[点 $P(x_0,y_0)$,直线 $l:Ax+By+C=0$].

62. $Ax+By+C>0$(或<0)所表示的平面区域

设直线 $l:Ax+By+C=0$,则 $Ax+By+C>0$(或<0)所表示的平面区域如下:

(1) 若 $B\neq 0$,则

① 当 B 与 $Ax+By+C$ 同号时,表示直线 l 的上方的区域;

② 当 B 与 $Ax+By+C$ 异号时,表示直线 l 的下方的区域.

简言之,同号在上,异号在下.

(2) 若 $B=0$,则

① 当 A 与 $Ax+By+C$ 同号时,表示直线 l 的右方的区域;

② 当 A 与 $Ax+By+C$ 异号时,表示直线 l 的左方的区域.

简言之,同号在右,异号在左.

63. 圆的三种方程

(1) 圆的标准方程:$(x-a)^2+(y-b)^2=r^2$.

(2) 圆的一般方程:$x^2+y^2+Dx+Ey+F=0(D^2+E^2-4F>0)$.

(3) 圆的参数方程:$\begin{cases}x=a+r\cos\theta,\\ y=b+r\sin\theta.\end{cases}$

64. 点与圆的位置关系

点 $P(x_0,y_0)$与圆$(x-a)^2+(y-b)^2=r^2$ 的位置关系有三种.

若 $d=\sqrt{(a-x_0)^2+(b-y_0)^2}$,则

(1) $d>r\Leftrightarrow$点 P 在圆外;

(2) $d=r\Leftrightarrow$点 P 在圆上;

(3) $d<r\Leftrightarrow$点 P 在圆内.

65. 直线与圆的位置关系

直线 $Ax+By+C=0$ 与圆$(x-a)^2+(y-b)^2=r^2$ 的位置关系有三种:

(1) $d>r\Leftrightarrow$相离$\Leftrightarrow\Delta<0$;

(2) $d=r\Leftrightarrow$相切$\Leftrightarrow\Delta=0$;

(3) $d<r\Leftrightarrow$相交$\Leftrightarrow\Delta>0$,

其中 $d=\dfrac{|Aa+Bb+C|}{\sqrt{A^2+B^2}}$.

66. 两圆位置关系的判定方法

设两圆圆心分别为 O_1,O_2,半径分别为 r_1,r_2,$|O_1O_2|=d$.

(1) $d>r_1+r_2\Leftrightarrow$外离$\Leftrightarrow$有 4 条公切线;

(2) $d=r_1+r_2\Leftrightarrow$外切$\Leftrightarrow$有 3 条公切线;

(3) $|r_1-r_2|<d<r_1+r_2\Leftrightarrow$相交$\Leftrightarrow$有 2 条公切线;

(4) $d=|r_1-r_2|\Leftrightarrow$内切$\Leftrightarrow$有 1 条公切线;

(5) $0<d<|r_1-r_2|\Leftrightarrow$内含$\Leftrightarrow$无公切线.

67. 圆的切线方程

已知圆 $x^2+y^2+Dx+Ey+F=0$.

(1) 若已知切点(x_0,y_0)在圆上,则切线只有一条;

(2) 过圆外一点的切线方程必有两条切线.

68. 椭圆、双曲线、抛物线标准方程、几何性质

(1) 椭圆.

焦点在 x 轴上,$\dfrac{x^2}{a^2}+\dfrac{y^2}{b^2}=1(a>b>0)$,准线方程为 $x=\pm\dfrac{a^2}{c}$;

焦点在 y 轴上,$\dfrac{x^2}{b^2}+\dfrac{y^2}{a^2}=1(a>b>0)$,准线方程为 $y=\pm\dfrac{a^2}{c}$.

$a^2-c^2=b^2$,离心率 $e=\dfrac{c}{a}=\sqrt{1-\dfrac{b^2}{a^2}}<1$,参数方程是 $\begin{cases}x=a\cos\theta,\\y=b\sin\theta\end{cases}$($\theta$ 为参数).

(2) 双曲线.

焦点在 x 轴上,$\dfrac{x^2}{a^2}-\dfrac{y^2}{b^2}=1(a>0,b>0)$,准线方程为 $x=\pm\dfrac{a^2}{c}$,

渐近线方程为 $y=\pm\frac{b}{a}x$；

焦点在 y 轴上，$\frac{y^2}{a^2}-\frac{x^2}{b^2}=1(a>0,b>0)$，准线方程为 $y=\pm\frac{a^2}{c}$，渐近线方程为 $y=\pm\frac{a}{b}x$.

$c^2-a^2=b^2$，离心率 $e=\frac{c}{a}>1$.

(3) 抛物线.

标准方程	$y^2=2px$ $(p>0)$	$y^2=-2px$ $(p>0)$	$x^2=2py$ $(p>0)$	$x^2=-2py$ $(p>0)$
图形				
焦点坐标	$\left(\frac{p}{2},0\right)$	$\left(-\frac{p}{2},0\right)$	$\left(0,\frac{p}{2}\right)$	$\left(0,-\frac{p}{2}\right)$
离心率	$e=1$			
准线方程	$x=-\frac{p}{2}$	$x=\frac{p}{2}$	$y=-\frac{p}{2}$	$y=\frac{p}{2}$

69. 点在椭圆的内(外)部

(1) 点 $P(x_0,y_0)$ 在椭圆 $\frac{x^2}{a^2}+\frac{y^2}{b^2}=1(a>b>0)$ 的内部 $\Leftrightarrow\frac{x_0^2}{a^2}+\frac{y_0^2}{b^2}<1$；

(2) 点 $P(x_0,y_0)$ 在椭圆 $\frac{x^2}{a^2}+\frac{y^2}{b^2}=1(a>b>0)$ 的外部 $\Leftrightarrow\frac{x_0^2}{a^2}+\frac{y_0^2}{b^2}>1$.

70. 待定系数法求椭圆方程

(1) 统一方程：$mx^2+ny^2=1(m>0,n>0,m\neq n)$；

(2) 与椭圆 $\frac{x^2}{a^2}+\frac{y^2}{b^2}=1(a>b>0)$ 有公共焦点的椭圆方程为

$\frac{x^2}{a^2+k}+\frac{y^2}{b^2+k}=1$；

(3) 与椭圆$\frac{y^2}{a^2}+\frac{x^2}{b^2}=1(a>b>0)$有公共焦点的椭圆方程为$\frac{y^2}{a^2+k}+\frac{x^2}{b^2+k}=1$；

(4) 与椭圆$\frac{x^2}{a^2}+\frac{y^2}{b^2}=1(a>b>0)$有相同离心率的椭圆方程为$\frac{x^2}{a^2}+\frac{y^2}{b^2}=k(k>0$，焦点在 x 轴上)或$\frac{y^2}{a^2}+\frac{x^2}{b^2}=k(k>0$，焦点在 y 轴上).

71. 待定系数法求双曲线方程

(1) 统一方程：$mx^2+ny^2=1(mn<0)$；

(2) 若渐近线方程为 $y=\pm\frac{b}{a}x$，即$\frac{x}{a}\pm\frac{y}{b}=0$，则双曲线可设为$\frac{x^2}{a^2}-\frac{y^2}{b^2}=\lambda$；

(3) 若双曲线与$\frac{x^2}{a^2}-\frac{y^2}{b^2}=1$ 有公共渐近线，则可设为$\frac{x^2}{a^2}-\frac{y^2}{b^2}=\lambda$ ($\lambda>0$，焦点在 x 轴上，$\lambda<0$，焦点在 y 轴上).

72. 抛物线的动点

抛物线 $y^2=2px$ 上的动点可设为 $P\left(\frac{y_0^2}{2p},y_0\right)$或 $P(2pt^2,2pt)$或 $P(x_0,y_0)$，其中 $y_0^2=2px_0$.

73. 椭圆的相关结论

(1) 椭圆的通径长为$\frac{2b^2}{a}$；

(2) P 为椭圆上的点，F_1，F_2 为椭圆两个焦点，且$\angle F_1PF_2=\theta$，则$\triangle F_1PF_2$ 的面积为 $b^2\cdot\tan\frac{\theta}{2}$.

75. 双曲线的相关结论

(1) 双曲线的通径长为$\dfrac{2b^2}{a}$；

(2) P 为双曲线上的点，F_1，F_2 为双曲线两个焦点，且$\angle F_1PF_2=\theta$，则$\triangle F_1PF_2$ 的面积为$\dfrac{b^2}{\tan\dfrac{\theta}{2}}$.

76. 抛物线的相关结论

设 AB 是过抛物线 $y^2=2px(p>0)$焦点的弦，若 $A(x_1,y_1)$，$B(x_2,y_2)$，则

(1) 抛物线的通径长为 $2p$；

(2) $x_1x_2=\dfrac{p^2}{4}$，$y_1y_2=-p^2$；

(3) 弦长$|AB|=x_1+x_2+p$.

77. 直线与圆锥曲线相交的弦长公式

(1) $|AB|=\sqrt{(x_1-x_2)^2+(y_1-y_2)^2}$；

(2) $|AB|=\sqrt{1+k^2}\,|x_1-x_2|=\sqrt{1+k^2}\sqrt{(x_1+x_2)^2-4x_1x_2}$；

(3) $|AB|=\sqrt{1+\dfrac{1}{k^2}}\,|y_1-y_2|=\sqrt{1+\dfrac{1}{k^2}}\sqrt{(y_1+y_2)^2-4y_1y_2}$；

(4) $|AB|=\sqrt{1+k^2}\dfrac{\sqrt{\Delta}}{|a|}$.

78. 柱体、椎体、球体的侧面积、表面积、体积计算公式

(1) 直棱柱侧面积：ch，棱柱体积：$V=Sh$；

(2) 正棱锥侧面积：$\dfrac{1}{2}ch'$，棱锥体积$V=\dfrac{1}{3}Sh$；

(3) 圆柱侧面积：$2\pi r$，表面积：$2\pi rl+2\pi r^2$；

(4) 圆锥侧面积：πrl，表面积：$\pi rl+\pi r^2$；

(5) 圆柱体积：$V=Sh$，圆锥体积：$V=\dfrac{1}{3}Sh$；

(6) 球的半径是 R，则其体积：$V=\frac{4}{3}\pi R^3$，其表面积：$S=4\pi R^2$.

79. 球的组合体

(1) 球与长方体的组合体.

长方体的外接球的直径是长方体的体对角线长.

(2) 球与正方体的组合体.

正方体的内切球的直径是正方体的棱长，正方体的棱切球的直径是正方体的面对角线长，正方体的外接球的直径是正方体的体对角线长.

(3) 球与正四面体的组合体.

棱长为 a 的正四面体的内切球的半径为 $\frac{\sqrt{6}}{12}a$，外接球的半径为 $\frac{\sqrt{6}}{4}a$.

80. 分类计数原理(加法原理)

$N=m_1+m_2+\cdots+m_n$.

81. 分步计数原理(乘法原理)

$N=m_1\times m_2\times\cdots\times m_n$.

82. 排列数公式

$$A_n^m=n(n-1)\cdots(n-m+1)=\frac{n!}{(n-m)!}(n,m\in\mathbf{N}_+，且\ m\leqslant n).$$

注：规定 $0!=1$.

83. 组合数公式

$$C_n^m=\frac{A_n^m}{A_m^m}=\frac{n(n-1)\cdots(n-m+1)}{1\times2\times\cdots\times m}=\frac{n!}{m!\cdot(n-m)!}(n\in\mathbf{N}_+，m\in\mathbf{N}，且\ m\leqslant n).$$

84. 组合数的两个性质

(1) $C_n^m=C_n^{n-m}$；(对偶法则)

(2) $C_n^m+C_n^{m-1}=C_{n+1}^m$.(增一法则)

注：规定 $C_n^0=1$.

85. 组合恒等式

(1) $C_n^0+C_n^1+C_n^2+\cdots+C_n^r+\cdots+C_n^n=2^n$；

(2) $C_n^1+C_n^3+C_n^5+\cdots=C_n^0+C_n^2+C_n^4+\cdots=2^{n-1}$.

86. 二项式定理

$(a+b)^n=C_n^0a^n+C_n^1a^{n-1}b+C_n^2a^{n-2}b^2+\cdots+C_n^ra^{n-r}b^r+\cdots+C_n^nb^n$.

二项展开式的通项公式

$T_{r+1}=C_n^ra^{n-r}b^r(r=0,1,2,\cdots,n)$.

87. 等可能性事件的概率

$$P(A)=\frac{m}{n}.$$

88. 互斥事件 A,B 分别发生的概率的和

$P(A\cup B)=P(A)+P(B)$.

89. 独立事件 A,B 同时发生的概率

$P(A\cdot B)=P(A)\cdot P(B)$.

90. 反概率公式

事件 A 的对立事件记为事件$\bar{A}$，则 $p(\bar{A})=1-p(A)$.

91. 平均值

$$\bar{x}=\frac{1}{n}(x_1+x_2+x_3+\cdots+x_n).$$

92. 方差

$$s^2=\frac{1}{n}[(x_1-\bar{x})^2+(x_2-\bar{x})^2+\cdots+(x_n-\bar{x})^2].$$

93. 标准差

$$s=\sqrt{\frac{1}{n}[(x_1-\bar{x})^2+(x_2-\bar{x})^2+\cdots+(x_n-\bar{x})^2]}.$$

94. 复数的相等

$a+bi=c+di \Leftrightarrow a=c, b=d(a,b,c,d\in \mathbf{R})$.

95. 复数 $z=a+bi$ 的模(或绝对值)

设 $z=a+bi$,则 $|z|=|a+bi|=\sqrt{a^2+b^2}$.

96. 共轭复数

复数 $z=a+bi$ 的共轭复数为 $\bar{z}=a-bi$

97. 共轭复数与复数模的性质

(1) $z\cdot\bar{z}=|z|^2=|\bar{z}|^2$;

(2) z 为实数 $\Leftrightarrow z=\bar{z}$;

(3) $|z|=|\bar{z}|$;

(4) $|z_1\cdot z_2|=|z_1|\cdot|z_2|$, $\left|\frac{z_1}{z_2}\right|=\frac{|z_1|}{|z_2|}$, $|z^n|=|z|^n$;

(5) $||z_1|-|z_2||\leqslant|z_1+z_2|\leqslant|z_1|+|z_2|$.

98. 复数的四则运算法则

(1) $(a+bi)+(c+di)=(a+c)+(b+d)i$;

(2) $(a+bi)-(c+di)=(a-c)+(b-d)i$;

(3) $(a+bi)(c+di)=(ac-bd)+(bc+ad)i$;

(4) $(a+bi)\div(c+di)=\frac{ac+ba}{c^2+d^2}+\frac{bc-ad}{c^2+d^2}i(c+di\neq 0)$.

99. 复数乘法的运算律

对于任何 $z_1,z_2,z_3\in\mathbf{C}$,有

(1) 交换律:$z_1\cdot z_2=z_2\cdot z_1$;

(2) 结合律:$(z_1\cdot z_2)\cdot z_3=z_1\cdot(z_2\cdot z_3)$;

(3) 分配律:$z_1\cdot(z_2+z_3)=z_1\cdot z_2+z_1\cdot z_3$.

100. 复平面上的两点间的距离公式

$d=|z_1-z_2|=\sqrt{(x_2-x_1)^2+(y_2-y_1)^2}$ $(z_1=x_1+y_1i, z_2=x_2+y_2i)$.

101. 实系数一元二次方程的解

实系数一元二次方程 $ax^2+bx+c=0$

(1) 若 $\Delta=b^2-4ac>0$,则 $x_{1,2}=\dfrac{-b\pm\sqrt{b^2-4ac}}{2a}$;

(2) 若 $\Delta=b^2-4ac=0$,则 $x_1=x_2=-\dfrac{b}{2a}$;

(3) 若 $\Delta=b^2-4ac<0$,它在实数集 **R** 内没有实数根,在复数集 **C** 内有且仅有两个共轭复数根 $x=\dfrac{-b\pm\sqrt{-(b^2-4ac)}\mathrm{i}}{2a}(b^2-4ac<0)$.

102. 复数的三角形式

$z=r(\cos\theta+\mathrm{i}\sin\theta)(r>0)$.

103. 复数三角形式的乘除

设 $z_1=r_1(\cos\theta_1+\mathrm{i}\sin\theta_2)$,$z_2=r_2(\cos\theta_2+\mathrm{i}\sin\theta_2)$,$r_1>0$,$r_2>0$,则有

(1) $z_1\cdot z_2=r_1r_2[\cos(\theta_1+\theta_2)+\mathrm{i}\sin(\theta_1+\theta_2)]$;

(2) $\dfrac{z_1}{z_2}=\dfrac{r_1}{r_2}[\cos(\theta_1-\theta_2)+\mathrm{i}\sin(\theta_1-\theta_2)]$.

104. 棣·莫弗定理

$[r(\cos\theta+\mathrm{i}\sin\theta)]^n=r^n(\cos n\theta+\mathrm{i}\sin n\theta)$,$n\in\mathbf{N}_+$.

105. 欧拉公式

$r(\cos\theta+\mathrm{i}\sin\theta)=r\mathrm{e}^{\mathrm{i}\theta}$,这种形式叫作复数的指数形式.

106. 复数指数形式的运算法则

设 $z_1=r_1\mathrm{e}^{\mathrm{i}\theta_1}$,$z_2=r_2\mathrm{e}^{\mathrm{i}\theta_2}$,则 $z_1\cdot z_2=r_1r_2\mathrm{e}^{\mathrm{i}(\theta_1+\theta_2)}$, $z_1^n=r_1^n\mathrm{e}^{\mathrm{i}n\theta_1}$.